Oscar varia

JUDI JAMES

con James Moore

HAI LE SCARPE GIUSTE PER CHIEDERE UN AUMENTO?

Impara ad usare a tuo vantaggio il linguaggio non verbale

Traduzione di Raffaella Brignardello

OSCAR MONDADORI

Titolo originale dell'opera: *The You Code*

I edizione Oscar varia maggio 2011

ISBN 978-88-04-60891-2

Questo volume è stato stampato
presso Mondadori Printing S.p.A.
Stabilimento NSM - Cles (TN)
Stampato in Italia. Printed in Italy

Anno 2011 - Ristampa 1 2 3 4 5 6 7

Hai le scarpe giuste per chiedere un aumento?

Osserva tutti gli uomini; soprattutto te stesso.

BENJAMIN FRANKLIN

... un "marchio" forte: ecco ciò di cui avete bisogno per far sì che le persone che volete influenzare scelgano voi e nessun altro.

LOUISE MOWBRAY, CONSULENTE DI BRANDING

Voi cosa indossate sul tapis roulant? Io non riesco a mettermi le scarpe basse.

VICTORIA BECKHAM

Introduzione

Quanto tempo impiega una persona a inquadrarvi? Un minuto? Dieci secondi? Da ricerche recenti emerge un dato strabiliante: basta solo un decimo di secondo per elaborare un giudizio complessivo su una persona, giusto o sbagliato che sia. E dai primi indizi raccolti dipendono decisioni che coinvolgono lo status, l'attrattiva e persino le possibilità di carriera e le valutazioni su come ci comporteremo in futuro.

Il processo che porta all'elaborazione di queste valutazioni è complesso, ma una cosa è certa: le prime impressioni spesso derivano da centinaia di scelte apparentemente ininfluenti o subliminali che fate ogni giorno. Ogni giorno il vostro cervello opera migliaia di scelte, dalla penna che portate con voi in riunione alla nuova suoneria del cellulare al tipo di caffè che ordinate al bar così come la decisione di leggere questo libro. Ogni decisione contribuisce a formare la vostra immagine.

In questo libro, scoprirete che sebbene queste semplici scelte, consapevoli o inconsapevoli, possano *sembrare* banali, non sono mai prive di significato. Ogni decisione invia chiari segnali sui tratti della vostra personalità e determina profondamente ciò che gli altri pensano di voi.

Il ritmo della vita di oggi ci spinge a inquadrare gli altri il più velocemente possibile sulla base di evidenze minime. E poiché la nostra capacità di concentrazione si riduce e la popolazione aumenta, utilizziamo lo *speed dating* per trovare un partner o siti come Facebook per trovare degli amici. Quante persone avete visto da questa mattina? Se vivete o lavorate in città, probabilmente ne avrete incrociate migliaia per strada o sui mezzi pubblici, e se lavorate per una grande azienda ne avrete viste altre centinaia. Siamo tutti animali votati alla sopravvivenza, quindi il vostro cervello avrà esaminato ognuna di queste persone, decidendo chi ignorare, da chi lasciarsi attrarre, da chi guardarsi o persino di chi avere paura – dalla paura reale che vi ispira un tizio dall'aria minacciosa in metropolitana alla paura percepita che provate quando vi trovate in ascensore a tu per tu con il direttore generale.

Fortunatamente per voi e per il vostro benessere intellettuale, elaborate la maggior parte di questi giudizi, se non tutti, senza pensarci o con una partecipazione minima del pensiero cosciente. Parliamoci chiaro: non avreste né il tempo né le energie sufficienti per passare al vaglio ogni singola transazione. Probabilmente siete troppo occupati a comprarvi un panino per il pranzo e tornare in tempo alla vostra scrivania per analizzare le altre persone in coda alla cassa con voi. E durante la riunione del pomeriggio o in quel bar o in quella discoteca la sera, le opinioni che vi fate dei presenti sono probabilmente il frutto di reazioni istintive. Avrete apprezzato, detestato, dato credito, diffidato, ascoltato o ignorato le persone attorno a voi senza chiedervi una sola volta il perché delle vostre reazioni. Perché nel processo chiamato dagli psicologi "algebra cognitiva" il nostro cervello bada al risultato senza sprecare tempo a studiare i singoli passaggi dell'equazione.

Ma anche nell'epoca della performance e del moto perpetuo, in cui l'espressione "la forma ha la meglio sulla sostanza" viene applicata a qualsiasi cosa, dalla prima colazione alla classe politica, non avrebbe senso indagare più a fondo su cosa vi spinge a presentarvi al mondo in un particolare modo? È giunto il momento di praticare qualche incisione in superficie e scoprire che cosa dite esattamente di voi e della vostra psiche alle altre persone. Perché anche se siete soci a vita del club chiamato "essere se stessi", avete tutto da guadagnare nel sapere che sono state la scrivania disordinata o la penna smangiucchiata a dire al vostro capo che siete persone poco affidabili, o la montagna di peluche che tenete letto a spingere la vostra ultima conquista a non lasciarsi coinvolgere da un'attrazione fatale.

E mentre ci avviamo lungo la via dell'analisi, perché non provare a farci guidare dalla psicologia per capire cosa ci dice un tatuaggio o quali aspetti della personalità si nascondono nell'armadietto del bagno invece di affidarci all'oroscopo del giorno? O per scoprire addirittura qual è il modo migliore per ottenere un aumento, basandoci sul colore dell'auto del vostro capo invece che sul suo umore presunto?

Sperate sempre che le prime impressioni si sciolgano come lo zucchero nel caffè quando vi si conosce un po' meglio? Che i pregiudizi iniziali o le valutazioni errate su di voi svaniscano quando gli altri hanno avuto il tempo di scoprire il vostro vero valore?

Scordatevelo, perché non succederà. O è molto improbabile che succeda.

Gli psicologi che hanno applicato il metodo scientifico allo studio delle prime impressioni hanno scoperto che difficilmente rivediamo i nostri giudizi iniziali. Potreste ribattere che le prime impressioni si basano su stereotipi e ipotesi dettati dall'impatto visivo, e tentare di elaborare giudizi più equilibrati e corretti sulla conoscenza più approfondita delle persone, ma scoprireste che in questo l'evoluzione non vi aiuta. L'animale umano, perennemente in modalità "sopravvivenza", è programmato per prendere decisioni immediate sugli altri. I vostri giudizi iniziali e istintivi vi aiutano a individuare il pericolo, a capire se combattere o fuggire, ma in seguito il vostro cervello verrà bombardato da un flusso di informazioni complesse, spesso basato su segnali non verbali subliminali o quasi impercettibili. Quindi è di vitale importanza emettere subito i segnali giusti. Per vostra fortuna, se conoscete le regole, potete usare questi segnali per gestire le impressioni che gli altri hanno di voi, apportando qualche cambiamento alle vostre abitudini. Questa tecnica si chiama appunto "gestione delle impressioni" e consente di modellare e ritagliare su misura i messaggi verbali e non verbali che sono alla base del successo nel mondo moderno. In questo libro troverete gli strumenti che vi consentiranno di decrittare il codice segreto delle vostre decisioni quotidiane, individuando on precisione i messaggi che inviate all'esterno, in modo spesso inconsapevole. Scoprirete quindi la vostra immagine autentica, che potrà dirvi su voi stessi più di quanto avreste voluto sapere, oltre a fornirvi un'intrigante radiografia delle persone che vi circondano. Ma non basta: vi permetterà di utilizzare il linguaggio segreto delle vostre scelte e abitudini per manipolare il messaggio e presentarvi al meglio senza per questo alterare la vostra natura.

La prima parte di questo libro "fa un po' paura", perché vi conduce fino ai vostri pensieri e alle vostre emozioni più profonde, analizzando i vostri vezzi e le scelte di tutti i giorni. Sapevate che il tipo di caffè che bevete dice molto sulla vostra socievolezza e sul vostro atteggiamento verso la vita? E come reagirete scoprendo cosa una scrivania in disordine può dire dei vostri processi di pensiero e di lavoro? E cosa significano realmente le vostre scelte in materia di abbigliamento o la confusione che regna sotto il vostro letto?

Nella seconda parte, sarete guidati ad analizzare gli altri, a partire dalle persone più importanti della vostra vita, come il vostro capo o un partner reale o potenziale. Comprenderete il significato delle loro scelte e dei loro comportamenti e sarete spinti persino a sbirciare negli armadietti dei bagni altrui per cercare di capire meglio le persone che vi interessano di più.

Nella terza parte, apprenderete la gestione strategica delle impressioni e il modo in cui apportare piccoli ma efficaci cambiamenti alla vostra immagine per assicurarvi un maggiore successo nel lavoro o in amore.

Ma ora, cominciamo a studiare il nostro codice...

Parte prima

LE VOSTRE ABITUDINI PARLANO DI VOI

1

Cosa traspare dalle vostre scelte e dai vostri gusti

Ogni nostra scelta è motivata da un'infinità di fattori che rivelano aspetti della vostra personalità di cui potreste non essere del tutto consapevoli. Pensiamo, per esempio, al giornale che scegliete ogni mattina. Ecco un elenco dei fattori psicologici che possono portare a questa scelta messi a confronto con i motivi che adducete razionalmente:

Voi:
- «È il mio preferito.»
- «Lo compro per le notizie sportive.»
- «Condivido la sua linea politica.»
- «Costa poco.»
- «Lo compro da sempre.»

In realtà:
- Storia: siete influenzati dalle scelte dei vostri genitori, quindi acquistate lo stesso quotidiano che avete sempre visto per casa.
- Apprendimento motorio: acquistate tutti i giorni lo stesso giornale senza pensarci. L'abitudine vi aiuta a evitare la pressione e lo stress legati alla presenza di alternative.
- Classe e aspirazioni sociali: la scelta tra un quotidiano popolare e una testata autorevole è legata parzialmente, se non completamente, a come vi posizionate nella gerarchia sociale. Se puntate in alto, potreste abbandonare una testata popolare a favore di una considerata più autorevole.

- Familiarità visiva: i vostri occhi si sono abituati ad accogliere le informazioni presentate con un certo stile grafico.
- Familiarità tattile: vi sentite a vostro agio con l'aspetto tattile del quotidiano, per esempio come si «muove» quando lo sfogliate.
- Fiducia: se una testata vi è familiare, vi fidate di ciò che scrivono i redattori e delle informazioni che vi offrono.
- Empatia: condividete buona parte delle opinioni espresse o siete stati indotti a farlo con il lavaggio del cervello.
- Delega: lasciate che il giornale prenda buona parte delle decisioni importanti al posto vostro.
- Accettazione sociale: comprate il giornale che si adatta meglio al vostro gruppo di appartenenza, per creare una certa uniformità di pensiero.
- Capacità di catalogazione: il vostro giornale vi offre tutte le informazioni che vi servono, organizzandole per voi come un segretario efficiente.
- Approvazione del gruppo: il quotidiano vi aiuta a proporre opinioni che otterranno l'approvazione (se non il consenso) del gruppo di cui fate parte.
- Umore: il giornale che leggete influisce sul vostro umore, giorno dopo giorno. Alcuni sono ottimisti, altri più sobri, alcuni inducono alla preoccupazione, altri alimentano attivamente le vostre ansie su questioni come la salute e la sicurezza. Scelto il giornale, avrete scelto anche l'umore.

Le consuetudini: natura o ambiente?

È facile (e indice di una certa pigrizia) partire dal presupposto che le vostre scelte sono in qualche misura determinate geneticamente, che passioni e idiosincrasie sono una parte integrante della vostra personalità su cui non avete controllo o, in altre parole, che non avete libertà di scelta in merito alle vostre preferenze. Al contrario, ogni scelta è relativamente aperta al cambiamento. Potete cominciare analizzando la vostra situazione attuale per poi decidere se presenta agli altri ciò che volete realmente dire di voi.

È possibile cambiare le proprie abitudini nel giro di 12-20 giorni, se avete la volontà e l'interesse per farlo. Prendete il tè con lo zucchero? Se decidete di eliminare lo zucchero, al primo sorso il tè vi sembrerà una bevanda disgustosa e reagirete con mille smorfie di repulsione. Ma provate a insistere e vedrete che, tazza dopo tazza, il tè non zuccherato vi sembrerà meno sgradevole. Dopo una ventina di prove, avrete raggiunto la fase dell'accettazione, quindi se mai doveste sorseggiare del tè zuccherato, provereste gli stessi sintomi di disgusto provati qualche settimana prima per il tè amaro.

Persino le simpatie e le antipatie più radicate possono essere messe in discussione con relativa facilità, consentendovi così di liberare nuove sfaccettature della vostra personalità. Se una cosa piace a qualcuno, non c'è quasi ragione al mondo per cui non dovrebbe piacere anche a voi. Le uniche eccezioni a questa regola sono le resistenze istintive legate alla vostra sopravvivenza, come l'avversione per il dolore o per i rumori forti. A parte queste eccezioni, tutto è alla vostra portata, se solo riuscite ad aggirare il vostro sistema di convinzioni.

In altre parole, anche se le scelte e i gusti rispecchiano in modo relativamente diretto la psiche, niente vi impedisce di cambiare abitudini per presentarvi in modo più efficace al mondo esterno.

Logica vs emozione

Credete che le vostre decisioni abbiano una base logica e che il vostro cervello soppesi le possibili alternative anche quando si tratta di scegliere con chi uscire una sera o come vestirvi?

I sistemi che presiedono alle nostre convinzioni hanno a che fare con i collegamenti archiviati nel subconscio, che spesso bypassano il pensiero logico. Per esempio, se da bambini avete visto che i vostri genitori si spaventavano nel vedere un ragno, è probabile che il vostro cervello abbia creato un collegamento "appreso" tra il ragno e la paura. Questo ricordo e il relativo collegamento vengono archiviati e ogni volta che vedete un ragno vi ricordate di avere paura anche se a livello conscio sapete che, nella maggior parte dei casi, i ragni sono del tutto innocui. Il "bypass del pensiero conscio" fa sì che la vostra reazione di orrore appaia spontanea e istintiva, quando non è altro che una forma di condizionamento instabile.

Alcune persone hanno reazioni simili di fronte a un piatto di cavolini di Bruxelles o quando avvertono un determinato profumo. Ma se avete il desiderio o la necessità di cambiare, potete ricorrere al bypass positivo. Alimenti come formaggi dall'odore forte, cibi piccanti, ostriche e persino la birra al primo assaggio provocano una reazione di repulsione, che siamo motivati a ignorare perché sappiamo che ad altre persone questi stessi sapori piacciono e che è possibile abituarsi al gusto.

Simpatie e antipatie sono legate a scelte personali soggette al cambiamento. Mode che sembravano esprimere il top dell'eleganza qualche anno fa, oggi possono sembrarvi ridicole e persino imbarazzanti. Film o libri tanto amati possono deludervi se rivisti o riletti ad anni di distanza e persino il vostro profumo o dopobarba preferito può risultare fastidioso una volta che i vostri gusti sono cambiati. L'unico senso che sembra difficile da "ingannare" è l'udito, almeno per quanto riguarda i gusti musicali. Canzoni e motivi che avete amato in passato spesso conservano lo stesso fascino ancora oggi, anche se si tratta di brani del tutto fuori moda. Perché? Principalmente perché lo schema ritmico e la melodia provocano piacere in diverse parti del corpo e del cervello e perché buona parte dei brani che abbiamo ascoltato vengono archiviati singolarmente nella nostra memoria a lungo termine. Ci basta sentire una nota o il titolo di una canzone per ripescarla quasi a comando dal nostro archivio e risentirla mentalmente provando quasi lo stesso piacere che ci darebbe se la ascoltassimo davvero.

Anche le nostre emozioni svolgono un ruolo importante nelle decisioni quotidiane. Quando fate una scelta che provoca piacere, il cervello viene programmato a ripetere la stessa scelta nel le stesse condizioni, creando così un'abitudine.

Diamo un'occhiata ad alcune di queste decisioni. E quale esempio migliore del più popolare dei piccoli piaceri quotidiani nel mondo di oggi: il caffè.

2

Cosa traspare dalla vostra immagine

Ora fate un passo indietro e puntate la lente d'ingrandimento su di VOI, osservando non tanto ciò che vedete per così dire dall'interno, ma l'immagine di voi che viene proiettata all'esterno, verso gli altri. Ciò che di voi viene colto dall'esterno è la somma di molte parti, che vengono definite dalle piccole decisioni quotidiane cui abbiamo accennato. Esamineremo ora le abitudini, le scelte e i tratti più rivelatori della vostra persona, mostrandovi ciò che dicono di voi e della vostra psiche.

Pensate di conoscervi come il palmo della vostra mano? In questo caso preparatevi a subire uno shock di fronte alle numerose e diverse sfaccettature di cui probabilmente ignoravate l'esistenza. Vi mostreremo come il vostro lato animale possa emergere in situazioni apparentemente innocue come la scelta di un caffè al bar; come una borsa o una cartella parlino della vostra autostima e come permettete alla vostra sensualità di fare capolino attraverso il colore della cravatta o l'altezza dei tacchi.

Cosa dice di voi il vostro caffè

Che tipo di caffè che ordinate e consumate? Il gusto non è il fattore determinante. Con o senza schiuma, macchiato o abbinato ad altri ingredienti, il caffè rimanda a livelli psicologici più profondi, legati alla vostra autostima, allo stress che subite e alla ricerca del conforto della vostra infanzia. Vi aspettereste una sessualità sfrenata e senza regole da un uomo che ordina un decaffeinato macchiato con latte di soia? E sofisticate capacità di leadership da una donna che sorseggia un latte macchiato?

Caffè ristretto

La gratificazione istantanea implicita in questo caffè "mordi e fuggi" suggerisce un consumo solitario, a scopo quasi terapeutico (botta immediata di caffeina), che esclude il piacere tattile offerto dalla schiuma di un caffè macchiato o di un cappuccino da sorseggiare con calma. Il caffè ristretto è come una sigaretta senza filtro e parla di vite tumultuose e strapazzi notturni cui si cerca di porre qualche rimedio il mattino dopo. È il caffè più adulto tra le tante opzioni possibili e suggerisce una visione piuttosto cinica dell'universo, al limite del sarcastico o persino dell'aggressivo. Chi beve il ristretto tende a strizzare gli occhi mentre deglutisce e probabilmente il suo atteggiamento verso la maggior parte dei piaceri della vita è del tipo "senza fatica non si ottiene nulla". Chi sceglie il ristretto ha lasciato l'infanzia alle spalle per entrare nel mondo della "gente giusta".

Bere caffè ristretto significa ridere in faccia a uno stile di vita sano, subire gli sbalzi di umore provocati dagli alti e bassi della caffeina e non tollerare facilmente la stupidità. Sul lavoro, chi beve caffè ristretto ha standard molto elevati, a volte così tanto da essere irraggiungibili. Occupa posizioni di leadership, ha obiettivi da raggiungere in tempi stretti e perde la pazienza con pettegoli e sfaccendati. Lavora oltre gli orari di ufficio e si aspetta che gli altri facciano lo stesso. Dedica tutta la sua attenzione ai compiti che deve svolgere. È vulnerabile a stress e ansia. E quando si parla di sesso, il tema dominante è "una botta e via". Chi beve il caffè ristretto è tendenzialmente un amante esperto ed eccitante, ma non è famoso per la sua affidabilità o lealtà assoluta.

Caffè espresso

Nonostante la somiglianza con il ristretto, al caffè espresso manca quel quid che fa strizzare gli occhi a chi lo beve. D'altra parte, non possiede gli elementi civettuoli e autoconsolatori dati dall'aggiunta di latte o schiuma: chi beve caffè espresso è una persona senza fronzoli, adulta e distaccata, che bada all'essenziale e diretta negli scambi interpersonali, nell'ambito lavorativo come nella conversazione o nella seduzione.

Bevete espresso? Non siete bigotti ma non vi lasciate indurre facilmente in tentazione, siete motivati e competitivi e non amate scorciatoie e prevaricazioni. Siete persone pacate e riflessive, con brevi slanci di estroversione (spesso favoriti dall'alcol), non siete amici, colleghi o partner facili ma siete potenzialmente gratificanti.

Latte macchiato

Coccoloso, serio e semplice. Il latte macchiato è una bevanda infantile per persone infantili, che amano fingere di far parte del mondo dei grandi ma che sotto pressione sveleranno il loro lato più dolce. Compensa la povertà del sapore con la sicurezza della copertina di Linus. Chi trasforma il caffè, così scuro e pericoloso, in una bevanda confortante da sorseggiare prima di andare a nanna vuole spacciarsi per persona in gamba, ma nega immediatamente questa aspirazione mostrando al contempo la propria immaturità. Questa bevanda che trasforma il pericolo potenziale in sicurezza è la preferita delle persone che fanno di tutto per piacere agli altri. Se il vostro capo è un tipo da latte macchiato, userà una voce da bambino o farà il carino anche quando vi sta dando una lavata di capo.

Se siete tipi da latte macchiato, preferite evitare il confronto diretto e fate fare il lavoro sporco a qualcun altro. Dietro la facciata amabile e coccolosa, potreste infatti nascondere un'ostinazione e una determinazione sul lavoro tali da spingervi ai tatticismi. Piacere agli altri è una vostra priorità, ma perché mettere a rischio la vostra popolarità combattendo in prima linea quando avete degli scagnozzi pronti a farlo per voi? La preferenza per il latte "corretto" dimostra che non cogliete la vita a piene mani. Siete essenzialmente leali verso la famiglia o il partner, senza tanti effetti speciali. Vi piacciono i luoghi confortevoli e le lunghe chiacchierate con le persone di cui vi fidate. Temete che gli altri vi trovino noiosi e, a dirla tutta, a volte è proprio così. Ma in fondo tutti sanno che siete una brava persona e la vostra capacità di prendere le cose con allegria, senza fare il capocomico, vi fa apprezzare nelle serate in compagnia.

Le donne amanti del latte macchiato avranno schiere di morbidi peluche distribuiti sul letto, mentre gli uomini apprezzeranno quello stile di vita identificato con il termine *metrosexual*.[1] Probabilmente avrete un atteggiamento timido nei confronti del sesso, preferirete essere sedotti che non sedurre e il vostro ideale di serata romantica consiste nel guardare un buon film accoccolati sul divano in compagnia del vostro partner. E il sesso sarà un misto di gioco, divertimento e nomignoli e niente di più adulto o estremo.

Cappuccino

Gli amanti del cappuccino sono estroversi e ottimisti, prediligono la forma alla sostanza e sono a proprio agio tenendo una presentazione davanti al Consiglio di amministrazione, sfogliando una rivista di costume o sbavando per l'ultima borsa Gucci. Il principale richiamo del cappuccino è la schiuma. Freud sarebbe andato a nozze osservando la schiuma di latte priva di qualsiasi funzione salvo il piacere tattile di leccare, succhiare o persino sfoggiare un baffo bianco dopo ogni sorsata. Il cappuccino procura alla lingua un lavoro intenso ed è una vera e propria esperienza fisica, che non si esaurisce nel consumo di una bevanda.

Siete amanti del cappuccino? Vi piace circondarvi di begli oggetti e bella gente, senza esserne ossessionati. Esprimete apertamente le vostre emozioni con gli amici e i familiari e apprezzate il sesso, ma avete bisogno di un partner che si inventi continuamente nuovi modi per renderlo più eccitante. Per voi, il cacao e la schiuma sono più importanti di ciò che sta sotto e questo può valere anche per il vostro stile di vita. Vi piace dare inizio alle cose più che portarle a termine e tendenzialmente vi annoiate con le ricerche, la logica e i dettagli.

[1] Termine inglese che indica uno stile di vita maschile, eterosessuale, tendenzialmente metropolitano, attento alla cura dell'aspetto, appassionato allo shopping, salutista. Fu coniato da Mark Simpson sull'«Independent» nel 1994. (*NdR*)

Decaffeinato con latte di soia

Non è questione di stile di vita sano o di passione per il riciclo: chi sceglie questo tipo di caffè non è un ecoterrorista, ma un ecoterrorizzato. Se la caffeina vi provoca le palpitazioni e il latte vaccino vi fa ricoprire di brufoli, non avete chance in questo mondo crudele. La vostra scelta dimostra che vi sentite nel giusto e pensate di essere fin troppo preziosi. Questa invidia delle allergie si sta diffondendo ma il vostro orrore per i latticini e l'intolleranza al glutine non sono forse un espediente per attirare l'attenzione? Pubblicizzando il vostro lato più fragile, intimate al mondo di stare indietro, come chi appiccica sul lunotto dell'auto l'adesivo "bimbo a bordo" anche quando a bordo non c'è nessun bimbo. La vostra predilezione per le imitazioni (perché bere caffè se non volete la caffeina e perché macchiarlo col latte se siete allergici ai latticini?) implica che desiderate ciò che non vi è consentito avere e che mascherate la vostra vera personalità: nel caso degli amanti del decaffeinato col latte di soia, l'abito decisamente non fa il monaco.

L'uomo "decaffeinato con latte di soia" è un problema fin dall'inizio. È pignolo, meticoloso e incontentabile, probabilmente in camera da letto si scandalizza facilmente e si precipita sotto la doccia appena si conclude lo scambio di fluidi corporei. La donna "decaffeinato con latte di soia" è esigente. Ripete il mantra "il mio corpo è come un tempio" e probabilmente a letto è esigente tanto quanto lo è nella vita quotidiana. Inoltre, gli amanti del decaffeinato con latte di soia sono tendenzialmente ossessionati dalla propria persona. Per esempio, alla domanda «Come va?» rispondono con un'autobiografia condensata, senza rendersi conto che il collega voleva solo essere gentile.

Le ultime bizzarrie: marocchino, mokaccino, ginseng...

Ultimamente molti locali stupiscono con la loro offerta di novità in materia di caffè: marocchino, mokaccino, ginseng... Gli amanti di questi tipi di caffè sono sempre all'avanguardia, ma non sanno mai bene qual è il momento giusto per salire e scendere dal cosiddetto carro del vincitore. Probabilmente pensano di fare tendenza, ma in realtà dimostrano solo di badare più alla forma che alla sostanza. Di conseguenza, le loro relazioni spesso durano quanto la loro bevanda preferita. Possono apparire volubili e incostanti quando si tratta di amicizie o rapporti d'amore e sono pronti a provare qualsiasi novità, soprattutto per seguire le orme di qualche vip.

«Niente caffè, grazie»

Mai una frase suona tanto scioccante come: «Io non bevo caffè». Se dichiarate di non fare sesso o di essere astemi, di non guardare mai la TV, di non portare le mutande o di lavarvi i capelli di rado, otterrete simpatia e persino rispetto. Ma «Niente caffè»?! Facendo un paragone con il mondo animale, sareste come il gorilla che non si spulcia. E chi vi ascolta non potrà fare a meno di mostrare, quanto meno col linguaggio del corpo, che vi considera un paria. Qual è il vostro problema? Se si tratta di un problema di salute («Non lo digerisco», «Mi rende nervoso») a meno che non abbiate già festeggiato i novant'anni, siete senza spina dorsale. Se temete il caffè, temete la vita. Nell'ampio spettro degli stimolanti disponibili, il caffè vince su tutta la linea: è legale, ha qualche benefico effetto sulla salute e provoca solo una dipendenza relativa. Se non apprezzate il gusto, siete veramente dei bambini. Il caffè ha un gusto *meraviglioso*. Passateci sopra: ci vogliono solo ventun giorni per superare il disgusto, tornare nel mondo reale popolato dagli adulti e smettere di sorseggiare tisane come poveri derelitti.

Il tè

Il tè è un'alternativa interessante, soprattutto se bevuto fuori casa. Mentre il caffè casalingo non può competere con la grande varietà offerta dai locali pubblici, il tè che ci prepariamo a casa è di gran lunga migliore di quello del bar; ne deriva che mentre gli amanti del caffè sono motivati e ambiziosi, chi beve tè fuori casa si accontenta delle seconde scelte.

E che dire dei perfezionisti che si portano la teiera al lavoro per non perdersi il rituale della preparazione? Diciamolo. è un comportamento un po' da zitella pedante, che difficilmente convolerà mai a giuste nozze. (Una tazza di tè dopo una cena romantica tendenzialmente esclude il sesso dal menu.)

Earl Grey

Chi ama l'Earl Grey ha un'aria di superiorità ma è anche una persona che preferisce una gratificazione posticipata a una immediata, perché l'aroma "delicato" di questo tè non si apprezza ai primi sorsi. Bere Earl Grey senza latte rimanda a una certa presunzione, ma col latte fa pensare a uno snob spiantato, ossia a qualcuno che vuol sembrare ricercato senza esserlo.

Tè forte

Il tè forte con latte vi identifica come persone allegre, creative e spontanee, ma ovviamente la facciata è un po' posticcia.

Tè speziato e aromatizzato

È una scelta trendy, comparsa solo di recente nei menu di bar e caffè più sofisticati. Vi contraddistingue come persone che abbracciano volentieri il cambiamento e inseguono le novità, ma non particolarmente eroiche, perché questo tipo di tè, dolce e arricchito dal latte, è molto simile al latte macchiato con caffè decaffeinato e zuccherato.

Miscele rare

Quanto siete preziosi? Quanto siete speciali? La risposta più probabile è: «Non molto», anche se voi la pensate diversamente.

Una bella tazza di tè

Bere tè e caffè è praticamente un rito, al punto che secondo gli psicologi dell'Università di Sheffield il gusto ci guadagna se lo sorseggiate dalla vostra tazza preferita. E quasi due terzi di noi hanno una propria tazza preferita.

E dal momento cne ci stiamo occupando di bevande, diamo un'occhiata alle vostre preferenze in fatto di acqua minerale.

L'acqua

Dal giorno in cui l'acqua di Perrier è sbarcata sulle nostre tavole, il liquido che versiamo nei bicchieri è diventato un prodotto d'élite e gli snob della minerale spuntano come funghi. Volete dimostrare di avere un palato più raffinato di quello dei comuni mortali? Potreste sostenere di riconoscere a occhi chiusi marca, regione e sorgente. Ovviamente non è possibile, ma forse non conoscete nessuno che sia così pedante da raccogliere il guanto di sfida e anche se fosse, potete sempre obiettare che il bicchiere ha inquinato il campione.

Come tutte le pose di questo nostro mondo moderno a scelta multipla, l'acqua che tracannate e il modo in cui la tracannate la dice lunga su di voi...

Acqua del rubinetto

Se vivete in città e bevete acqua del rubinetto senza averla fatta scorrere per almeno mezz'ora, di sicuro sareste capaci di mettere una zolletta di zucchero in una coppa di champagne («Per eliminare un po' di bollicine e digerirlo meglio») o una spruzzata di ketchup sul pollo al curry; in altre parole siete privi di senso del gusto o del decoro o avete una personalità incline alla depressione e un ottimo gusto in fatto di additivi chimici.

Siete persone semplici e di bocca buona e sicuramente appartenete alle schiere di chi beve come un bambino, ossia perché ha sete, e non per fare colpo sugli altri. Questa vostra indifferenza può anche essere un segnale di abitudini alimentari poco sane, perché un consumo di cibi salati può spingervi a bere molto senza badare al gusto.

Se al ristorante ordinate acqua del rubinetto, siete degli snob particolarmente frugali oppure dei "socialisti del flûte", ossia siete capaci di spendere venti euro per una crocchetta di pesce ma vi schierate con il Fronte popolare rivoluzionario quando si tratta di spendere per un bene che Dio o la natura hanno fornito gratis. Allo stesso tempo, potete dimostrare a quel cameriere spocchioso che non siete degli sprovveduti. Più è alto il vostro tono di voce mentre ordinate acqua del rubinetto, più siete ostinati, caparbi e bigotti. E sì, anche più ecologisti. Probabilmente avete un'auto, quindi non dimostrate tanto il vostro rispetto per l'ambiente, ma solo che vi date un po' troppe arie.

Acqua gassata

Non arrivate al punto di ordinare acqua "con le bolle" e preferite un più generico "acqua gassata" perché siete un po' bambini dentro e sono proprio le bolle che vi piacciono: sostituiscono all'inesistente esperienza olfattiva l'esperienza tattile del pizzicore in gola e delle raffiche di ruttini che trattenete per tutto il pasto.

Vi piace far credere che il vostro corpo sia come un tempio, ma cadete regolarmente in tentazione, perché lo spasso vince sempre sulla rinuncia. A volte siete un po' sciocchi, spesso buffi e forse anche un po' inaffidabili, seppure con un certo fascino. Vi piace correre dei rischi spesso non calcolati e pianificazione, teorie e discussioni non fanno per voi. Se non ingranate al primo colpo con le cose della vita, la vostra limitata capacità di concentrazione vi porterà ben presto ad annoiarvi e a cambiare aria.

Acqua naturale

Siete degli elitari e la sola idea di essere considerati di cattivo gusto vi fa orrore. Vi piace fare le cose nel modo giusto per le ragioni giuste e potete sopportare qualche rinuncia o persino qualche sofferenza, perché il vostro mantra è "senza fatica, non si ottiene nulla". Nella vita, tollerate le cose che non vi piacciono solo per potervi permettere di apprezzare le cose che vi piacciono senza provare sensi di colpa. Può essere che il vostro lavoro non sia proprio fantastico, ma per questo vi godrete ferie e vacanze tre volte di più. Dentro di voi si nasconde una persona più sensibile e affidabile di quanto vogliate far credere.

Acqua griffata

Quanto è raffinato il vostro palato e quanto capiente il portafogli se insistete per avere una particolare marca di acqua, quando sapete bene che hanno più o meno tutte lo stesso sapore? Chi è la principessa sul pisello al vostro confronto?

Siete persone di successo e vi piace sfoggiarlo ma più con il lamento che con il divertimento. Per voi, avere soldi significa borbottare, insistete per avere il meglio e incattivirvi quando il meglio non corrisponde ai vostri standard. Per voi, la pignoleria è una forma d'arte e credete che la vostra abilità nel riconoscere ciò che considerate "di qualità" vi renda molto, molto speciali. Probabilmente vi comportate nello stesso modo anche con gli alcolici («Io bevo solo Mouton del '97») e persino con la carta igienica («Niente trapuntatura, per favore, mi fa venire le emorroidi»).

E ora qual è il prossimo passo nella valorizzazione dell'immagine? Ovviamente la borsa per le donne e la cartella per l'uomo. Ma questi non sono solo indicatori della vostra sensibilità (o insensibilità) alla moda: sono altre spie delle vostre propensioni psicologiche...

Le borse di lei

Il rapporto tra una donna e la sua borsa è circondato da un'inconfondibile aura di mistero. Nonostante l'apparente indifferenza verso quello che spaccia per contenitore di fazzolettini, pettine e contanti, ogni tentativo di toccarla e – Dio non voglia – dare una sbirciatina all'interno provoca la sua furia. Se una donna consente al suo uomo di avere accesso, anche se temporaneo, alla borsa, questi potrebbe legittimamente dubitare... che si tratti di una donna. La borsa di una donna è un *sancta sanctorum*, tanto che persino le amiche più care non sono autorizzate ad aprirla – né penserebbero mai di farlo. Il contenuto è tanto privato quanto sono pubblici i segnali inviati dalle dimensioni, dal costo e dallo stile.

La borsa – e nel corso della sua vita, una donna ne possiede in media centoundici – è contemporaneamente un tempio di segretezza e un simbolo di status, gusto, appartenenza sociale e successo, in base al modello, al costo e alla griffe.

Anche il fattore "moda" è notevole. Una donna è capace di spendere una piccola fortuna per una borsa che in cuor suo considera orrenda solo perché trasmette il messaggio desiderato. Non si crea nessun vero legame con un particolare modello di borsa, perché l'importante è il segnale che si intende lanciare, come nel caso delle livree e dei colori di guerra. La borsa indica il battaglione, il grado e il livello di coraggio e di impegno di chi la usa. E una donna lavora sodo per la sua borsa: parlare di superficialità nelle riflessioni che ne precedono l'acquisto equivale a dire a un tifoso che il calcio "è solo un gioco".

Modello Birkin

Se la vostra è un modello Birkin, potete essere deliziose come un ghiacciolo e un attimo dopo un incubo vivente di assertività e principi di status elevato. Siete una "donna della storia", con una predisposizione alla continuità di mode e destini. Questa borsa ha una sua praticità che riflette l'approccio concreto alla vita *à la* Mary Poppins, e nonostante la difficoltà di reggerla sul braccio o con la mano, quando si arriva al dunque lo stile avrà la meglio sulla praticità.

Postino

Il vostro lato mascolino non vi imbarazza, al punto tale da sopportare una borsa chiaramente progettata per il corpo degli uomini, solo per sottolineare che vi sentite uguali a loro. Vi presentate come una persona piacevolmente spontanea e spensierata, ma dal momento che la "postino" richiede spalle più larghe (e ciò vi obbliga a ballare l'hula hoop per raddrizzare la tracolla o impedire che scivoli giù dalla spalla) e raramente vi ci tuffate (perché la lunga pattina vi si apre dritta in faccia costringendovi a frugare all'interno come uno scoiattolo cieco), siete inclini a scatti di nervi durante le infruttuose ricerche del biglietto della metropolitana o del lucidalabbra.

Se uscite con una "ragazza con la postino", sappiate che è disposta a dividere il conto al ristorante, ma solo se avete la pazienza di aspettare mentre cerca la carta di credito.

Clutch

La donna che usa la piccola borsa da portare a mano (*clutch*), solo apparentemente ultrafemminile, ha un'aura di charme e buone maniere d'altri tempi. È una borsa impegnativa, che richiede costantemente l'attenzione di una mano ed è abbastanza piccola da suggerire la delicatezza del contenuto, come un fazzolettino di pizzo o un pennello per il fard. La donna con la borsetta tuttavia può essere una fanatica del controllo. L'elegante pochette può essere una navicella spaziale in miniatura, contenente spazzolino da denti, preservativo e un cambio di biancheria, eppure stare schiacciata sotto l'ascella o stretta tra i denti in caso di necessità e persino brandita come un'arma durante un litigio. Viene spesso usata come i sacchettini di emergenza in aereo, per non vomitare in taxi dopo una serata di eccessi. Di sicuro, la "donna *clutch*" sa come divertirsi!

Borsone firmato

Il trend delle megaborse è stato avviato dalle star, fotografate mentre ne trascinano esemplari capaci di reggere dieci volte il loro peso. Questi borsoni erano così brutti ed eccessivi da diventare dei best seller. La donna da borsone firmato può sembrare pronta per ogni emergenza, ma ha zero senso pratico, perché in quella borsa che sfiora il pavimento probabilmente non porta niente di più utile di un chihuahua e di una bomboletta di vernice spray. Questa borsa serve principalmente per nascondersi in caso di emergenza, perché riesce a occultare metà del vostro corpo – prima dell'attacco della cellulite – e/o può essere usata come sostegno emotivo perché la sua volumetria vi fa sentire più piccole, come bimbe che giocano a fare le donne e nel vocabolario delle emozioni degli adulti questo significa essere un po' sciocchine.

In una relazione fresca fresca, questa borsa vi permetterà di misurare la pazienza del vostro nuovo amore. Notate il sorrisetto che gli sfugge quando vi vede con il baule al braccio (penserà che sia piena zeppa di gingilli sexy per la notte); poi osservate la sua reazione dopo tre ore di perlustrazione dei fondali in cerca di un minuscolo lucidalabbra. Se non si è mangiato i gomiti per la frustrazione, sposatelo.

Borsa multitasche

Se c'è una cosa che si intuisce su una donna che usa la borsa multitasche, è che non è ben organizzata. Il vostro desiderio di creare ordine nel caos della vostra vita è sincero, ma se comprate una borsa che contiene più tasche e scomparti del giaccone di un taccheggiatore, significa che passate il vostro tempo alla ricerca del passaporto, delle carte fedeltà o dell'unica copia del vostro romanzo o del business plan decennale che si sono persi nelle pieghe della fodera. Siete quindi isteriche borderline e subite a tratti gli effetti dello stress, soprattutto mentre siete in coda al supermercato.

Tracolla

L'effetto "mani libere" di questa borsa *dovrebbe* parlare di uno spirito libero, affrancato dagli aspetti più femminili delle mode e tenero come un cucciolo di koala. In effetti, la ragazza da tracolla ha un approccio immensamente pratico verso la vita, è tipicamente una capoclasse o la capitana di una squadra sportiva. Indossa berrettoni di lana e buffe manopole per lanciare un messaggio ironico ma in realtà è bloccata nel suo piccolo mondo – e questo fa parte del suo charme.

Borsa di stoffa

Bisogna ammettere che ci sono donne che non appartengono alla confraternita della borsa e che usano allegramente borse di stoffa, iuta o paglia, spesso arricchite da ricami o lustrini. Queste donne appaiono incantevoli e originali, con un pizzico di eccentricità che spesso gli uomini trovano piacevolmente adorabile. In real tà, si portano appresso un enorme carico di emotività, come ex mariti violenti o divorzi infiniti seguiti da relazioni sentimentali improbabili con camerieri spagnoli o indigeni Masai. Sono donne difficili che sanno essere generose, affettuose e leali ma finiscono spesso per scoppiare a piangere a metà del secondo cocktail e c'è da scommettere che hanno *Mamma mia* in loop nel lettore DVD.

Niente borsa

Questa donna ha più in comune con tutte le altre di quanto non sembri a prima vista. Una donna senza borsa è come una donna senza casa: è costretta a usare le tasche per portare con sé il necessario, come un senzatetto si porta appresso i suoi averi in un carrello scassato.

Nessuno stilista di fama o di classe crea capi femminili con vere tasche, quindi siete costrette a infilarvi banconote e biglietti da visita nel reggiseno, i fazzoletti nelle maniche e l'abbonamento del metrò in una scarpa. Risolute, antigieniche e totalmente prive di senso sociale o di decoro, finite molto spesso per infilare le vostre cose nelle borse delle amiche.

Le borse di lui

Dire che gli uomini usano le borse per apparire strafichi agli occhi delle signore sarebbe come dire che le donne portano il tanga per il proprio piacere. Le borse da uomo parlano praticamente solo di senso pratico. Semplicemente gli evitano di continuare a schiaffare l'impossibile nei pantaloni, anche se molti continuano imperterriti a usare le tasche. Comunque sia, nel linguaggio del corpo queste borse possono costituire uno svantaggio.

Modello postino

L'uomo con il modello postino si avvicina più degli altri al tipo diretto ed esperto a letto, ma presentarsi a un appuntamento con la postino in spalla potrebbe destare dei sospetti. I maschi sono ancora inesperti sul fronte borse, tanto è vero che non se le tengono strette al bar – facendo un favore agli scippatori – e le maneggiano ancora con qualche difficoltà, rovistando senza speranza sul fondo o facendosi schiaffeggiare dalla pattina ogni volta che cercano una penna o un biglietto da visita. Ma se acquisiscono esperienza attireranno gli sguardi perplessi della maggior parte delle donne, quindi il settore "borse da uomo" lascia ben poche speranze.

Zaino

L'uomo con lo zaino riesce a compendiare i tratti dell'alpinista, dello studente e dell'impiegato in modo quasi sinistro e prossimo al feticismo. A cosa porta la sintesi di questi opposti? In realtà, potrebbe essere solo un gregario rimasto fedele al suo zainetto perché così hanno fatto i colleghi più anziani al lavoro, anche se continua a urtare chiunque in metropolitana come un elefante con la cataratta e non fa colpo sui clienti quando sfila il portatile da una borsa oversize.

Cartella da ufficio

L'uomo con la cartella da ufficio ha un'immagine banalmente associata al lavoro di professionista anche se, come nel rituale della stretta di mano, i dettagli visivi o estetici possono denotare status e livelli di carriera. La vecchia cartella di cuoio è l'arma d'elezione dello snob di status elevato, mentre la versione in plastica implica un certo disordine nel lavoro, soprattutto se portata mezza aperta. Il portadocumenti formato A4 stretto sotto l'ascella dovrebbe far scattare l'allarme in chiunque preferisca restare sveglio durante la conversazione, perché è appannaggio tendenzialmente di chi parla molto di informatica.

Se una donna compra una borsa per tirarsi su di morale e valorizzare la propria immagine usandola per denotare status e posizione sociale, sia gli uomini che le donne adottano il taglio e il colore dei capelli per dichiarare al resto del mondo come vogliono essere trattati, percepiti e accettati. Una verità scioccante a proposito delle acconciature è che tendiamo a cambiarle molto meno di quanto pensiamo. La maggior parte di noi porta lo stesso taglio, colore e scriminatura che aveva all'asilo. Non ci credete? Date un'occhiata a una vecchia foto di scuola. Per quanto vi impegnate, lo stile di base resta sempre quello e continuerete a gravitare in quella zona per tutta la vita. (Sempre che la natura crudele non avvii un programma di deforestazione!)

Il colore dei capelli

Colore e taglio di capelli sono legati indissolubilmente alla vostra personalità, al punto che spesso anche persone che vi sono molto vicine li usano per descrivervi. Per un uomo, sono direttamente connaturati all'attrattiva e verranno usati per descrivere agli amici ogni nuova conquista come "una bionda" o "una bruna", facendo subito scattare un cliché. Le ragazze spesso si tingono i capelli per adeguarsi allo stereotipo. Gli uomini tendono invece a mostrarsi al naturale, limitando l'efficacia di questa forma di identificazione sessuale: «Ha i capelli castani» è il massimo che valga la pena di notare. Perché nelle donne il colore dei capelli è così importante? Perché il colore è legato al carattere. Le bionde, come sappiamo, sono più inclini a divertirsi. Le brune sono più intelligenti, mentre le rosse sono focose e difficili da "gestire". Ma c'è del vero in questi luoghi comuni?

La bionda

Paris Hilton ha dichiarato: «Penso che ogni decennio abbia una bionda tipo, come Marilyn Monroe o la principessa Diana; ora, quell'icona sono io». I capelli biondi sono associati all'infanzia, quindi le donne bionde adulte possono indurre aspettative di innocenza, allegria e ingenuità, attributi caratteristici dell'infanzia. Anche se le bionde ossigenate degli anni Cinquanta come Marilyn Monroe e Jayne Mansfield negavano l'aria innocente con toni e curve innaturali, una bionda naturale conserverà un'aria infantile o adolescenziale. Inoltre, il colore chiaro spicca sullo sfondo, quindi una bionda sarà la prima a essere notata in un gruppo. Sul lavoro, i capelli biondi sono tuttora associati allo stereotipo della "ingenua" ma se riuscite a sviluppare un buon gancio sinistro, dovreste avere la meglio su questo stupido luogo comune.

La bruna

I capelli scuri o neri hanno un'aria più adulta e in passato erano appannaggio dei maschi in posizioni dominanti. Le brune sono considerate più intelligenti e decise delle bionde. I capelli scuri non provocano l'effetto aureola intorno alla testa e facilitano il contatto visivo.

Nella società moderna, le donne sono spinte a schiarirsi i capelli con tinture o colpi di sole per essere alla moda e spiccare tra la folla. Di conseguenza, una ragazza che conserva il suo colore naturale dimostra di pensare con la sua testa e di avere un livello di autostima molto sano. Non è incline a compromessi e non gradisce passare per "piaciona". Le brune hanno meno bisogno di parlare come bambine piccole per manipolare gli altri o fare a modo proprio. È probabile che siano ben preparate e concentrate sui propri obiettivi.

Inoltre, sono cresciute circondate da stereotipi molto persuasivi legati al colore dei capelli. Le eroine bionde sono tendenzialmente svampite, civettuole e stupide, mentre le brune sono spesso sensuali, serie e più pericolose.

La rossa

Nelle donne, i capelli rossi rimandano all'immagine del fuoco, simbolo di energia e vitalità. La trasmissione di questo tratto lungo l'albero genealogico di una famiglia parla di forza fisica o "genetica". Spesso, una persona dai capelli rossi si sente appartenente a una razza a parte. Mentre gli uomini dai capelli rossi sono vittime di un'impressionante quantità di pregiudizi, le donne spesso sono rispettate per la personalità considerata impetuosa. In una donna, avere i capelli rossi significa anche avere i capelli lunghi, caratteristica che molti uomini associano alla sessualità. Lo stereotipo vuole che i capelli rossi portino spesso guai.

La "pel di carota"

Vi ricordate la canzone *A boy named Sue* del 1969 di Johnny Cash? Parlava di un ragazzo che a causa del suo nome faceva a botte con tutti a scuola e fu costretto a diventare un duro per sopravvivere al ridicolo. I capelli color carota equivalgono a quel nome così imbarazzante. Ai "pel di carota" tocca una vita di pregiudizi, che li rende guerrieri o vittime. È un vero peccato che le capigliature più incredibili dello spettro provochino un trattamento così ingiusto. Ed è un peccato sapere che nella maggior parte dei casi, mentre stringete la mano a una nuova conoscenza, questi si sta domandando di che colore avete i peli pubici.

Il color topo

Il castano è un colore naturale che dona ma non tutte le sue sfumature vengono usate per descrivere o definire una bella donna («Hai dei magnifici capelli color topo» o «I riccioli color topo le ricadevano morbidamente sulle spalle!) così come non si inviterebbe nessuno a una crociera nel Triangolo delle Bermuda. Questo ci porta alla domanda: «Perché?».

Perché tenersi questo colore quando gli scaffali delle profumerie traboccano di prodotti per valorizzare, schiarire e dare più tono ai capelli? Perché essere "color topo" quando potreste essere "castagna", "bronzo" o "cioccolato"? Forse la donna color topo ha un desiderio innato di restare invisibile, confondendosi con lo sfondo mentre le sue sorelle bionde, rosse o brune sono al centro della scena – il che ci porta ad altre domande: «Perché vuole nascondersi?». «Si sente in colpa per qualcosa?». «Questo colore maschera livelli intollerabili di rabbia, odio e intenti omicidi?».

Oppure, la donna color topo è il massimo in fatto di qualità dominanti e si sente così a suo agio con se stessa e la sua bellezza naturale da non volere che il colore dei capelli metta in secondo piano il viso? Sa qualcosa che noi non sappiamo? O ancora, è la donna che tutte le altre temono, perché insiste per restare "naturale"? La donna che non si sfoltisce le sopracciglia e non si depila le gambe e preferisce lo smalto incolore o il lucidalabbra? E dove abbiamo scritto "naturale" leggete "che incute timore".

Tutti preferiscono le brune

Secondo un recente studio di Garnier, le bionde non sempre se la spassano di più. L'inchiesta ha infatti rilevato che le donne dai capelli scuri guadagnano più delle omologhe bionde e che il 71% degli uomini considera le donne brune partner ideali.

Il taglio di capelli di lei

Capelli lunghi

I capelli lunghi sono tradizionalmente associati alla verginità e persino oggi le ragazze che hanno superato l'adolescenza o anche più giovani sono portate a tagliarsi i capelli. I capelli lunghi sono infatti considerati un segnale di disponibilità, mentre un taglio corto suggerisce che siete "occupate".

Caschetto

Il caschetto è uno dei grandi classici, che combina l'aspetto "adulto" dato dal taglio corto e ordinato con la frangia e il liscio dell'infanzia. Le donne col caschetto fanno pensare di sapere che cosa vogliono e di parlarne con franchezza, anche se l'aspetto infantile di questo taglio indica che l'aria così professionale può essere talvolta alterata da scoppi di ira, manifestazioni di irrazionalità o pianto.

Frangia e frangetta

Le donne che portano la frangia preferiscono guardare il mondo attraverso un velo. La frangia è un rifugio per le timide e le imbronciate, un segno di "chiusura" che offre un riparo e un nascondiglio, e indica che non siete poi così sicure come sembrate. La frangia potrebbe far pensare che non andate incontro al mondo a braccia aperte, ma preferite sbirciare da dietro il sipario e che quando pensate di non reggere chiudete bottega e tanti saluti.

Ci sono anche donne che passano alla frangia all'improvviso, sulla trentina: sono donne che si sono accorte che il tempo passa e cercano di sembrare più giovani coprendo le prime rughe sulla fronte con un look più adolescenziale.

Ricci vs lisci

Nell'era delle piastre, il capello riccio è quasi un fenomeno in via di estinzione, ma siccome i capelli stirati mostrano il desiderio di esercitare un certo controllo sulla vita, l'amore e tutto il resto, i ricci significano spontaneità e una certa mancanza di controllo. Il ricciolo parla di una donna che abbraccia tutto ciò che è naturale, di un'inguaribile ottimista che si fa sospingere dal vento della vita invece di lottare per controllare la vela e la rotta. Più stirate i capelli, più apparite maniache del controllo. I capelli sottomessi con maschere e piastre parlano di un carattere dominante che sottoporrà anche gli uomini allo stesso trattamento.

Taglio fatto in casa

Per voi, abitatrici di questa nicchia esclusiva, potrebbe essere troppo tardi, perché probabilmente avete adottato questa soluzione inconsapevolmente subito dopo aver partorito. Non c'è niente di carino e seducente in questo look, che invita chiunque vi incontri a darsela a gambe prima che sia troppo tardi. Questo taglio non ha pro: solo contro. Correte subito dal parrucchiere.

Il taglio di capelli di lui

Oggi, dire "corti" non basta più. I tagli maschili sono ormai una forma d'arte e richiedono l'uso di un buon numero di prodotti poco compatibili con l'impegno ecologista. Questa mania per i cosmetici sta cambiando la vita del maschio medio come non si sarebbe mai immaginato. Un tempo poteva viaggiare libero e leggero come un qualsiasi buon cacciatore, con un piccolo pettine di plastica in tasca per assicurarsi un impeccabile sex appeal, mentre ora deve avere sempre sotto mano un arsenale di balsami, gel e persino lacca.

Dritti come un istrice

I capelli tenuti dritti verso l'alto con il gel imitano reazioni animali di paura/sorpresa/shock, eccitazione precombattimento o eccitazione sessuale.

Chi tratta in questo modo i suoi capelli dopo i trent'anni deve sapere che probabilmente rientra nella prima categoria. Anche se l'uso del gel in età matura indica che volete restare al passo con i giovani, il vostro viso rivela la vostra età e nel complesso il vostro look vi farà assomigliare a Scrooge, il personaggio dickensiano a tu per tu con lo spettro dell'ex socio Marley.

Sul lavoro, questo taglio di capelli vi proietta nell'arena dei gladiatori. Infatti è l'equivalente umano dell'animale che arruffa il pelo o le penne per impressionare l'avversario. Corrisponde in un certo senso a un elmo da combattimento e indica che considerate il lavoro come un campo di battaglia.

In tutti gli altri casi, sarebbe comunque impossibile descriverlo senza usare l'aggettivo "eretto". L'erezione "craniale" è chiaramente un segnale di virilità sempre all'erta. Un altro motivo per cui di solito l'uomo maturo che adotta questo taglio viene guardato dalle ragazze con un certo scetticismo.

Cresta

Questa acconciatura mossa, col ciuffo che punta verso l'alto come una pinna, è una sfida alla gravità e non ha nulla di tattile, perché i capelli sono rigidi come punte di lancia. L'uomo-cresta si gode i capelli rigidi ed eretti e le persone che vi circondano non devono essere appassionati di Freud per cogliere il senso del messaggio. Con questo look, dite al mondo che siete pronti per il sesso, ovunque e in qualsiasi momento: dichiarate apertamente che siete uomini dal sangue caldo, con una forte pulsione sessuale. Se questo è normale nell'adolescenza e intorno ai vent'anni, l'uomo più maturo che cerca di emulare questo look raccogliendo quel che resta della chioma in ciuffetti, sembrerà solo più triste. La cresta deve essere folta, altrimenti è solo un'imitazione mal riuscita.

Scontro frontale

Questa acconciatura *à la* Tintin si ottiene pettinando i capelli in avanti per poi spingere il ciuffo verso l'alto, sopra la fronte. In termini sessuali è parente della cresta, ma questa ondulazione last minute vi identifica come persone che accettano le offerte sessuali solo in seconda battuta.

Capelli lunghi

Se si tratta di un taglio lungo, ondulato e spettinato, apparirete disinibiti e a letto vi rivelerete piuttosto animaleschi, nonostante in pubblico siate piuttosto schivi e silenziosi. Il look classico e senza tempo di questa acconciatura implica però che vi proiettate sul lungo periodo o almeno fino alla mattina dopo (dopo che l'uomo-cresta o quello "incidentato" si saranno già scusati e se ne saranno andati, col ciuffo ammosciato).

Coda di cavallo

La coda di cavallo vi colloca in piena andropausa, in lotta con le unghie e coi denti contro l'avanzare dell'età e smaschera il vostro lato vanitoso, infido e paranoico che non si fa mancare qualche tocco di follia, come impazzire per le Harley-Davidson o le ballerine di *pole dance*. Se siete più giovani, sicuramente lavorate nel campo dell'informatica, ma vi considerate un po' degli intellettuali e dei cani sciolti. Volete far credere di odiare il vostro lavoro e tutte le persone che lavorano con voi perché pensate di meritare ben altro che non ricoprire un ruolo qualsiasi in un'impresa di servizi.

Taglio squadrato

Questa acconciatura fa semplicemente pensare che siate passati sotto al tagliasiepi del vicino. La forma squadrata indica desiderio di potere e leadership. Presentandovi come un androide, inoltre, vi sbarazzate di emozioni spontanee come l'empatia e vi potete trasformare in un maniaco del controllo senza mezze misure.

Ciuffo in avanti

Questo richiamo al look anni Sessanta vuole tutti i capelli pettinati in avanti, con una frangia piuttosto lunga intorno al viso. Il suo aspetto curato dimostra che siete a stretto contatto con il vostro lato femminile, pur essendo un satiro sotto le lenzuola. L'affettazione del look è spesso una finta, che nasconde un carattere molto più forte, consentendovi di mescolarvi tra le donne per poter scegliere con tutta calma.

Riportino

Questo look suggerisce che cercate in tutti i modi di restare aggrappati non solo alla vostra gioventù, ma anche alla vostra vita sessuale. Le ciocche rade e tristi che attraversano il culmine del cranio mostrano che siete ancora in campo e non avete abbandonato la competizione in camera da letto. Considerato il valore simbolico dei capelli, darete la vita per non finire nella categoria dei pelati. Forse sembrate tristi, ma siete combattenti determinati e i colleghi sanno che tagliarvi la strada può essere molto pericoloso.

Testa rasata

Grazie al cielo, questo look si è imposto sull'uso del riportino, quindi i pelati hanno potuto lasciare i loro rifugi anche in caso di vento forte, esibendo con orgoglio la loro calvizie. Questo taglio consente agli uomini di battere il tempo: perché aspettare che sia la natura a sfoltire la chioma quando potete farlo voi stessi con le vostre mani? E naturalmente una testa rasata lascia sempre il dubbio: l'ha fatto per piacere o per dovere? Si è priva to di una folta chioma per seguire la moda oppure gli erano rimasti solo quattro peli in croce? Solo l'ombra scura della ricrescita può aiutare a svelare il mistero.

Ma una volta esaminati i capelli, la borsa e le bevande, arriviamo al momento della verità. L'occhio scivola verso il basso, verso le fondamenta della vostra immagine: i piedi. Da molto tempo le calzature sono considerate una guida preziosissima per capire la personalità, perché definiscono gusto, classe, idoneità al lavoro e, naturalmente, tendenze sessuali...

Le scarpe di lei

Mentre gli uomini possono chiedersi cosa ci sia di tanto speciale in un paio di scarpe, tutte le donne sono dotate fin dalla nascita della capacità di comprendere il valore mistico di una calzatura, così come molti maschietti sanno esattamente come rianimare un telecomando anche quando i medici hanno decretato la morte cerebrale delle batterie. Le donne spendono per le scarpe cinque volte più degli uomini. Eppure i piedi sono la centrale energetica della sicurezza e dell'autostima per entrambi i sessi. La postura è un'emanazione diretta dell'ego e il modo in cui i piedi poggiano al suolo con il loro involucro è un elemento cruciale nella creazione del vostro mito. Non c'è da stupirsi quindi se un datore di lavoro potenziale giudica i candidati studiandone le scarpe tanto quanto il curriculum o se la scelta di un potenziale partner viene confermata o abbandonata dopo un attento esame delle scarpe che indossa.

Stivali piatti di montone rovesciato

Molti anni fa, portare le pantofole per strada era un chiaro sintomo di demenza senile incipiente, ma ora grazie a questi nuovi classici (ringraziamo di cuore gli stilisti!) tutte le donne del mondo possono passare incolumi dalla camera da letto alla sala riunioni senza rischiare di traumatizzare i piedi, grazie a questi coccolosi stivali piatti in camoscio. A ogni cambio di stagione, gli uomini sperano e pregano che questo classico sparisca dalla circolazione, ma a ogni cambio di stagione torna prepotente.

Ogni donna ricorda esattamente dove si trovava quando ha visto il primo paio di stivaletti morbidosi e molte ricorderanno Pamela Anderson che li indossava con un bikini striminzito sulla spiaggia di *Baywatch*. Se usate questo tipo di stivali, non temete di mostrare al mondo il vostro desiderio di comfort anche se in fatto di sesso avete ambizioni molto alte. Portando uno stivale che funge da deterrente per la maggior parte dei maschi ed è l'esatto contrario del tacco a spillo tanto dannoso per le articolazioni, sbandierate il diritto di fare sesso a modo vostro. I tacchi sono lì, nella scarpiera, ma li portate quando volete e non come un segnale di disponibilità generalizzata. Siete il tipo di ragazza da branco, dal momento che questo è uno stivale che si ama o si odia e tutte le donne che lo amano stringono una sorta di legame tra loro, che va oltre l'età e la classe sociale. Siete anche disinvolte, perché un effetto imprevisto di questo modello – esclusi i casi estremi di polpaccioni pachidermici – consiste nell'assottigliare le gambe e persino le cosce. Inoltre siete aperte al cambiamento, perché questi stivali esigono una modifica radicale dell'andatura per consentire la mobilità di chi li indossa.

Lei e le sue scarpe

La rivista «Harper's Bazaar» ha intervistato mille donne in merito alle abitudini di acquisto e uso delle scarpe: metà delle intervistate ha ammesso di possederne più di trenta paia. Una su otto ha confessato di averne almeno cento paia.

Tacchi a spillo

Le scarpe a punta con il tacco a spillo – che la scrittrice femminista australiana Germaine Greer definiva "scarpe da scopata" – sono un cliché del sesso fin dagli anni Cinquanta. La donna che le indossa sa bene quali sono i quattro segnali chiave inviati da questi modelli:

- Aumentano le sue possibilità di attirare l'attenzione rendendola più alta.

- Il tacco costringe le gambe a una certa rigidità, facendole sembrare più toniche.
- Costringono a mantenere il bacino leggermente inclinato in avanti rendendo l'andatura più sensuale.
- Rallentano il passo, quindi sarà più difficile sfuggire al cacciatore!

Se portate i tacchi a spillo, avete un atteggiamento compiacente verso gli uomini ma volete passare per aggressive e non passive. Le scarpe di vernice accentuano i segnali sessuali a causa dell'effetto specchio. La versione in vernice rossa è l'oggetto del desiderio sadomaso per eccellenza e probabilmente per questo viene usata così spesso nelle immagini e negli spot pubblicitari.

Tacco alto con plateau

Questo modello da Jessica Rabbit è comparso di recente sul mercato ma è già un classico, apprezzatissimo dalle dive. L'abbinamento tacco 20 + plateau richiama la stessa tattica da specchietto per le allodole del tacco a spillo, ma i segnali che invia sono più legati allo status che non alla necessità di compiacere il maschio. Sono scarpe da ape regina con qualcosa in più. Chi porta tacchi alti con plateau sovrasta il suo uomo, ma l'uso di queste scarpe è chiaramente invalidante: è come avere i piedi fasciati stretti, quindi è indispensabile essere accompagnate a casa in auto. Queste scarpe dicono che siete maniache del controllo e che non vi piace camminare, quindi siete tanto ricche da avere un autista, e disposte a rischiare di azzopparvi pur di tenervi stretto un uomo e costringerlo a seguirvi ovunque come un badante.

Scarpe comode

Ogni donna possiede un paio di scarpe comode, così come almeno un paio di pantaloni larghi. Sono dedicate ai momenti "salvaschermo", in cui disattivate la modalità "apparire a tutti i costi" per essere semplicemente voi stesse. Quando indossate un paio di scarpe comode, dite al mondo che non partecipate al gioco delle coppie o che il vostro uomo ha smesso da tempo di badare a cosa vi mettete. Le scarpe comode vi permettono di camminare di buon passo e di divaricare le gambe quando vi fermate, due indicatori di status e potere. Tuttavia, ogni donna sa – nel suo intimo – che questo approccio ragionato al potere è rischioso. In uno scontro in sala riunioni, le scarpe senza tacco sono destinate a perdere sempre di fronte alla determinazione degli spietati tacchi a spillo, perché la donna che li indossa dimostra di non badare a quanto sia dolorosa la scalata al potere.

Sandali a listini

Con il loro look "vedo e non vedo", trasmettono una forma di sensualità più soft. L'esposizione sfacciata delle dita denota sicurezza e una certa disponibilità al sesso, soprattutto se le unghie dei piedi sono ben curate. Le donne che indossano questo tipo di sandali non sono assertive e preferiscono dare di sé un'immagine di charme senza complicazioni. Sono tendenzialmente più infantili e compiacenti e puntano a trovare un marito. Partecipano con piacere alle feste ad alto tasso alcolico per sole donne per poi zoppicare fino a casa a piedi scalzi mentre le "altre", appollaiate in cima ai loro plateau, si fanno scorrazzare in SUV dai devoti accompagnatori.

Ballerine

Carine, vero? Di solito sono molto più carine delle ragazze che le indossano, perché spesso le ballerine sono le scarpe preferite da ubriacone, scalmanate, zoticone, casiniste e altre tipologie di ragazze dallo stile di vita poco sano. Queste scarpe sono fondamentalmente poco pratiche, quindi chi le porta non bada affatto al pericolo o alla scomodità. Oppure si tratta di autentiche dure, in grado di affrontare lo sporco, il freddo e i chiodi, le pietre o le schegge di vetro, protette solo da un sottile strato di pelle e cuoio.

Le scarpe di lui

Gli uomini non saranno ossessionati dalla scelta delle calzature come le donne, ma non ne sottovalutano il potere, anche se affermano di avere cose ben più importanti per la testa che badare a quello che succede all'estremo opposto. D'altra parte, documenti alla mano, si sa che un genio come Charles Darwin, quando studiava a Cambridge, spendeva più soldi in scarpe su misura che in libri.

Sneaker

L'uomo che porta le sneaker, anche se firmatissime, non ha mai abbandonato la propria infanzia, perché in fin dei conti, sempre scarpe da ginnastica sono. Queste calzature con la suola di gomma conferiscono all'andatura un piglio gratificante e fanciullesco. Se sono le vostre scarpe preferite, siete molto inclini al conformismo, nel senso che vi date molto da fare per sentirvi accettati dal gruppo sociale di riferimento. Ma siete anche un po' camaleonti, perché sapete bene che vi renderanno ben accetti anche in altri gruppi. I cinque centimetri e più di gomma che separano i vostri piedi dal terreno fanno pensare che avete una visione piuttosto concreta e "impertinente" del sesso e che non avete alcuna intenzione di far trapelare all'esterno la vostra reale esperienza. Le sneaker danno un aspetto da "uomo della strada". Chi le indossa ha cominciato a comprarle da adolescente e continua a tenere duro, tanto è vero che si possono vedere anche arzilli novantenni con le scarpe da tennis ai piedi. Se siete fra questi, non volete enfatizzare la vostra giovinezza e quindi la vostra virilità. L'uomo con le sneaker ispira sicurezza (quanto meno sa che non rischia di morire fulminato) e questo implica lealtà all'interno di una relazione, anche se questa conclusione non è necessariamente vera. Come le vostre scarpe, potreste legarvi a una donna per sempre, ma forse solo per evitarvi la seccatura di andare a cercarne un'altra.

Scarpe classiche stringate

Se amate questo tipo di scarpe classiche ed eleganti, aspirate a essere ricercati oppure avete gusti *rétro* e desiderate apparire eccentrici e "diversi". Portare un modello così classico vi distingue dalla folla e dimostra un forte senso dell'ironia con qualche tocco di vanità. A meno che non le portiate solo perché le usava vostro padre, siete meticolosi e probabilmente intellettuali e strateghi. Uscire con voi non è facile, perché il vostro gusto in fatto di donne è particolare quanto quello in fatto di scarpe. Avete un'idea molto precisa di quale sia lo scopo della vostra vita e potreste apparire arroganti e determinati, anche se probabilmente affascinanti.

Converse

Talvolta puzzolenti, goffe e spesso così definitivamente piatte da essere molto più scomode di quanto non si voglia ammettere, le Converse sono un esempio lampante di forma che vince sulla sostanza. La loro origine si perde nella notte dei tempi – probabilmente anche Mosè ne aveva un paio – ma piacciono sostanzialmente perché sono esempi di quel gusto americano che fa tanto *Happy Days*. Se siete tipi da Converse, siete allegri, irritabili e del genere "non-sono-così-bravo-ma-ci-possiamo-fare-due-risate" riguardo al sesso. Lavorate nel settore dei media e volete farlo sapere a tutti. Siete felici di sbandierare la vostra giovinezza e la vostra vena di innocenza, e per molti versi questi sono i vostri soli assi nella manica. Vi piacciono le ragazze che fanno amicizia con voi prima di passare alla camera da letto e siete contenti (e più a vostro agio) se sono loro a sedurvi.

Mocassini

Che dire? Sono un classico. Chiaramente siete troppo ricchi e/o troppo pigri per perdere tempo con le stringhe e preferite muovervi in ufficio a passo felpato con questo erede delle classiche calzature dei nativi americani. Siete persone rilassate e probabilmente prestanti, ma vi piace apparire come tipi di successo e frequentatori dei campi di golf. I mocassini sono le calzature preferite dai guru della finanza che vogliono far sapere a tutti di essere i padroni. Il vostro fascino è principalmente da maschio alfa, un maschio scimmiesco, per la precisione: vi piace avere spazio intorno e starvene seduti a cazzeggiare mentre gli altri si affannano a lavorare e combattere per voi.

Scarponcini

Saranno anche di moda, ma questi scarponcini stringati color sabbia faranno sempre pensare a imprese da vero uomo come abbattere alberi, trasportare tronchi, erigere ponteggi e montare doppi vetri... Chi li indossa potrebbe essere più macho di Bruto o più sdolcinato del Natale. Questi scarponcini così ingombranti e con la suola così robusta negano che tra voi e il terreno esista un qualunque contatto. Allungano il passo e fanno sentire chi li indossa fisicamente imponente e invincibile. Se siete tipi da scarponcino siete soddisfatti di essere cresciuti, anche se siete un po' come gli adulti dei cartoni animati. Vi piace essere considerati tipi da prendere sul serio anche se in caso di attacco la vostra arma preferita può essere il sarcasmo o l'ingiuria. Questi bisonti della scarpiera, capaci di schiacciare qualsiasi cosa senza che ve ne accorgiate, rivelano la vostra innata insensibilità.

Sandali ortopedici

Questi sandali, che sembrano intagliati direttamente da cioc chi di legno, portano il look da profeta a un nuovo livello di santità e rivelano la vostra devozione al culto del riciclo e della tutela dell'ambiente. Se indossate i sandali ortopedici, siete ostinatamente convinti delle vostre idee, soprattutto se abitate in città e li usate anche fuori casa. In genere sono abbinati ad accessori tipici della vita all'aria aperta come zaini e giacche a vento che considerate trendy, anche se in realtà vi fanno somigliare a un'anziana volontaria del canile municipale. Sostenete il valore della vita attiva e non esitate a esporvi al fuoco amico della disapprovazione – ai vostri danni – se usate l'auto per tragitti inferiori ai venti chilometri. In campo sessuale, chi sceglie queste calzature è praticamente off limits. I portatori di sandali si accoppiano solo tra loro e il frutto del loro amore in genere nasce con un paio di sandaletti ortopedici ai piedi.

Stivali da cowboy

Quando si dice parlare chiaro... Scegliere stivali di questo tipo equivale a indossare un costume da carnevale fuori stagione. Gli stivali da cowboy sono una scelta per la vita e raramente sono esemplari unici nella scarpiera. Dichiarano a tutti che nel vostro caso, oltre la scarpa c'è di più... Scordatevi i completi preppy o i gilet di pile: siete chiaramente sognatori e visionari, persone cresciute con i telefilm di *Magnum P.I.* e la musica degli Status Quo, che vivono in una perenne crisi di mezza età. Gli uomini-cowboy sono sexy, divertenti e un po' solitari. E anche se vi vantate della vostra aria distaccata, avete idee molto chiare e non temete di prendere posizione in caso di dispute o conflitti.

Polacchini di camoscio marrone

Queste scarpe vi conferiscono un'aria da gentiluomo inglese, anche se, trattandosi di una razza estinta ormai da lungo tempo, il vostro attaccamento al genere suggerisce che siete anche un po' libertini. La comodità di questo modello rivela la vostra capacità di ribellarvi alla pelle nera e lucida che impera nella metropoli e suggerisce creatività e un certo temperamento artistico. Se incarnate il tipo da polacchino, siete naturalmente rilassati e preferite aggirare le regole, il sistema e il conformismo ma spesso vi ritrovate spiaggiati come balene nel mondo dell'insegnamento, tutt'altro che privo di regole e paletti.

Le pantofole di lei

C'è qualcosa in grado di definire la vostra vera natura più della calzatura da cui vi fate coccolare alla fine di una lunga giornata? Le scarpe che portate di giorno sono legate alla performance e simboleggiano il vostro "sé sociale ideale", sono il volto che presentate al mondo; le pantofole sono il vostro segreto, l'avatar che pone emozioni e comfort al di sopra dell'ego e della moda. In termini di immagine dicono "le cose come stanno".

Ciabattine con pompon o piume di struzzo

Queste delizie sono le Dita Von Teese del mondo della pantofola e un esempio di un guardaroba glamour, dove lo stile conta più del comfort e della praticità. Considerate la vostra casa come un grande boudoir da riempire di segni della gloria femminile, come poster di Marilyn Monroe e cuscini leopardati. E tutto questo vi mantiene ancora in gioco, anche se la vestaglia non è più di seta ma di lana scozzese e almeno un pompon è finito nella pancia del gatto. Questi riferimenti agli ideali femminili che precedono la seconda ondata del femminismo indicano che accogliete di buon grado il vostro lato più superficiale anche se la vita di tutti i giorni o il lavoro vi costringono alla massima praticità. È la diva che vive dentro di voi a rendervi speciali e di certo nessuno può definirvi noiose.

Pantofole con animali di peluche

Nascondete una bambina in cerca di approvazione e affetto incondizionato e qualsiasi uomo vi veda con queste pantofole addosso dovrebbe rendersi conto che non avrà vita facile con voi. Se usate queste pantofole e in più amate circondarvi di gattini, orsacchiotti e simili non siete ancora cresciute del tutto. Per quanto siate sexy, sicure di voi e intellettuali, dichiarate a chiare lettere il vostro diritto a essere irresponsabili, petulanti e anche un po' viziate, se l'occasione lo giustifica.

Calze antiscivolo

Se portate le calze antiscivolo, probabilmente avete iniziato indossando le calze del vostro ragazzo in giro per casa per essere spiritose, finché non avete messo il piede su un chiodo e contemporaneamente avete scoperto che lui ha una micosi. Le calze con la suola antiscivolo che vi permettono di scalare le pareti come *La mosca* sono una valida alternativa. Ma la ragazza con le calze antiscivolo odia apparire assennata, quindi sceglie i modelli più bizzarri È una ribelle senza una causa, una donna che ha combattuto contro la banalità della pantofola per ri cadere in una specie di terra di nessuno. È fiera della sua capacità di accettare le sfide e comportarsi con saggezza anche se – sforzandosi di essere ragionevole – purtroppo finisce per essere considerata un'eterna indecisa.

Pantofole classiche

Nessuno sa perché, ma la classica pantofola della nonna è scozzese fin dai tempi dei tempi. L'umiltà di una persona che difende il fortino dello stile per così tanto tempo è quasi commovente. Quante volte abbiamo preso in giro le nonne che si rifiutavano di abbandonare questo classico (pantofole scozzesi con i pompon rossi per l'estate e alte alla caviglia e chiuse con la zip d'inverno), ma ora la loro ferrea determinazione si merita la nostra ammirazione. Nessuno stilista oserebbe rivisitare ironicamente queste calzature, perché le donne che le indossano si sono guadagnate la fama di signore formidabili.

Le pantofole di lui

Montone rovesciato

Queste pantofole rivelano la duplice personalità di chi le indossa: da un lato abbiamo l'uomo dedito al comfort, che ama la sicurezza e le rassicurazioni tipiche dell'infanzia e il morbido abbraccio che coccola le estremità. Poi c'è "il cacciatore", che deve fingere di aver seguito di soppiatto e abbattuto la preda per ottenere questo senso di sicurezza interiore, esibendo la pelle dell'animale e lo stile spesso neanderthaliano di forme e cuciture. Per voi, la vita è un gigantesco dilemma che oppone "l'uomo nuovo" al "maschio alfa". Capite benissimo che dovreste riuscire a fare la spesa nelle gastronomie eleganti e lasciare la tavoletta del WC abbassata, ma a volte vorreste tanto avere un *bullworker* nella tavernetta e il controllo totale del telecomando. Avete il cuore tenero e siete simpatici, ma avete un lato duro che normalmente fa capolino attraverso gesti plateal mente scorretti nei confronti degli altri o quandc dovete spiega re come fate a leggere sia un quotidiano progressista che un settimanale per soli uomini.

Mocassini indiani

L'uomo che porta i mocassini probabilmente ha passato i quaranta e prova raccapriccio alla sola idea delle pantofole, quindi queste scarpe-non-scarpe con cui trotterellare felici dalla cucina al capanno per gli attrezzi al cancello (e forse fino all'edicola la domenica mattina) sono alternative pratiche e persino piacevoli. Quando ve li hanno regalati avete storto la bocca, ma vederveli ai piedi vi dà un piacere segreto, perché vi sentite collegati nel profondo agli Apache dei film western della vostra gioventù. Forse agli altri sembrate un vecchio idiota, ma ai vostri occhi siete "Toro arrapato".

Pantofole buffe

Quasi tutti gli uomini hanno ricevuto almeno un paio di queste enormi e buffe pantofole, di solito per Natale, e le hanno indossate per caracollare per casa terrorizzando i bambini e facendo ridere i nonni; l'elemento comico tende a scemare non appena emerge il tema "salute e sicurezza". Al terzo incidente, dopo essere scivolati per le scale o aver inciampato nel gatto, quasi tutti se le sfilano e le nascondono nell'angolo degli abiti usati. Se continuate a portarle, significa che il loro potenziale comico vale per voi più della vostra stessa vita, e questo potrebbe voler dire che non avete senso dell'umorismo. Probabilmente al lavoro portate cravatte o persino calzini buffi per far ridere un po' i colleghi. Un pensiero carino, ma fondamentalmente noioso.

Pantofole con logo di birre o squadre di calcio

Ecco la classica "sorpresa" dell'ultimo minuto, tipica dei parenti presi dalla corsa ai regali di Natale. Se le avete comprate voi, significa che siete alcolizzati o che passate troppo tempo davanti a Sky Sport. Se le mettete, passate per un maschio compagnone, che nasconde la sua innata malinconia e gli occasionali attacchi di depressione. Queste pantofole vi ricordano che anche le più audaci tra le imprese tribali dei maschi possono essere ridotte a un logo stampato su una calzatura da casa per ragazzi cresciuti. Portandole, mostrate lealtà e amore per i familiari che ve le hanno regalate, ma acconsentendo a farvi castrare in questo modo, potreste anche covare rabbia e risentimento.

Naturalmente, questi sono solo piccoli esempi delle decisioni che prendete tutti i giorni su di voi e la vostra immagine. L'elenco è pressoché infinito. Ma nei casi riportati sin qui, siamo consapevoli di effettuare una scelta. Anzi, spesso ci rendiamo conto di ciò che un'altra persona potrebbe pensare di noi, perché la scelta è frutto di un'interazione consapevole con un parrucchiere o un negoziante. Ma molte delle nostre decisioni sono più istintive. Spesso allentiamo le briglie perché in un certo senso non ci rendiamo conto dell'impatto che i nostri comportamenti hanno sugli altri e di cosa gli altri possano pensare. Nel prossimo capitolo, scopriremo come queste scelte meno "pubblicizzate" rivelano qualcosa in più su di noi.

3
I messaggi nascosti dietro al comportamento e alle scelte

Naturalmente, l'immagine o l'impatto comunicativo non sono creati o definiti solo dalle scelte in materia di consumi, come il caffè o i pompon sulle pantofole. Alcuni vezzi verbali o non verbali sono molto più consolidati e quindi più espressivi.

Le scelte di consumo, che in molti casi possono essere basate su molteplici stimoli e impulsi, sono relativamente consapevoli. Nelle visite al reparto pantofole, probabilmente eravate consci dei processi decisionali coinvolti, anche se non sempre vi era chiaro cosa vi spingesse verso l'uno o l'altro modello. Alla fine avete comprato quelle ciabattine pelose di cui vi siete innamorati, ma vogliamo parlare di "scelte" comportamentali ben più contorte e sotterranee?

Il linguaggio del corpo è in pratica una selezione di comportamenti appresi, ossia – a parte gesti o risposte fisiologici o spontanei – imitati dalle persone intorno a voi, *in primis* i genitori. Le azioni assorbite in questo modo sono essenziali per la nostra sopravvivenza perché, come qualsiasi altro animale, selezioniamo quello che ci serve sapere per nutrirci, proteggerci e difenderci. Ma accanto alle competenze finalizzate alla sopravvivenza, altre tendenze meno utili si intrufolano nel nostro repertorio a nostra insaputa.

Questi comportamenti subliminali, che diventano vere e proprie abitudini, possono essere invisibili ai nostri occhi e al tempo stesso estremamente irritanti agli occhi altrui. Sono vezzi verbali o non verbali che possono sembrare casuali, ma che svolgono un ruolo ben più importante di quanto pensiamo nel definire noi stessi di fronte agli altri. Stiamo parlando di tutti quei piccoli gesti, rumori e intercalari che decorano le nostre comunicazioni come una spolverata di cacao sulla schiuma del cappuccino.

Gli intercalari

Gli intercalari o i tic verbali sono i piaceri proibiti del mondo della comunicazione, sciocchezze inutili, ripetitive e prive di senso che usiamo per riempire le pause o le minime esitazioni nel discorso. A volte fungono da esordio, altre da epilogo. Di tanto in tanto, costituiscono intere frasi, come nel caso di: "Cioè, ecco, nella misura in cui, come dire, insomma, chiaro no?".

Queste paroline sono omaggi del nostro subconscio, che entra in azione negli attimi di panico e colmano i vuoti indicando che il vostro turno non è ancora finito o vengono distribuite qua e là nel discorso come coriandoli. Siamo d'accordo sul fatto che sono espressioni copiate da altri, ma perché avete scelto proprio quelle? Pensate che sia frutto del caso? Rifletteteci...

"Bene"

Sottolineata spesso da una sfregatina di mani, questa espressione equivale al "ciak" nel mondo del cinema e annuncia che siete in procinto di dedicarvi a qualcosa di nuovo o avviare un altro filone di discussione. Viene pronunciata sia a vostro uso e consumo che come segnale rivolto ai presenti. Perché raccogliere i pensieri e darvi una scossa con tanta regolarità? Siete persone positive, ma spesso i vostri pensieri sfuggono al controllo e dovete lottare per riprenderne il possesso. Per evitare quell'accenno di stress e confusione che ne deriva, prendete in mano la situazione e raccogliete i fili dispersi del vostro pensiero, spingendo il cervello ad agire. Se la usate troppo spesso, apparirete goffi, caotici e un po' fissati con il controllo. Le persone che vi circondano ben presto risponderanno al vostro "bene" così carico di motivazione con il silenzio.

"... Ecco, sai..."

Queste paroline hanno un loro perché nel mezzo di una frase o in una risposta, come in questi esempi: «Come ti sei sentito quando il rinoceronte ti ha investito?».

«Be', ecco, sai...»

Oppure: «Ho avuto solo tre secondi per... ecco, sai... scappare e ero... ecco, sai... terrorizzato».

È necessario puntualizzare che userete queste parole solo quando non sapete di cosa state parlando o che cosa volete dire? Sono una vera e propria richiesta di aiuto: quando le usate, in effetti state *chiedendo* all'interlocutore se sa qualcosa che voi non sapete. «Ecco, sai... puoi aiutarmi?» e questa richiesta di empatia suggerisce che qualcosa non va nel vostro cervello, anche se solo temporaneamente. Osservate un professionista dell'eloquenza, per esempio un politico durante un'intervista e notate il momento in cui se ne esce per la prima volta con «Ecco, sai/sapete...»: a quel punto potete essere certi che ha perso la bussola e sta bluffando alla grande.

"A dire il vero"

Perché dovete usare un'espressione che conferma la veridicità delle vostre affermazioni... se non state mentendo? «A dire il vero, ero molto turbata.» «A dire il vero, il nostro piano ha funzionato.» «A dire il vero, la cosa mi ha effettivamente un po' confuso.» Sono i vostri tipici tentativi di dare enfasi a ciò che state dicendo, siete abituati a non essere creduti e sentite di dover provare oltre ogni ragionevole dubbio il vostro punto di vista. "A dire il vero" è un'espressione ambigua, sbandierata con disperazione nel maldestro tentativo di provare ciò che – a dire il vero – manca.

"Letteralmente"

Rileggete quanto sopra aggiungendo un pizzico di boria intellettuale.

"Fondamentalmente"

Avverbio usato solo da chi ha rinunciato ad avere il benché minimo controllo sulla propria capacità di sintesi. In pratica è un avvertimento e segnala che chi parla sta per subire un grave attacco di logorrea. Prendete tempo mentre cercate di strutturare e chiarire il vostro punto di vista, ma struttura e chiarezza latitano. Usando questo avverbio, inducete nell'uditorio delle false speranze, suggerendo che varrà la pena starvi a sentire. La perdita di fiducia nei vostri confronti, quando risulterà chiaro che state parlando a vanvera, inciderà alla lunga sulla vostra credibilità.

"... no?"

Perché si sente la necessità di ricorrere alle domande retoriche? Facciamo un esempio:

«Piove, no?» (detto guardando fuori dalla finestra).

«Sì, e credo che per uscire dovrai prendere l'ombrello.»

Fateci caso: scoprirete che viene usato a sproposito al posto di un più sobrio punto fermo, rendendo la conversazione al limite del sopportabile, come in «Ti chiamo domani, no?». Eredità dialettali e ondate di moda sono ormai fuori discussione, quindi se insistete a concludere ogni frase in questo modo siete la personificazione dello squallore e pensate che basti portare una felpa col cappuccio per sembrare un ribelle.

"Chiaro?"

Questa più che abusata interiezione suggerisce uno stato permanente di confusione mentale acuta. Chiudendo in questo modo ogni affermazione, non fate altro che prendere tempo per capire se i vostri interlocutori hanno capito o no. Inoltre, la domanda brusca, ridotta all'osso, implica che volete trasmettere il messaggio il più rapidamente possibile. Se così è, perché non usate parole semplici, che tutti sono in grado di capire al primo colpo, evitandovi il disturbo di controllare di continuo se i vostri interlocutori vi stanno seguendo? Questa continua verifica suggerisce una certa debolezza. Fate parte di un gruppo che può escludere i propri membri in modo arbitrario, quindi dovete avere la conferma che tutto quello che dite è "accettabile". Avete un disperato bisogno di piacere e per di più siete forse anche un po' paranoici, chiaro?

"Hai sentito quello che ho detto?"

Come sopra, in più aggiungete anche un pizzico abbondante di egocentrismo. Voi non parlate con gli altri: predicate. Buona parte di ciò che dite è incomprensibile, ma esigete un pubblico compiacente e chiudendo in questo modo ogni frase costringete i vostri ascoltatori ad annuire con aria solenne, come se dalla vostra bocca fossero uscite parole ricoperte d'oro. Vi piace sentirvi un guru del vostro tempo, anche se i guru autentici difficilmente ricorrono a questi tic verbali. Martin Luther King ha forse detto «Io ho un sogno, AVETE SENTITO QUELLO CHE HO DETTO?». Niente affatto. Gli sono bastate l'eloquenza e il microfono.

"Tipo/una specie..."

Queste parole suggeriscono un approccio alla vita in punta di piedi, che vi spinge a circostanziare ogni cosa che dite, casomai qualcuno vi accusasse di esagerare. Quello che vi succede sembra così sconcertante da lasciarvi senza parole. Dire: «Era *tipo* un problema di recessione» o «Era *una specie* di... una cosa inutile» è come dare una ripassatina alle vostre affermazioni per evitare critiche e ritrarvi come liberi pensatori senza opinioni preconcette. Tentennate alla grande su buona parte delle vostre decisioni, saggiando con la punta del piede la temperatura dell'acqua invece di infilarvi il costume e tuffarvi.

"Come dire"

Questa frase untuosa e ossequiosa fa immediatamente pensare a Uriah Heep[1] e alla sua abitudine di sfregarsi le mani. «Si è

[1] Personaggio del romanzo *David Copperfield* di Charles Dickens. (*NdR*)

trattato – come dire – di un comportamento incauto» oppure «Ci troviamo – come dire – in una situazione sgradevole». Quando usate questa frase vi comportate come un cameriere perennemente curvo e con tanto di parrucchino, che porge un conto mostruosamente salato su un piattino d'argento. «Che cosa ne dite delle parole che ho scelto? Non vi piacciono? Le trovate troppo dirette o sfrontate? Aggiungeteci del vostro, non vogliamo certo offendere nessuno.»

Il problema con le persone "come dire", è che la loro apparente deferenza maschera una volontà di ferro. Così come sapete che vi toccherà pagare il conto, sapete anche che "come dire" non ha alcuna intenzione di cambiare idea. Passive-aggressive: ecco come descrivere sinteticamente queste persone.

I gesti involontari

Il nostro corpo riesce a produrre settecentomila singoli gesti e, tanto per fare un esempio, in un colloquio di lavoro il 90% dei messaggi è di tipo non verbale. Una persona con un vocabolario molto ricco possiede un bagaglio di settantamila parole. A ben vedere, quindi, giocherellare e gesticolare svolgono un ruolo notevole nel nostro linguaggio non verbale segreto.

In termini psicologici, gesticolare equivale a una "fuga di notizie", perché il nostro corpo lascia trasparire ciò che realmente pensiamo e proviamo attraverso piccoli tic e rituali di tipo non verbale. Possiamo fingere con la postura e le espressioni del viso, ma le mani e i piedi hanno una vita propria, battendo il ritmo, spostando oggetti o muovendosi in continuazione per far sapere agli altri che cosa si agita davvero dentro la nostra testa.

Molti dei nostri movimenti involontari possono essere classificati come gesti autoconsolatori, ossia miniritualí che rassicurano il bambino "orale" dentro di noi, come succhiare il pollice, il dito o la penna. Altri possono essere provocati dal tentativo di reprimere l'irritazione, quindi il sorriso educato che esibite al capo o a un cliente può essere smascherato da segnali aggressivi come serrare il pugno o mordersi il labbro.

La gamba che non sta mai ferma

Questa abitudine irritante fa pensare che vi scappi... In realtà indica che il motore (ossia il vostro corpo) è sempre pronto a entrare in azione. Il movimento ritmico della gamba non tiene quasi mai il passo della situazione, quindi significa che spesso siete più annoiati che eccitati. Un po' come se foste tanti piloti top gun intrappolati nel corpo di analisti informatici.

Giocherellare con l'anello

In genere si tratta della fede nuziale, nel qual caso il gesto diventa un test sullo stato del vostro matrimonio. Se fate girare l'anello al lavoro, quando siete sotto pressione, considerate la famiglia come la vostra ancora di salvezza che vi assicura sostegno e protezione. Se scorre su e giù lungo il dito, il gesto è molto più freudiano e indica il desiderio di fare sesso, ma se viene sfilato completamente e infilato di nuovo state pensando a una vita senza il partner e probabilmente avete già in mente un'altra persona.

Giocherellare con la collana

Giocherellare con un oggetto vicino al collo indica che vi sentite minacciati. Portare la mano al collo è un gesto di difesa, e spesso a collane e catenine sono appesi portafortuna o oggetti che rimandano alla sicurezza personale come croci, lucchetti, cuori e altri ciondoli. Con questo gesto, state gettando il malocchio addosso alla persona che vi minaccia.

Giocherellare con la cravatta

Insomma, siamo onesti: la cravatta è un oggetto allungato con la punta rivolta verso il pene. Secondo voi, se continuate a muoverla e a rigirarla tra le dita davanti agli altri che cosa state dicendo?

Scarabocchiare

Un conto è disegnare, un conto è scarabocchiare, ossia tracciare segni su un foglio mentre si sta facendo qualcos'altro. Si tratta di un gesto quasi inconsapevole che lascia trasparire i pensieri e le emozioni che vi passano per la mente in quel momento. I cerchi parlano di soddisfazione o sesso, le linee a zigzag di aggressività repressa, le scatole di desiderio di creare ordine dal caos. Scarabocchiando nel corso di una riunione, date l'impressione di annoiarvi e se vi dimenticate gli scarabocchi sul tavolo, darete modo al capo di sapere come funziona la vostra mente.

Mordicchiare o succhiare la penna

Probabilmente, da bambini vi succhiavate il pollice e la penna è il sostituto dell'oggetto che all'origine era il sostituto di una confortante poppata al seno materno. Il gesto può sembrare anche tenero, ma forse fareste bene a chiedervi se fare la parte del poppante durante una seduta del Consiglio di Amministrazione vi porterà molto lontano.

La penna-baionetta

Usate la penna come un pugnale o una baionetta, puntandovela alla guancia o agitandola in aria mentre parlate. È in pratica una pseudoarma e, indirizzandola verso un'altra persona, è come se voleste pugnalarla. Conficcarsela nella guancia, nella gamba o nel braccio può far pensare a una forma di autolesionismo, ma secondo gli etologi rappresenta più una forma di repressione dell'aggressività rivolta verso gli altri. Quando un gorilla non può attaccare un altro gorilla, spesso colpisce se stesso per sfogare la frustrazione.

La penna-elicottero

Rigirarsi la penna tra le dita come se fosse il rotore di un elicottero non è da tutti e può richiedere anche ore di esercizio. Questo fa pensare che spesso vi annoiate e che non temete di mostrarlo. Trasformare la penna in un "giocattolo" è anche un modo un po' infantile per stroncare il vostro interlocutore.

Il piede metronomo

È un gesto classico, con il quale cercate di imporre all'interlocutore un ritmo più veloce. Mostra anche a quale velocità si muove la vostra mente e suggerisce impazienza o addirittura irritazione.

Mordersi le unghie

Mangiarsi le unghie, le labbra o persino l'interno delle guance è l'esempio più evidente delle forme di autolesionismo cui si accennava più sopra parlando della penna-baionetta. Gli esiti di questo tipo di autocannibalismo suggeriscono una carica di aggressività repressa, che non avete il fegato di rivolgere verso gli altri.

Giocherellare con i capelli

Quando eravate piccoli, i vostri genitori vi facevano addormentare accarezzandovi la nuca. Il ricordo di questo gesto non vi ha abbandonato, e si è trasformato in un rituale autoconsolatorio. Vi fa sembrare persone tanto dolci ma può darsi che l'altro sesso lo consideri un invito al corteggiamento. Continuate a sognare!

Origami

Ripiegare la carta è una forma estrema di scarabocchio geometrico ed esprime il desiderio di creare ordine dal caos, ma con una carica creativa maggiore, soprattutto se ripiegando la carta create delle "cose". L'origami indica che la vostra mente vola oltre l'oggetto della discussione e il vostro desiderio di costruire rappresenta ciò che stanno facendo i neuroni rimasti liberi nel vostro cervello.

Strappare la carta

La vostra distruttività è preoccupante. Strappare la carta è un atto altamente distruttivo, perché lo scritto rappresenta il pensiero, quindi con questo gesto esprimete in modo inequivocabile ciò che pensate di voi stessi o di un'altra persona. Se si tratta di carta bianca, siete semplicemente dei vandali.

Pulire gli occhiali

L'atto di pulire gli occhiali per abitudine più che per necessità suggerisce che il mondo reale vi sconvolge, vi deprime o vi confonde e sperate di capirci qualcosa tirando a specchio le finestre attraverso le quali lo osservate.

Giocherellare con gli occhiali

Quando vi togliete gli occhiali, fate capire ai vostri interlocutori che avete finito di prestare loro ascolto. Con questa forma di solenne "accecamento" (si ascolta meglio una persona se le si osserva il viso o le labbra mentre parla), minacciate gli altri di esclusione se le vostre opinioni non vengono ascoltate e rispettate, dimostrando in sostanza di essere presuntuosi maniaci del controllo.

Giocherellare con i polsini

Se continuate a toccare, tirare o sistemare i polsini, avete un profondo desiderio di apparire ben educati e compiacenti, mentre tenete a freno un desiderio ancor più profondo di darvela a gambe.

Toccare le tasche

L'atto di toccare o controllare le tasche svolge due funzioni. È un rituale ansiolitico che rivela come in passato vi sia capitato di uscire di casa senza chiavi o senza portafogli e vi consente di darvi una piccola scossa per riscuotervi dalla noia o dalla timidezza o per affrontare problemi di autostima.

Individuare una buona preda

Le persone benestanti gesticolano più spesso. I ricercatori dell'Università della California hanno filmato e studiato cinquanta conversazioni tra estranei. Dai risultati dello studio emerge che le persone benestanti adottavano un maggior numero di rituali come giocherellare coi capelli o togliersi granellini di polvere dai vestiti.

E così, dopo aver analizzato preoccupati il modo in cui gesticolate, le parole o le scarpe che scegliete, perché non accantonare le pressioni della gestione dell'immagine per abbandonarsi in poltrona con un buon libro? Sapevate che anche il modo in cui leggete può dire molto di voi? Guardate i libri distrattamente o piegate le pagine o addirittura le spiegazzate? E cosa dicono dei vostri oscuri percorsi mentali queste vostre abitudini?

Il rapporto con i libri

Il modo in cui vi comportate con un libro dice moltissimo del vostro approccio all'istruzione, alla creatività e in genere al mondo dell'intelletto. Un libro è circondato da un'aura di autorità e di rispetto. In genere, gli amanti della lettura si prendono molto sul serio e molte librerie sono ammantate da un'aria di mistero e serietà. Anche le librerie più trendy, frequentate da consumatori di riviste e videogiochi, nell'area dedicata ai libri riescono a mantenere un'atmosfera ovattata. Il rispetto per i libri e la carta aumenta in misura proporzionale all'età. Nel complesso, credete che ciò che è stampato sulla pagina sia stato pensato e approvato da un'autorità superiore. Probabilmente trattate la vostra selezione di *chick lit* con la stessa cura che dedichereste a una rara prima edizione.

I rispettosi

Per i rispettosi, il libro è come un dio. E i lettori sono i custodi temporanei della conoscenza trasmessa dallo scrittore. Voltano ogni pagina con cautela e ne sbirciano il contenuto senza danneggiare la costa. I libri dei rispettosi sembrano nuovi di zecca. Fate scorrere le pagine: non noterete alcun segno del passaggio di occhi o dita umane.

Questi lettori sono timidi ed educati. Probabilmente lasciano impronte non più grandi di quelle di un gattino e tengono pulito e in ordine il loro cammino nella vita. Ogni libro è come un cimelio di famiglia, da leggere e passare ad altri, conservare o vendere su eBay. Nella mente dei lettori rispettosi c'è un cliente immaginario che percorre lo stesso cammino annuendo con approvazione per lo stato di conservazione del libro. I lettori rispettosi cercano l'approvazione altrui, anche se solo nella loro fantasia. Immaginano di meritare i complimenti dei vecchi insegnanti alle cui regole aderiscono ancora con orgoglio e cercano di incoraggiare comportamenti degni nelle persone che li circondano, senza rendersi conto che sono regole e standard fuori sincrono rispetto al mondo moderno. Probabilmente sono vittime dello stress (del tipo trattenuto e non urlato), attanagliate dal dubbio che le loro rigide "regole" possano essere del tutto inutili.

Chi si lecca il dito

Questi lettori si leccano un dito prima di voltare pagina e spesso, mentre leggono, tengono il mento sollevato, dando l'impressione di giudicare con una certa superiorità il contenuto del libro. Chi si lecca il dito quasi letteralmente divora ogni volume e ha un atteggiamento analogo nei confronti della vita e delle relazioni interpersonali. Con questo gesto esprimono il loro controllo sull'oggetto che reggono tra le mani: non si fanno sfuggire neppure una pagina e lasciano sul libro il loro DNA, come un animale marca il territorio. La combinazione degli organi di senso utilizzati (bocca e occhi) significa che vi piace proteggere le cose che vi danno piacere nella vita, ma potrebbe anche voler dire che mentre fate l'amore siete in grado di pensare a cosa cucinare a cena il giorno dopo. Se rientrate in questa categoria, siete persone controllate e amate esercitare il controllo, siete vagamente superiori e vi fate strada nella vita senza incertezze.

I distruttori

I distruttori riducono a brandelli i libri che leggono pur di rendere facile e confortevole la lettura. Coste spezzate, angoli piegati e sovraccoperte scomparse significano che la lettura è una questione intellettuale e non tattile o artistica. Questi lettori rispettano solo il messaggio in sé, quindi hanno un approccio ribelle all'autorità o al mondo accademico. Divorano le informazioni rapidamente, hanno scarse capacità di mantenere l'attenzione e se non gradiscono la lettura taglieranno corto senza pietà. Spontanei fino all'esagerazione, possono sembrare gentili e cordiali, ma il loro approccio generale alla vita è concentrato sulle loro esigenze più che sui sentimenti altrui. Per questi lettori, la vita è uno strumento da piegare a proprio vantaggio, senza pensare a strategie di lungo periodo né preoccuparsi per le conseguenze.

Gli impazienti

Questi lettori non hanno un approccio lineare alla lettura e preferiscono procedere saltellando da una pagina all'altra, sbirciando persino l'ultima prima ancora di cominciare. Sono diffidenti terminali e spesso sono insofferenti alle regole del vivere comune. Hanno regole tutte loro e una propria versione della logica che non sempre coincide con quella altrui. Per loro, sapere come finisce un libro è indispensabile prima di decidere se dedicare tempo e impegno alla lettura e la domanda fondamentale da porsi in ogni occasione è: «Ne vale la pena?». Questo approccio negativo al rischio esclude la possibilità di godere di sorprese o piaceri inaspettati. Lo *speed dating* è stato inventato per loro, perché consente di valutare un rapporto e le probabilità che finisca bene o male da una chiacchierata di pochi secondi.

Chi scarabocchia il libro

Questi lettori antisociali scrivono, disegnano e scarabocchiano su tutti i loro libri, aggiungendo sul margine note di un'inedita arroganza, come se fossero critici non autorizzati. Il loro narcisismo raggiunge livelli altissimi, perché immaginano che ogni libro che passa sotto il loro naso si meriti un commento che verrà letto e apprezzato da chiunque sia così stupido da scegliere lo stesso titolo. Usano punti esclamativi a profusione, come gli intervistatori televisivi che inarcano un sopracciglio per esprimere scetticismo e scherno. Probabilmente sembrano del tutto normali ed educati, ma in realtà si considerano padroni dell'Universo e questo represso senso di superiorità può portare a crisi di ansia, aggressività o prepotenza.

I bibliotecari

I bibliotecari stabiliscono con ogni libro una relazione "finché morte non li separi": prendono i volumi molto sul serio, li conservano e li esibiscono sugli scaffali dopo averli letti, anche se non li hanno apprezzati. Non sono totalmente passivi, ma sono convinti che si possa imparare da ogni esperienza nella vita e che anche un libraccio possa in qualche modo redimersi. Conservano con grande amore i ricordi e collezionano "trofei" che rappresentano punti di svolta nella loro vita. Sono abili, generosi e ferocemente leali ma anche relativamente ottimisti e capaci di incoraggiare gli altri.

I curatori

I curatori tengono in ordine ed esibiscono i propri libri come i bibliotecari, ma ne leggono ben pochi, perché l'esposizione dei trofei deve richiedere il minimo sforzo possibile. Riempire gli scaffali di libri non letti è tipico di una persona superficiale e piuttosto pigra, una persona che prende volentieri una scorciatoia per raggiungere gli effetti desiderati. Sono un po' degli imbroglioni, dei furfanti, degli impostori, persone con obiettivi chiari nella vita e nessuno scrupolo riguardo al modo da adottare per raggiungerli.

Chi presta i libri

La lettura è in genere un'attività solitaria, ma ad alcuni lettori piace trasformarla in uno sport di squadra. Spingendo amici, parenti e vicini di casa a condividere l'esperienza, dimostrano il loro carattere socievole, empatico e anche un po' autoritario. Leggere un libro in modo così coinvolgente («Chissà cosa ne pensa Giulia?». «Scommetto che Andrea ci farà una risata!») rimanda alla paura degli "assoli" del pensiero, e al piacere di condividere idee e opinioni. Questi lettori amano i club del libro, perché i titoli approvati sono normalmente sicuri e collaudati e se per sbaglio incappano in un titolo sgradito, è colpa loro, non del libro. Probabilmente evitano i rischi anche in amore e nel sesso, si sposano con una persona della propria cerchia sociale e preferiscono il sesso sano all'erotismo tenebroso. I loro valori morali si possono apprezzare nel momento in cui passano di mano un libro. Arrossiscono e ridacchiano scusandosi per la scena di sesso anale a pagina 309 perché sperano così di non fare una cattiva impressione sugli altri? Oppure sogghignano: «Ti piacerà, è proprio nelle tue corde», lasciando che gli altri si lambicchino il cervello per anni per capire perché siano stati associati a pratiche sessuali che considerano sordide.

Gli angolisti

Pratici ma timidi, prima di chiudere il libro ripiegano un angolino della pagina per tenere il segno. Questo piccolo gesto ribelle è dettato dalla necessità, perché amano i libri così tanto da volerli portare sempre con sé e non sopportano l'idea di perdere il segno. Inoltre amano il possesso e sono allergici alla condivisione. È praticamente impossibile prestare ad altri un libro con gli angoli ripiegati qua e là e i lettori angolisti hanno spesso lo stesso atteggiamento nelle relazioni, marcando il territorio e mostrando una tendenza alla gelosia.

Leggere tra le bugie

Un'indagine condotta sui lettori inglesi ha rilevato che nel 65% dei casi i soggetti avevano mentito sulle proprie letture per fare una buona impressione sugli altri. Più di due quinti degli intervistati, per esempio, in realtà non ha mai letto *1984* di George Orwell. E l'85% di noi dichiara di voler leggere libri che non ammetterebbe mai di possedere. Secondo un'inchiesta del 2007, i romanzi di Stephen King e la saga di Harry Potter sono i primi della lista.

E se vi siete scoraggiati pensando alle vostre abitudini di lettura, vogliamo parlare di consumo televisivo? La TV non è solo uno strumento votato all'intrattenimento, per molti versi è anche un parassita ingombrante, una forma di accesso onnipresente al mondo esterno controllabile attraverso un piccolo telecomando.

Il rapporto con la televisione

Come considerate quella scatola nell'angolo o lo schermo appeso sul muro? Come un amico, un nemico o un sostituto del sesso? Il modo in cui guardate la TV dice molto di come trattate amici e familiari e rispecchia il vostro approccio generale alla vita sociale. E non sottovalutate il suo potere! In media, guardiamo la TV per venticinque ore la settimana (ben trentasei ore per molti di noi). Una volta, il televisore era nascosto in un armadietto o veniva confinato in un angolo della stanza. Oggi lo schermo piatto fa bella mostra di sé a dimostrazione di quanto la TV abbia messo radici nella nostra mente. Ma cosa dicono di voi le vostre abitudini a tu per tu con il piccolo schermo?

Tenere la TV sempre accesa

Se tenete la TV sempre accesa, la considerate quasi come un'amica: grazie al bagliore dello schermo non vi sentite mai soli. In pratica, sostituisce il fuoco che scoppietta nel camino, dando colore, movimento, rumore e vita alla casa e quando è spenta avvertite un senso di vuoto e di terrore. Siete persone calorose, socievoli e ottimiste, non siete vittime dello stress e sopportate senza fatica le chiacchiere e le frivolezze.

Evidenziare i programmi sulla guida TV

Chi consulta la guida TV con l'evidenziatore in mano è un perfezionista che chiaramente porta la pianificazione a un livello che si potrebbe definire "triste". Sentite il bisogno di programmare i momenti di piacere o relax, spesso perché temete di perdere qualcosa e sapete che non ve lo perdonereste. La vostra vita quindi è una lunga lotta con la gestione del tempo. Da bambini, i vostri genitori vi costringevano a usare il vasino a orari fissi.

Guardare la TV a letto

Se vi piace guardare la TV a letto, avete fatto del comfort quasi una religione. Nonostante il sottinteso di sensualità («Infiliamoci sotto le lenzuola a guardare il TG della notte»), le probabilità di passare ai fatti sono in realtà rare: dopo dieci minuti almeno uno dei due sprofonda nel sonno. C'è comunque qualcosa di grandiosamente sensuale in tutto ciò, perché anche se vi rincantucciate nel nido come un uccellino d'inverno, vi piace toccare l'altra persona e condividere lo spazio. Ma c'è un momento in cui è bene rendersi conto che le cose sono andate troppo in là, ed è quando cominciate a mangiare a letto. A quel punto, basta veramente poco e non ci si alza più...

I pistoleri

Sono maniaci del controllo che siedono davanti al televisore come tanti Wyatt Earp, impugnando almeno due telecomandi che usano senza consultarsi con nessuno. Amano il potere e combattono fino alla morte, se necessario, se qualcun altro osa mettere le mani sulle loro armi. Questa forma di controllo può sembrare egoistica, ma è anche protettiva. Come tutti i bravi maschi alfa (perché i pistoleri sono sempre e solo uomini), sentono l'esigenza di proteggere la prole da qualsiasi aggressore e la TV è quanto di più vicino ci sia a un estraneo invasore.

Giungla TV

I ricercatori dell'Università dell'Oregon hanno scoperto che gli uomini credono davvero che il telecomando sia di loro competenza. Le donne lo hanno sempre saputo.

I multitasker

Non c'è verso che facciano una sola cosa per volta, quindi guardano la TV solo se possono leggere il giornale, parlare al telefono o spulciare il gatto nello stesso tempo. Sono convinti di riuscirci ma finiscono per sbirciare la TV da sopra gli occhiali da lettura come un vecchio giudice o leggere ad alta voce i brani salienti di un articolo di giornale nel bel mezzo di un giallo. Sono persone ansiose, distratte e impazienti, che non riescono a trovar pace anche se passano buona parte del loro tempo impegnati in attività senza costrutto. Sono così dispersive da non riuscire a dedicarsi anima e corpo a una cosa ben precisa, quindi sono soggette alla depressione o alle rappresaglie di chi non sopporta le loro continue interruzioni. Cercano disperatamente di tenere il passo, ma devono farsi ripetere informazioni o progetti anche elementari almeno cinque volte prima di afferrare il concetto.

I criticoni

Trattano la TV come un nemico, trasformando ogni serata davanti al teleschermo in un lamento continuo sui programmi, le interruzioni pubblicitarie, i reality o i quiz, in una caccia costante al telecomando. Ciò nonostante, non cercano altri svaghi, quindi traggono dall'infelicità una qualche forma di perverso piacere. Sono persone che osservano la vita che scorre davanti ai loro occhi, sempre pronte a cavillare e criticare senza mai muovere un dito per migliorare le loro serate. I criticoni sembrano rabbiosi e cinici, ma hanno scritto in fronte "rammolliti", perché questo lamento impotente maschera il tentativo di evitare il confronto. Essere criticoni comporta un grande problema: la loro missione nella vita consiste nel guastare il divertimento altrui con la loro letale negatività. Un criticone "professionista" può semplicemente mettere piede in salotto, guardare lo schermo per due secondi e cominciare a criticare o sfottere, guastando la serata al resto della famiglia. Se questa tecnica non funziona, cominciano a fare domande del tipo: «Ma com'è che si è sposato un travestito?», «Ma quanti anni crede di avere quel cretino?» oppure «Com'è la storia?».

E se la lettura o lo zapping non sono attività abbastanza solitarie, cosa ne dite delle ore che passate in Internet, impegnati in un viaggio che fa sembrare l'odissea dell'Enterprise un giro attorno all'isolato?

Il rapporto con Internet

eBay

Siete parsimoniosi e competitivi, con una vena di imprenditorialità tanto forte quanto deviata. E siete anche ossessivi, perché questo comportamento finisce per consumarvi l'esistenza. È sintomo di un ritorno nostalgico allo scambio di piccole somme di denaro con grande dispendio di energie. Il piacere innato che provate nel trascorrere ore e ore nel tentativo di ricavare quattro soldi in cambio di una ciofeca rasenta il tragico. Sembrate tanti Scrooge in incognito che si credono capitani d'industria.

Facebook

Usate la vostra vita sociale per confortare e coccolare il vostro ego perché questo sito dà più importanza ai numeri che non alla qualità degli scambi. I frequentatori di Facebook si vantano spesso di avere "trecento amici" e il fatto di conoscerne ben pochi di persona e di poter chattare con un serial killer in qualsiasi momento non li turba. Creduloni e presuntuosi, con una patina di superficialità e allegria, su un nucleo di fondo di bassa autostima.

> Amore in rete
>
> Un'inchiesta inglese ha rivelato che in Gran Bretagna, una persona su quattro esce – o è uscita – con una persona conosciuta tramite un social network come Facebook.

Twitter

I cinguettanti sono chiaramente dei narcisisti, convinti che il mondo aspetti solo di sapere quante volte si soffiano il naso o si passano la mano tra i capelli. Perché limitarsi ad aspettare i coda al supermercato quando possono descrivere al mondo intero il contenuto del carrello? Sono il genere di "splendidi" che a Natale diffondono all'intera rubrica dei contatti un resoconto dettagliato dell'anno (il loro) che sta per finire.

Second Life

Non solo temono la vita reale, ma vi hanno rinunciato perché è più facile inventarsi come alter ego una principessa della notte, alata e filiforme invece di andare in palestra, rimettersi in forma e trovare un nuovo taglio di capelli. Le frequentatrici di Second Life accantonano la propria vita reale e ricominciano tutto da capo ottenendo il successo con uno sforzo minimo, perché nessuno sa che aspetto hanno a meno che non decidano di sposarsi con il "Figlio di Thor", nel qual caso è bene che siano pronte a stappare il flaconcino dei sali quando si troveranno a tu per tu con il "divino" nella sala arrivi dell'aeroporto.

YouTube

Eterni studenti con la capacità di concentrazione che non supera il nanosecondo, che trovano disperatamente divertenti le sventure altrui. Hanno una sana mancanza di rispetto per l'autorità e per la vita in genere e non aspettano altro che vedere i potenti ridimensionati. Gli appassionati di questo sito si sentono parte di una società segreta e, nonostante gli scambi tra utenti siano ridotti al minimo, sono confortati dal fatto che sei milioni di persone nel mondo considerano un incredibile spasso vedere una scimmia che si gratta il sedere.

Blog

I blogger possono essere nevrotici estroversi: nevrotici perché l'atto di tenere un diario ha una valenza terapeutica e può allentare lo stress della vita quotidiana come una puntatina nel confessionale, ed estroversi perché lasciare traccia dei propri pensieri nella rete è un modo per mettersi in mostra. Queste persone sono realmente convinte di avere dei fan che aspettano solo la loro prossima performance pubblica.

Naturalmente, alcune delle nostre abitudini comunicative sono più sociali e cosa c'è di meglio che infastidire gli altri passeggeri della metropolitana descrivendo al telefonino la giornata appena trascorsa? Ma c'è un modo ancora più sicuro per far perdere il lume della ragione a chi vi circonda: lasciare che il telefonino continui a squillare mentre sondate tutte le tasche, i fondali profondi della borsa o gli innumerevoli scomparti di zaino o cartella.

La suoneria del cellulare

In una recente indagine svolta tra persone di età compresa tra i diciotto e i trentaquattro anni, addirittura il 97% degli intervistati dichiarava di usare la suoneria come criterio di valutazione della personalità. E non hanno tutti i torti. Per molti, non c'è modo migliore per farsi notare, ma è anche il modo peggiore per urlare al mondo come funziona la mente. È il più birichino degli elementi che compongono la vostra immagine, e la usate per mostrare il vostro lato oscuro come non osereste mai fare con l'abbigliamento, le parole o il comportamento. Questa sirena in miniatura richiama alle armi il vostro gemello cattivo. Perché altrimenti perdereste così tanto tempo per selezionare una manciata di secondi di musica o rumori sintetici, battendo la rete in lungo e in largo alla ricerca di qualcosa che sia in totale sintonia con quel lato del vostro carattere che vi piace mostrare al mondo un po' per volta, come una spogliarellista diffidente?

Suoneria presente nel cellulare

Così squilla il telefono di chi non bada o non è interessato a mostrare la propria immagine. Non cambiare la suoneria è un atto mancato altamente rivelatore. Il vostro disinteresse nasce dal fatto che non avete personalità o preferenze da esprimere? Non c'è niente che vi abbia solleticato in termini di stile o ironia? Perché perdere l'opportunità ideale per definire ulteriormente il vostro profilo? Questo buco nero nell'immagine è preoccupante.

Voci buffe

Che risate vi siete fatti quando l'avete sentita per la prima volta e l'avete scaricata! La vecchietta brontolona o il bebè che ride dovrebbero mostrare al mondo quanto siete bravi come intrattenitori. E invece vi fanno sembrare tristi e irritanti, soprattutto perché siete così sciatti da impiegare quattro minuti buoni per trovare il telefono quando squilla in pubblico.

Suoneria antiquata

Avete acquistato un oggetto moderno e probabilmente all'avanguardia e poi avete deciso di dargli una voce rétro. Sentite la confusione che vi ottunde il cervello? Qualità ed età vi danno un senso rassicurante di permanenza e immutabilità, quindi siete tendenti alla preoccupazione e all'ansia.

Musica trendy

Avete scoperto come dimostrare che non siete davvero dei babbioni e ne avete approfittato. Nessun appassionato di questo genere di musica si sognerebbe mai di usarla per affermare il suo status perché sa che rischierebbe di sminuire ciò che ama. Avete quindi seri dubbi sulla vostra vita e sul vostro stile, ma cercate di ritrovare l'equilibrio con l'aiuto di uno squillo intonato. Credete davvero che possa funzionare?

Temi di film

Vi piace catturare l'attenzione, probabile conseguenza del fatto che siete nati per secondi o terzi in una famiglia numerosa. Ora che siete grandi, non c'è più ragione per passare inosservati, ma questa suoneria è più o meno il meglio che riuscite a fare. Pensate che possa provocare una reazione empatica da parte di chi la ascolta e che per un attimo riconosce la vostra situazione con un sorriso, mentre in realtà suscitate solo un coro di disapprovazione. Pur non essendo patetici, probabilmente siete molto soli.

Musica classica

Dandovi un tono da intellettuali con una breve frase di Vivaldi, cercate di dimostrare che la vostra vita emana qualità e classe nonostante non apprezziate la seccante necessità di essere sempre reperibili.

Musica ambient

Flauti di Pan, arpe e simili fanno pensare che siete vittime dello stress e andate regolarmente incontro a una crisi. Il telefono non è che un altro chiodo pronto a sigillarvi nella bara dell'esaurimento nervoso quindi, scegliendo una suoneria rilassante, volete ricordare a voi stessi che l'attacco non è imminente.

Tormentoni

Vi piace molto attirare l'attenzione e provocare chi vi sta intorno. Anzi, sembra quasi che siate orgogliosi di essere irritanti. Questo significa che non sapete come dare piacere agli altri se non facendovi prendere a pugni. Siete stati bambini impossibili convinti che una sgridata (o uno scapaccione, a seconda dell'età) fosse meglio che essere ignorati. Ora tutta la vostra vita è un'avvilente spirale di provocazioni e comportamenti sciocchi, come sfottere gli altri nella speranza di suscitare una reazione. Non vi è mai venuto in mente di provare altre strade, perché siete stati addestrati come i cani di Pavlov a trovare conforto nell'infelicità.

Semplice squillo

Non è facile riuscire a far emettere dal telefono semplici squilli, quindi in termini di trend e innovazione la vostra suoneria è come un salmone che nuota controcorrente. Avete comprato un prodotto della tecnologia più avanzata ma lo temete, quindi lo dovete addomesticare. Trovate conforto in tutto ciò che vi è familiare. Far sì che un oggetto portatile suoni esattamente come un telefono fisso è un po' tortuoso...

Selezionare e installare la suoneria è questione di pochi minuti, ma il suo squillo vi scaraventa nel gruppo degli impediti o dei cervelloni anali e senza amici per tutta la vita, mentre ci sono altre scelte che vi spingono a comportarvi nello stesso modo a cinque anni e a trentacinque, soprattutto quando ci sono in ballo una torta e delle candeline.

La festa di compleanno

Comunque li guardiate, i compleanni sono un bagno di autostima e il modo in cui scegliete di festeggiarli dice a tutti esattamente come percepite voi stessi. Il compleanno mette il festeggiato al centro della scena: se poi la festa si svolge in locali pubblici, perfino gli estranei sono obbligati a fargli gli auguri!

I bugiardi

I bugiardi dichiarano: «Non voglio fare niente, voglio solo nascondermi finché non è passato» o addirittura: «Non compratemi niente, non voglio regali» e così via. In realtà vogliono dire: «Mi aspetto un regalo costoso e personale e una festa a sorpresa con tutti gli amici».

In effetti, non c'è modo di comprendere cosa può far loro piacere o no e sono persino contenti di creare questo stato di dissonanza cognitiva (leggi: confusione mentale) nelle loro vittime. Alcuni di questi bugiardi sostengono la loro posizione a spada tratta, arrivando ad arrabbiarsi mentre negate di voler fare qualcosa per il loro compleanno. Altri sono meno queruli e si limitano a chiedere un piccolo regalo, magari dei fiori – o l'adozione a distanza di una capra nel Terzo mondo – ma al momento di ricevere quello che hanno chiesto si guardano in giro in cerca del regalo vero. Tutta la dolcezza del momento evapora e siate pur certi che il vostro comportamento così meschino ed egoista sarà usato come scusa per tradirvi con il o la personal trainer. Queste menzogne sono una forma di manipolazione, per i bugiardi che ambiscono al potere o al controllo e ottengono quello che vogliono anche a costo di giocare sporco.

Re e reginette della festa

Il giorno del compleanno siamo tutti al centro dell'attenzione, ma re e reginette della festa sfruttano la situazione al massimo. Sono eterni bambini e organizzeranno la festa più grandiosa, sfrenata ed egocentrica del pianeta e pietà per chi osa far piovere! Trascorrono il giorno del compleanno come tante Rossella O'Hara, aspettandosi che gli amici si comportino come corteggiatori o cicisbei, e gli amici si adattano volentieri alla situazione per evitare crisi di nervi o un'improvvisa sospensione dei festeggiamenti. Re e reginette della festa sono egoisti, viziati e narcisisti e sono l'anima e il cuore di ogni compagnia, purché nessuno osi contraddirli.

Gli anti-festa

Quando si tratta di organizzare una festa di compleanno, questo campione di semplicità potrebbe limitarsi a offrire al pugno di ospiti un bicchiere di spumante a prezzo scontato. Ma se sulla tavola vedete anche qualche salatino, è praticamente un banchetto! È più una veglia che una festa, una situazione tipo "fustigatemi con un ramo di betulla sopra il cilicio", dominata da invocazioni di perdono, recriminazioni e lacrime sulla propria indegnità e sulle storie finite.

Nonostante le lacrime versate sulle vaschette di gelato al cioccolato, alla lunga possono dimostrarsi un'ottima compagnia. Hanno un ego microscopico, ma un notevole senso dell'umorismo e del ridicolo e le loro feste possono decollare e trasformarsi in allegre baraonde, dopo che la foto del o della ex è stata bruciata o trasformata in un bersaglio per freccette. Sono persone sconclusionate, che vivono giorno per giorno, ma sono leali e talvolta anche divertenti.

I cacciatori

I cacciatori aspettano il proprio compleanno per avere finalmente l'occasione di avvicinarsi e uccidere la preda lungamente inseguita. Possono organizzare grandi feste aperte ad amici e lontani conoscenti per attirare l'ignara vittima, colpevole di essere loro sfuggita in passato, ma è solo una cortina fumogena per sedurre l'obiettivo mentre gli ospiti si danno da fare. In alternativa, invitano un gruppetto selezionatissimo di amici con i quali raggiungono la preda sul suo territorio, con buona pace del povero barista.

L'invito a cena

Invitare gente a cena a casa propria, obbligando gli ospiti a sedere a tavola secondo un ordine prestabilito (spesso indicato dai segnaposto) e a consumare un pasto definito dai padroni di casa implica una notevole dose di controllo. I padroni di casa si trasformano in martiri («Curo la marinata di queste olive da diciannove anni», «Questo yogurt è prodotto con il mio stesso latte», «La soluzione salina con cui sono stati massaggiati questi testicoli di coniglio è ricavata dai miei dotti lacrimali» e così via). E anche se gli ospiti arrivano carichi di scatole di cioccolatini e mazzi di fiori, sanno di non poter compensare i livelli sovrumani di stress raggiunti dai padroni di casa, consumati dalla disperata ricerca dell'aceto balsamico filtrato-quattro-volte-attraverso-tonache-di-monaci-buddisti.

Se siete di questa pasta, passerete la serata a dare ordini, dicendo agli ospiti cosa indossare, quando arrivare e persino quale formaggio assaggiare («Devi assolutamente provarlo: è di latte di gatta!») e non perderanno occasione per far capire agli ospiti che hanno sacrificato un giorno così speciale davanti ai fornelli, facendo schizzare alle stelle il loro senso di colpa.

Ma allora, non si finisce mai di lavorare sulla propria immagine? Quando vi togliete le pantofole di peluche, smettete di preoccuparvi del menu della serata e decidete di abbracciare quello che descrivete frettolosamente come il "vero sé"? Sicuramente non nel corso della vostra vita mortale, perché l'uomo moderno si affanna fino all'ultimo per far sì che la propria dipartita non annienti in un sol colpo l'immane fatica che gli è costata la cura della propria immagine nel corso di tutta una vita. Il vostro funerale è il vostro ultimo grande "Urrà!", il modo in cui gli altri si ricorderanno di voi per il resto della loro esistenza. Volete davvero che siano amici e familiari a scegliere i fiori, gli inni e le preghiere da recitare. per non parlare della musica e della foto da incastonare sulla lapide? Sì, d'accordo, ormai siete morti, ma siete disposti a correre il rischio che la funzione preveda crisantemi, musiche ad hoc e un ingrandimento della fototessera? Non preferireste qualcosa che somigli di più a una produzione *à la* Lloyd Webber?

Il funerale

La morte non ci libera dall'ossessione dell'apparire. Ammettetelo, anche se non avete pianificato la vostra dipartita fino all'ultimo dettaglio, avete pensato almeno un pochino a come vi accompagneranno nell'ultimo viaggio gli amici e i parenti? Se non avete potuto intervenire sugli aspetti più coreografici della vostra nascita e il giorno del matrimonio avete dovuto condividere il palcoscenico, il vostro funerale è in assoluto il momento che vi vede più protagonisti che mai. L'impatto che la vostra morte avrà sulle persone che vi circondano, tutte costrette a partecipare, non ha rivali con altri momenti della vostra vita. Non c'è da stupirsi se in gran segreto progettiamo come vogliamo essere ricordati. E la musica che accompagnerà la funzione rimarrà scolpita per sempre nel ricordo dei vostri cari! Quindi non abbandonate tutto al caso, se non volete costringere i presenti a cavarsi il fazzoletto di tasca ogni volta che la radio trasmette il tema di *Titanic*.

Ecco cosa dicono di voi i brani più popolari...

"My Way", Frank Sinatra

Se per il vostro funerale sceglietequesto elogio del machismo e della ribellione, tagliato su misura per un piantagrane come Frank – un uomo di successo e di talento, ricco più di quanto molti di noi osano sperare – probabilmente siete "afidi del potere", ossia avete bisogno della reputazione di un grande uomo per puntellare la vostra. È il vostro modo di sferrare un bel pugno in un occhio alla vita e fa pensare che l'avete sempre presa per la collottola e l'avete bevuta fino all'ultima goccia. È un dito medio levato contro chi vi ha dovuto sopportare lungo il cammino e dice a chi è seduto compiaciuto davanti ai vostri resti, che nella vita non ci sono solo colazioni col muesli, ginnastica, cibi biologici e la filosofia del "mio corpo è come un tempio". Sì, certo, quei fanatici della salute sono ancora lì mentre voi non ci siete più, ma la quantità non è il valore più importante.

In realtà, spesso questa è l'ultima canzone scelta dai divorziati che hanno bevuto, fumato e mangiato schifezze ignorando le linee guida del servizio sanitario nazionale, ma che all'ultimo istante cercano di riproporsi come leggende attraverso questo emblema dello stile di vita alternativo e allo stesso tempo di trascinare con loro quanto prima il maggior numero dei presenti.

"Wind Beneath My Wings", Bette Midler

Non è una cattiva scelta, ma mentre il titolo della canzone potrebbe evocare nei presenti l'immagine della vostra anima che si eleva verso il cielo, il testo potrebbe creare un po' di confusione. È tratta dal film *Spiagge* e può essere interpretato come l'elogio che una donna rivolge all'amica d'infanzia. A meno che non troviate qualcuno che finga di aver scelto il brano al posto vostro, potreste sembrare egocentrici.

"Con te partirò", Andrea Bocelli

Se i presenti hanno ancora gli occhi asciutti, al primo ritornello sarà un tripudio di fazzoletti: sanno che state dando loro l'ultimo saluto.

Questa canzone, che attacca in punta di piedi e procede in crescendo, dimostra che avete un'anima romantica o un approccio spirituale e che ovviamente prendete la morte con grande serietà. Amorevole, ma anche poco misericordioso. In pratica è il vostro modo di dire splendidamente: «Ciao cari, me ne vado!».

"You Raise Me Up", Westlife

Scegliendo questo brano dimostrate di essere persone semplici, spontanee e senza pretese, popolari e allegre. Per voi la vita va vissuta momento per momento e condivisa con gli amici. È il tipo di canzone che si canta in compagnia dopo una bevuta e quando cambia la tonalità è incredibilmente emozionante. Insomma, riuscite a condividere anche il momento del vostro funerale, perché potete scommettere che canteranno tutti sottovoce mentre viene calata la bara.

"Angels", Robbie Williams

Per quanto il Robster sia dolce, non dimenticate che scegliendo questa canzone vi scontrate con lui sul terreno dell'autocompatimento, e nel giorno del vostro funerale! Inoltre, non scordate il riferimento agli angeli: i presenti penseranno che avete delle aspettative di carriera anche dopo la morte. Inoltre è un tale classico da stadio, che tutti leveranno in alto gli accendini e si uniranno al coro. Scegliendo questo brano, dimostrate di essere una primadonna, che ha sempre adorato occupare il centro della scena.

"Over The Rainbow", Judy Garland

Omosessualità a parte, questo brano dichiara che avete idealizzato l'infanzia, l'innocenza e il desiderio di essere considerati come la bambina perduta, mentre abbandonate le vostre spoglie mortali. La voce è acuta e infantile, le parole ricordano la vostra sconfitta nella vita e la speranza che da qualche parte vi stia aspettando un'entità molto più gentile con tanto di coro di uccellini cinguettanti. Volete essere compianti e far pensare che eravate fin troppo preziosi per poter sopravvivere nel mondo reale. Triste e dolce, con una punta di rimprovero destinata a chi rimane: «Non avete capito che ero solo un bambino spaventato e confuso? Vergogna!».

"Alleluia", Händel

È l'aspetto corale di questa canzone a incantarvi, il motivo in crescendo e la religiosità espressa dal coro. Questo fa pensare che avete giocato le vostre carte tenendo conto dell'aldilà, ma anche che vi distraete facilmente, perché se ascoltate bene le parole di questo brano, invece di limitarvi a ripetere "alleluia", vi accorgete che non hanno molto di religioso. Ma per voi, è il pensiero che conta.

"Always Look On The Bright Side of Life", Monty Python

I più evitano di mischiare sacro e profano in vita, ma la vostra mancanza di rispetto per la religione significa che anche nel momento più solenne non volete rinunciare a un tocco di ironia. Scegliendo questo brano ricordate ai presenti che in vita eravate decisamente vivaci e che non avete alcun desiderio di apparire preziosi o celestiali. Quanto a mania del controllo non scherzate, perché sapete che questa canzone porterà un sorriso ironico sui volti dei presenti e vi piace l'idea di esercitare potere sugli altri fino all'ultimo istante. Vi sarebbe tanto piaciuto essere i primi a scendere nella fossa accompagnati dall'allegro motivetto, ma ora purtroppo è già quasi un luogo comune.

E ora vi riportiamo nell'aldiqua e puntiamo le armi verso il luogo in cui vivete quando non siete al lavoro, il luogo che chiamate "casa". Cene e funerali sono due occasioni nelle quali si ritrovano amici e parenti e inevitabilmente in entrambi i casi le nostre abitazioni vengono usate come una vetrina. La casa è un nido ma non è un rifugio inviolabile. Cosa si nasconde dietro arredamento e decori che personalizzano il vostro territorio?

4
Cosa traspare dalla vostra casa

Da quando la Rivoluzione industriale ha istituito luoghi di lavoro specifici, rendere la propria casa un luogo privato e chiuso all'esterno è diventato un fatto comune. Targhe e piccole insegne con scritte come "Casa dolce casa" appese sui cancelli o dietro le porte d'ingreso, identificano l'abitazione privata come il luogo del riposo e della pace, un rifugio dal mondo esterno. Le porte sono state dotate di serrature e chiavistelli e i visitatori venivano ammessi in circostanze ben precise.

Con la corsa alla casa di proprietà, le nostre quattro mura sono diventate l' investimento più importante nonché una fonte di ricchezza potenziale. I prezzi degli immobili sono diventati l'argomento principe delle conversazioni attorno ai tavolini da caffè IKEA, completi di caffettiere di design e cioccolatini griffati e non c'è da stupirsi se negli anni Novanta nelle nostre case sono diventate un tripudio di pareti colorate e di oggettistica varia secondo lo stile più in voga al momento, chiuse al pubblico per ristrutturazione durante la settimana e aperte solo a Natale e nelle feste comandate.

Aprire le porte di casa significa consentire l'accesso ai propri interruttori della luce, ai battiscopa lavorati, ai sottopiatti, ai portarotoli di carta igienica e alle riproduzioni di Monet, tutte fonti indiscutibili di preziosi indizi sulla propria personalità. Come i visceri del sacerdote nel *Codice da Vinci*, sono rappresentazioni della nostra interiorità estremamente veritiere: eccone la prova. Leggete e piangete.

L'ingresso

In termini freudiani, l'ingresso è una specie di orifizio pubblico che definisce il livello di accettazione nei confronti del mondo esterno. È stato il primo locale che avete visto quando avete visitato la casa la prima volta e l'effetto provocato su di voi sarà stato uno dei fattori che hanno deposto in favore della decisione di acquistarla o affittarla. I segnali lanciati in modo ben poco subliminale da decorazione e mobilia del portale che si affaccia sui segreti della vostra intimità sono preziosissimi indicatori del vostro approccio alla vita e al sesso.

Lo stile Hobbit

È un locale appesantito da giacche e cappotti ormai abbandonati su pioli o ganci appesi dietro la porta. Porta che non può mai essere spalancata, costringendovi a precisare agli ospiti: «Attenzione ai cappotti» o persino «Scusa il disordine». E non dimentichiamo la bicicletta e l'armamentario che ingombra il poco spazio disponibile, trasformando l'ingresso in un percorso di guerra accompagnato da una raffica di scuse e avvertimenti.

Che cosa indica. Mettete al riparo la vostra vita da presenze indesiderate e anche desiderate, ma non avete il coraggio per chiudervi a chiave e versare olio bollente dalle finestre. Dite a mezza voce che siete tipi solitari e avete problemi di assertività con una spolverata di antipatia verso voi stessi che vi provoca crisi di risentimento nei confronti del mondo. Non vi piace subire invasioni, ma esordite regolarmente scusandovi per il disordine e il caos, lasciando quindi intendere un atteggiamento passivo/aggressivo. Socialmente siete quasi un enigma: burberi e cinici ma anche sensibili e sulla difensiva. Nella vita sessuale erigete ostacoli e barriere per negare l'accesso al lato più sfacciato della vostra personalità. Ma una volta partiti, non vi ferma più nessuno. Con voi è tutto o niente. Avete già sofferto abbastanza in passato e preferite restare sulla difensiva finché non siete sicuri di potervi fidare.

Lo stile soft

Il vostro ingresso è ben proporzionato e pratico, con pareti in colori chiari e un tappeto in tela grezza. Usate diffusori elettrici caricati con essenze quali "Biancheria appena stirata" per conservare un'atmosfera perfetta e nascondere l'odore dei pannolini. A parte qualche strano libro e la scia di giocattoli, nella stanza non ci sono altro che stampe incorniciate alle pareti.

Che cosa indica. In questo caso, usiamo l'espressione di "idealista pratico" perché il vostro approccio alla serenità e alla vita "perfetta" nasconde una buona dose di senso pratico, quindi scegliete solo oggetti lavabili, robusti e facili da pulire. Il vostro buon senso però è chiaramente antisensuale, perché una persona con un'idea più tattile del benessere non apprezzerebbe di certo la superficie ruvida della tela sotto i piedi. Siete i difensori dell'ordine, costantemente minacciato dallo tsunami del caos, e "stress" è una parola dominante nel vostro vocabolario, insieme a "ritiro yoga". In superficie siete un po' piacioni, ma nei rapporti consolidati siete umorali ed esigenti; normalmente fate quello che pensate di dover fare e non quello che volete fare in realtà, ma non appena questa facciata si sgretola, la vostra vera natura può finalmente esprimersi. Siete competitivi e badate alle statistiche – per esempio mantenendo il numero di rapporti sessuali settimanali entro la media nazionale. Quando i bottoni sono premuti a dovere, partite come razzi e siete amici fieramente leali, ma chiunque osi darvi per scontati verrà liquidato in fretta.

Lo stile trofeo

Usate l'ingresso per presentarvi, decorandolo con oggetti che preparano il numero della grande star. Le pareti sono dipinte in colori decisi e coperte di fotografie e ricordi della vostra vita, dei vostri hobby e interessi – come i fumetti che sottolineano il vostro senso dell'umorismo – mentre qualche dettaglio qua e là potrebbe far capire come vi guadagnate da vivere. In pratica, un coro che intona "ecco chi sono", obbligando gli ospiti a sostare in anticamera per parlare del vostro argomento preferito.

Che cosa indica. Quelli che considerate segni di una personalità aperta e gregaria appaiono come manifestazioni di vanità ed egocentrismo. Il mondo ruota attorno a voi e siete convinti di avere così tanto da dare... Se a Natale non inviate insieme agli auguri un aggiornamento puntuale sui vostri successi, tenete un blog come fosse un diario e contate regolarmente il numero di accessi. Siete persone esuberanti, che devono essere sempre al centro dell'attenzione perché sapete che le vostre battute sono più divertenti e le storie che raccontate più interessanti di quelle di chiunque altro. Nel profondo, siete insicuri, ma stiamo parlando del "profondo profondo", perché tenete la vostra insicurezza ben nascosta, lasciando che si intuisca solo quando l'alcol vi rende logorroici. Volete che tutti si divertano e ritenete che in vostra assenza sia un obiettivo irrealizzabile. A volte fa bene rendersi conto che non è così...

Lo stile "Siamo una famiglia"

Molto simile all'ambiente appena descritto, solo che in questo caso viene esibita la famiglia in blocco. Gli stivali di gomma sono disposti in ordine di grandezza stile *Tutti insieme appassionatamente*, ci saranno guinzagli del cane, disegni dei bambini incorniciati, ciottoli inscatolati, cappelli, sciarpe e almeno un oggetto molto stupido come una grossa rana in ceramica che non avreste mai sopportato prima di procreare, ma che ora usate per mostrare quanto siete diventati tolleranti. Come dite spesso, «mette le cose nel giusto contesto».

Che cosa indica. Fortunatamente, avete una famiglia numerosa, perché in caso contrario un'anticamera come questa vi collocherebbe nella categoria dei pervertiti "pazzi, cattivi e pericolosi". Se avete procreato non stop, lo dichiarate ai quattro venti, decantando le gioie della famiglia, ma in questo modo date l'impressione di voler convincere soprattutto voi stessi. Siete segretamente giunti ai ferri corti con questa idea e sotto sotto avete nostalgia degli inebrianti giorni di un passato virginale in cui potevate accomodarvi su un divano senza dover cavare da sotto la natica un mattoncino Lego pieno di spigoli. Alle feste non mancate mai di esprimere la vostra empatia agli amici nella stessa barca, ma con tutta questa enfasi sulla famiglia felice e unita volete solo provocare la gelosia dei single. Perché? Perché se non provano neanche una briciola di invidia, sarete obbligati ad analizzare seriamente le vostre scelte personali e sapete che è troppo tardi per riportare gli angioletti all'ufficio resi della cicogna.

Lo stile anti-ingresso

Niente preliminari, qui: la porta d'ingresso si apre direttamente sul soggiorno o sull'unica stanza della casa, se il budget è risicato e vivete in un monolocale. Questo spiazza sempre i vostri ospiti, che si aspettano un minimo di preambolo e il tempo di rassettare la faccia da "stress del viaggio col navigatore fuori uso" e adottare un'espressione più civile. Invece devono fingersi contenti e nascondere la sorpresa nel vedere la vostra metà sdraiata sul divano a una spanna dallo zerbino.

Che cosa indica. Siete persone schiette, soddisfatte dalla gratificazione immediata in amore, nella vita e nel sesso. Con voi, non ci sono sorprese e chi se le aspetta faticherà a conservare un buon rapporto con voi. I cambiamenti non vi spaventano e la tutela della privacy non vi interessa. Per capire fino a che punto può arrivare la vostra nudità emotiva, basta verificare se avete costruito un muretto tra la porta e il soggiorno. Se in casa vostra non c'è niente del genere, siete perfettamente a vostro agio con le persone che vivono sul vostro stesso pianeta. In altre parole, non sapete cosa sia la paranoia e tendenzialmente vedete il meglio nei colleghi e negli amici fino a prova contraria. Non siete formali, anche perché lo spazio minimo vi impedisce di essere particolarmente cerimoniosi. Basta varcare la soglia.

Lo stile ambizioso

Avete visto *Via col vento* e sbavato su *Dynasty* e avete associato successo e ricchezza a un atrio immenso con una grande scalinata possibilmente culminante in una balconata. Immancabili il lampadario di design e qualche bel ritratto di moglie e bambini, tutti sorridenti dietro il filtro flou.

Che cosa indica. I vostri consumi danno decisamente nell'occhio e volete fare colpo sugli altri almeno tanto quanto su voi stessi. Rispettate il successo e la divisione in classi, anche se a volte vi esaspera. In altre parole, molto probabilmente avrete un cancello di ferro grande almeno tre volte la casa e una scalinata tanto maestosa da aver consumato buona parte della superficie calpestabile. Sapete benissimo chi volete essere e dove volete arrivare e la vostra tendenza all'ostentazione sarebbe approvata da tutti i guru motivazionali del mondo. Probabilmente non avete il minimo senso dell'ironia, quindi sorridete con animo sincero davanti ai ritratti di famiglia quando tornate dal lavoro, anche se non somigliano affatto ai soggetti reali, men che perfetti ma ugualmente amabili.

Lo stile classico

Alle pareti pende un lampadario a bracci di cristallo, i mobili sono in legno massello color noce, in soggiorno si trova una vetrina con tanti oggettini d'argento e di ceramica e il pavimento è coperto di tappeti classici.

Che cosa indica. La vita moderna è una guerra e per affrontarla avete deciso di tornare alle radici e ricostruire l'ambiente nel quale hanno vissuto i vostri bisnonni, nel tentativo di creare sicurezza in un periodo che impone sfide e cambiamenti, il vostro antidoto allo stress è il senso della storia che ridimensiona le seccature quotidiane inserendole in un contesto. Accanto all'adulto che si reca al lavoro dove è perennemente sotto pressione, c'è il "bambino interiore" di cui gli psicologi parlano in continuazione e fate di tutto perché ogni sera la vostra casa accolga quel bambino a braccia aperte. Ricreando i solidi valori del passato, vi gratificate sentendovi più giovani, sotto l'ala protettiva di un genitore invisibile. Se il vostro ingresso è stile interno ottocentesco, vi sentite spesso schierati contro la mancanza di valori del resto del mondo. Siete conformisti convinti, socievoli e sostenitori dei valori della famiglia.

Ma l'ingresso è solo uno dei portali che si aprono su quello che considerate il vostro castello, perché quello che non entra in casa dalla porta principale, spesso si insinua oltre le mura attraverso il computer. E a differenza di amici e parenti vivi, vegeti e presenti, il computer consente di selezionare le proprie compagnie in un modo che svela parecchio di ciò che gli psicologi chiamano il "lato oscuro" di ciascuno di noi. Ebbene, come allestite questo portale, più piccolo ma spesso molto più rivelatore?

La postazione di lavoro casalinga

Questi portali privati mettono in comunicazione il mondo esterno con il vostro mondo interiore. La prima, la televisione, era un portale relativamente sicuro perché era interattiva quanto la boccia del pesce rosso (inoltre non ne conoscevamo gli effetti subliminali su gusti, opinioni e autonomia decisionale che ci spingono ora a commentare «Sai che *quello sceneggiato* mi piace proprio? Secondo me è un programma di qualità», «Sarei disposto a fare la coda per partecipare a *X Factor* solo per il gusto un po' sadomaso di bisticciare coi giudici» o «Mi è venuta un po' di fame: mi mangio una tortina» e così via). La televisione è passata da invasore pachidermico a sfoglia spianata al matterello per essere appesa alle pareti, al posto dello specchio. I manager televisivi dovrebbero essere contenti di questo passo avanti, una prova che molti telespettatori considerano ora buona parte dei programmi come un riflesso delle loro vite e delle loro ambizioni.

Ma il vero buco nero dei portali è il PC. Con il suo piccolo schermo consente di accedere a tutto il pianeta e oltre e – dopo essersi insinuato nelle nostre case come fornitore di videogiochi e di altri innocenti passatempi – ha invaso l'intero spazio, presentandosi come una nuova "opportunità di lavoro da casa", al posto di telaio e filatoio. Il vostro PC fisso o portatile avrà una propria casa e una corte di accessori e il modo in cui lo presentate la dice lunga sulle relazioni che avete con "il mondo esterno".

Il tempio

Il vostro PC (fisso, perché non pensereste mai di spostarlo) ha una stanza tutta per sé e troneggia al centro della scrivania. È circondato da tutti gli accessori del caso, come tappetini per il mouse, post-it, un telefono, taccuini vari e foto, ritagli e altre carabattole da sindrome ossessivo-compulsiva, ma disposti in un ordine tutto vostro. Nonostante le briciole di pane che fanno capolino fra i tasti, lo schermo viene visitato spesso dal Pronto, anche se il panno per la polvere ha lasciato una traccia ben visibile sulla patina di sporcizia sottostante.

Che cosa indica. Data la posizione di rilievo occupata dal PC, sembra quasi che lo veneriate e che proviate un senso di meraviglia infantile e di rispetto verso i prodotti tecnologici collegati al lavoro o al mondo esterno. Accettate prontamente l'autorità e quando vi lamentate del vostro capo vi accertate che non sia nei paraggi perché in fondo in fondo non vi piace essere impopolari. Tendete a lavorare molto, probabilmente partecipate coi colleghi a gare del tipo "vediamo chi riesce a mandare il maggior numero di email oltre l'orario d'ufficio" e vi vantate di aver risposto dopo dieci minuti a un messaggio che il capo vi avrebbe spedito un sabato a mezzanotte. Questo PC è quasi come un capo virtuale che vi aspetta a casa, scavalcando qualsiasi altro impegno nel vostro elenco delle priorità. Vi lamentate e sbuffate per le ore che vi "obbliga" a lavorare, ma in realtà siete voi a stabilire le priorità, perché il PC non può alzare la voce, fissarvi o piantarsi le mani sui fianchi per farvi fare ciò che vuole. Questa macchina è il vostro quartier generale, ma anche un modo per sfuggire alla vita di tutti i giorni. Le vostre email di lavoro definiscono il vostro status e dicono quanto siete indispensabili e Internet è un luogo nel quale potete passare per Signori dell'Universo.

La tana dell'informatico

Il vostro PC è all'avanguardia ma adeguatamente maltrattato. Viene usato come uno strumento musicale più che un processore e porta gli stessi segni e le stesse cicatrici della chitarra di Keith Richards. Probabilmente lo tenete in camera da letto, su una scrivania qualsiasi, non necessariamente ergonomica. Probabilmente vostro padre lo ha comprato in rete e montato con le sue mani per farvi fare i compiti, quando avevate nove anni, ma da allora è scomparso alla vista, sepolto fra tazze, cartoni della pizza e calzini spaiati. I portali dei fanatici dell'informatica spesso sono collocati in una specie di nicchia che costringe i visitatori a ingobbirsi...

Che cosa indica. Il vostro PC non è un modo per evadere dalla vita reale, *è* la vostra vita reale. La vostra quotidianità non ha paragoni con lo sconfinato potenziale di creatività che vi consente il Web. Il vostro approccio alla vita è puramente fantastico. Vi vedete come l'eroe della situazione, come il personaggio che avete creato per *World of Warcraft*, ma la realtà è che somigliate più a un "topo da PC" qualsiasi, con tanto di piercing all'orecchio e coda di cavallo.

Il familiare

La vostra famiglia ha adottato il PC o il laptop fin dal suo arrivo e spesso lo si trova nel cuore della casa, sul tavolo della cucina, a disposizione di tutti. L'involucro è in un colore allegro ed è adeguatamente personalizzato da tracce di pastelli o dalle impronte dei denti del cane.

Che cosa indica. Attirando il laptop all'interno della famiglia, tentate di negare che questo portale sul mondo costituisca una minaccia. Siete il tipo che uccide col sorriso o che afferma il proprio potere prendendosi cura degli altri. Posto sul tavolo della cucina, diventa un membro della famiglia e per voi l'unità del nucleo famigliare è una priorità assoluta. I numeri vi danno forza e disseminate tracce della tribù anche fuori casa, per esempio sul luogo di lavoro, dove siete circondati di foto dei figli. La fiducia è molto importante, fino al punto di limitare il vostro potere sul PC. Siete dotati di tutto il necessario per filtrare siti pericolosi o limitare l'accesso ai ragazzi e, nonostante siate una pubblicità ambulante dell'amore incondizionato, il vostro laptop – come qualsiasi altro oggetto in casa vostra – sa di essere accettato e coccolato purché rispetti le regole. Nella vostra cucina, infatti, risuona regolarmente la minaccia: «Spegnilo, stiamo mangiando» seguita da «Guarda che lo faccio sparire».

Il cuculo

Il vostro portale sulla galassia non ha una stanza tutta sua, ma sa come conquistare spazio giorno dopo giorno. Si trova in quella che ufficialmente è ancora la stanza per gli ospiti, ma i malcapitati si rendono subito conto di chi comanda tra quelle quattro mura: come se non bastasse trovarsi in un letto estraneo (o su un materassino gonfiabile) in una stanza ghiacciata, sentirsi addosso l'occhio del cuculo, con la sua aria di rimprovero, e sapere che ha ben altri progetti non è affatto piacevole. Quando dividete la stanza con il PC di un'altra persona, sapete che quella macchina aspetta solo che vi passi la sbronza e che ve ne andiate – e giungete alla conclusione che anche il padrone di casa la pensi allo stesso modo.

Che cosa indica. La vostra "soluzione" al conflitto tra il lavoro e la vita sociale è poco efficace, quindi finite per trascurare entrambi. Confinando il PC nella fredda e poco accogliente stanza per gli ospiti, sperate che smetta di comandarvi a bacchetta. Ma il messaggio che trasmettete ai vostri amici è altrettanto aggressivo, perché date loro l'impressione di ospitarli nel vostro ufficio e che li dividete con il PC. Appollaiati in cima a una montagna di stress represso, state dicendo che né il lavoro né la vita sociale possono occupare un posto di primo piano nella vostra vita. Temete di non riuscire a tenere il passo con i ritmi di lavoro e d'altra parte di allontanarvi dagli amici. Non prendete posizione, quindi probabilmente i vostri cari si arrabbiano con voi perché cercate di dare ragione a tutti quanti e spesso venite scaricati. La vostra massima ambizione sarebbe scrivere un romanzo, ma prima dovete ricordarvi di comprare una stufetta, perché la temperatura nella stanza per gli ospiti è sotto zero e rischiate di congelarvi in posa alla tastiera. Apparite come persone di poco peso che temono il fallimento e il rischio a tal punto da rinunciare fin da subito: dire che scrivereste un romanzo se solo la stanza del PC fosse più calda significa rimandare alle calende greche il vostro sogno perché non realizzarlo è meglio che rischiare di fallire.

PC o Mac?

È una domanda vecchia come il mondo. Si tende a essere molto leali ai marchi, ma quando si parla delle due galassie informatiche, entrano in gioco anche le differenze in fatto di personalità. Secondo alcune analisi, gli utenti di Mac hanno una mentalità più aperta, ma sono anche meno modesti degli utenti dei PC.

Se il PC è il rifugio della mente (soprattutto se finite per navigare in rete il giorno di Natale alla ricerca di un po' di sollievo intellettuale dalla presenza dei vostri cari), il letto è il rifugio del corpo, soprattutto se vi passate parecchio tempo da soli. Tracey Emin aveva ragione quando ha deciso di esporre il proprio letto, considerandolo un'opera d'arte rivelatrice e quasi autobiografica.

Il letto

Un essere umano trascorre in media venticinque anni della sua vita a letto. A letto siamo vulnerabili, il letto è il nido nel quale decidiamo di trascorrere ore in stato di incoscienza, potenzialmente esposti a un attacco. È il luogo in cui possiamo rannicchiarci sotto le coperte e aprire la nostra mente ai sogni, alle paure e alle preoccupazioni. Si può dire che sia un utero surrogato e forse ancora oggi dormite in posizione fetale. Ma il vostro letto probabilmente è anche il luogo deputato al sesso, dove a una forma di benessere infantile si sostituisce l'eccitazione dell'adulto come e quando il vostro umore lo esige.

Il letto schizoide (ordine sopra e caos sotto)

Sapete bene come volete che gli altri vi vedano e come dovrebbe essere la vostra vita o almeno questo è quello che il vostro letto – visto dall'alto – lascia trapelare. Si percepisce uno studiato senso di calma, ordine e pulizia nella disposizione di piumino, guanciali e plaid che ricorda una stanza d'albergo economica, dopo il passaggio della cameriera. Ma tutto questo ordine non è che una finta, perché sotto il letto si nasconde un regno popolato di troll, hobbit e quanto altro. È un regno che resta largamente inesplorato e somiglia al lato nascosto della vostra psiche: una landa desolata e pericolosa disseminata di fazzolettini usati, palline di polvere grandi come topi, vecchie pantofole di incerta provenienza e un numero imprecisato di libri letti a metà e abbandonati aperti.

Che cosa indica. Nel peggiore dei casi, siete ottimisti e vanitosi, e mostrate al mondo il vostro volto "ideale" nascondendo la sciatteria e il caos che regnano sotto la superficie. Oppure siete simpatici e ben educati ma con una vena di cattiveria. La vostra vita è costellata di nuovi inizi e buone intenzioni e molti dei libri lasciati a metà probabilmente sono manuali di auto-aiuto o romanzi intellettuali. Vivete come pompieri in servizio, sempre impegnati a gestire un'emergenza dopo l'altra e dedicate poco tempo alla pianificazione o alla riflessione. Riuscite a non perdere i pezzi, come dimostra la parte superiore del vostro letto, ma la superficie si mantiene immacolata solo chiudendo un occhio su ciò che si nasconde sotto le doghe. Probabilmente bevete troppo, mettete in tavola cibi precotti (anche se biologici) e vi lamentate perché non siete mai riusciti a ottenere quel diploma/scrivere quel romanzo/cucinare come i grandi chef della televisione.

Il letto da esposizione

Il vostro letto è decorato in modo tale da sembrare "a posto" solo quando non lo usate, perché prima di entrarci dovete imbarcarvi in un'immane opera di ristrutturazione. È ricoperto di gonfie trapunte, plaid accuratamente piegati, drappi e pepli oltre a una quantità industriale di cuscini coordinati, nei quali dovete scavare come archeologi ogni sera per potervi buttare a corpo morto o dare il via al cerimoniale notturno.

Che cosa indica. Se consideriamo il letto come un simbolo della sessualità, il numero di strati vi rende degni eredi della regina Vittoria, che copriva le gambe del pianoforte. La quantità di lavoro da svolgere prima di infilarsi nel letto suggerisce che considerate il sesso qualcosa di un po' sporco. Questo letto parla di gratificazione posticipata e di un pizzico di compostezza compulsiva che potrebbe derivare da un bisogno angoscioso di controllare il vostro mondo. Da queste svestizioni e vestizioni rituali si deduce che per voi sesso e spontaneità sono pericolosi e terrificanti: seppellendo il letto sotto una montagna di enormi cuscini (ognuno in una posizione ben precisa) sentite invece di riprendere in mano il controllo della situazione.

Il letto da favola

Arricchito da drappeggi, grandi zanzariere, enormi cuscini, raso, fiocchi, balze e fantasie, questo letto è un autentico protagonista, un componente un po' magico, importante e forse dominante della famiglia. È una riproduzione di tutti quei lettini presenti nelle storie della vostra infanzia ed esagerandone le dimensioni con montanti e drappeggi vi sentite più piccoli e ancora bambini, quando vi addormentate.

Che cosa indica. Siete chiaramente egocentrici, perché questo letto è come un palcoscenico sul quale vi esibite ogni sera. Ha una struttura importante, quindi vi considerate come dei sovrani, ben distanti dalla folla grazie al vostro personale senso dello stile che rasenta l'eccentricità. E ora passiamo ai montanti del baldacchino. Possiamo negare che simboleggino l'erezione? Freud si vergognerebbe di noi, se lo facessimo. Questo letto è fatto per copulare, ma non sarà lui a dettare le regole. I drappeggi fanno pensare a una lei capace di controllare la situazione, quindi nonostante la spinta del desiderio, una buona dose di odioso romanticismo non può mancare. Se volete farvi un'idea degli sviluppi, pensate a una coppia di giovani cigni in un romanzo di Barbara Cartland.

Il letto del playboy

Hugh Hefner, mangiati il fegato! Questo letto è in pelle (o se non altro in qualche derivato del legno ricoperto con un materiale molto somigliante) e rivestito con lenzuola di raso, meglio se nere ma anche bordeaux o grigie. E per finire, faretti incassati, cassetti nascosti e magari anche un televisore.

Che cosa indica. Siete tipi mascolini e sentite di aver raggiunto degli obiettivi, nella vita. E questo letto è il vostro premio, una concessione al machismo e un tempio dedicato al potere della vostra sensualità. Forse vi piace razionalizzarlo fingendo un approccio ironico e rétro, ma in realtà siete soddisfatti di quello che dice di voi. Può trasmettere una certa mancanza di gusto, ma le donne ricevono il messaggio, quando vengono invitate a ritornare: questo letto parla di divertimento e maratone da tre volte per notte ma non dice una parola su rapporti duraturi o volontà di impegnarsi, e siete fieri della vostra onestà al riguardo. Avete senso dell'umorismo e, anche se non vi piace esprimere le vostre emozioni in pubblico, non le risparmiate quando sono rivolte al compagno di squadra che ha appena segnato un goal. Si sa che vi siete spinti fino a comprare dei fiori, anche se probabilmente la destinataria era vostra madre.

Il lettino

Il vostro letto è ingombro di morbidi pupazzi, alcuni sopravvissuti alla vostra infanzia, ma in buona parte regalo di amici, familiari e persino di qualche amante bizzarro. Mentre mostrate la vostra camera da letto a un uomo, ridacchiate per l'imbarazzo, anche se dentro di voi siete fiere di tutti quei simboli di affetto, come un golfista delle sue coppe. E nel toglierli dal letto prima di un incontro amoroso, non mancate di salutare i più grandi con un abbraccio o di voltarli verso il muro per non esporre i loro occhi innocenti allo spettacolo che seguirà.

Che cosa indica. Siete pseudoinfantili? Sì. Volete disperatamente far presente quanto siete adorabili? Sì. Siete tristi e spaventate? Forse. Questa forma di istupidimento può avere diverse finalità, quindi siete molto più calcolatrici e manipolatrici di quanto quei peluche farebbero pensare. Fate capire alla vostra nuova conquista che dovrà mettersi in fila insieme agli altri adoratori. Inoltre, la natura fanciullesca dei vostri trofei rimanda alle tecniche cosiddette di rimotivazione pseudoinfantile che descrivono come un gorilla più piccolo, minacciato da un gorilla più grosso, usi il linguaggio del corpo del cucciolo nel tentativo di distrarre o rimotivare il potenziale assalitore e farlo desistere da ogni intento aggressivo. In termini umani significa che giocate a fare il dolce bebè per essere trattati con gentilezza. Sempre. Ma prima o poi, inevitabilmente, il tenero cucciolo si trasforma nella moglie crudele ed egocentrica, e siete voi a colpire e scaricare l'ultima conquista in cambio di carne fresca con una spruzzatina di sentimento. Molto spesso avete un tono di voce infantile e sapete essere compagne leali e adorabili. Ma quando volete, siete anche egoiste e indifferenti.

La cuccia del cane

Dividete il vostro letto con un vero e proprio zoo: cani, gatti e probabilmente anche bambini. A casa vostra il sonno è un'attività condivisa e finché c'è spazio nel letto va tutto bene. Avete un copriletto lurido con cui volete dimostrare di conoscere le basi dell'igiene ma in realtà gli animali che vivono in casa vostra sanno che basta uno sguardo implorante per trovare posto sotto il piumone.

Che cosa indica. Siete confusionari, cordiali e, in ultima analisi, non sapete cosa sia l'assertività. Ogni settimana giurate di chiudere bambini e animali fuori della stanza da letto per poter fare sesso col vostro partner, ma in realtà questo non potrà succedere finché non vi deciderete a mettere una serratura alla porta. Il punto è che vi piace dormire in compagnia. Lo considerate un ritorno alla preistoria, quando umani e animali dormivano insieme per scaldarsi e difendersi, due valori chiave per voi. Anche se vi lamentate, in fondo amate tutto quel russare, quell'agitarsi, gli odori e il senso di intimità fisica. Siete persone amorevoli e generose e non vi servono certo lezioni sull'equilibrio tra il lavoro e la vita perché avete già capito tutto.

Il futon

Questo letto è sotto molti aspetti l'opposto della cuccia. I futon sono letti sobri e per la loro essenzialità da monaco trappista sono a un solo passo dalla nuda terra. Sono letti praticamente senza radici, perché si spostano facilmente al punto che è del tutto inutile rimboccare lenzuola e coperte per dar loro un senso di permanenza.

Che cosa indica. Avete valori, principi e scrupoli molto forti e adorate l'etica yoga/zen. Siete disposti a soffrire per ciò in cui credete e provate persino un certo conforto in ciò che scatena il senso di colpa. Perché dormire su un letto quando ci sono persone meno fortunate che dormono per strada, sotto un pezzo di cartone? Vi piace far credere che non avete legami e siete spiriti liberi e in effetti è vero, perché ben poche persone scoppiano di gioia all'idea di dividere con voi un letto simile, a meno di essere ubriachi o senza tetto. Siete bravi cittadini anche se vi considerate abitanti del pianeta e non vi sentite legati a un campanile. A volte date l'impressione di essere snob, soprattutto quando sostenete che si dovrebbe introdurre la pena di morte per i proprietari di SUV.

Tutto quello che disponete sulle mensole

Inviti alle feste

Siete cresciuti o siete ancora i bambini che non vedevano l'ora di mostrare a tutti quanti inviti hanno ricevuto e quanto sono popolari?

Senza dubbio siete proprietari di un guscio esterno pretenzioso e caramellato, che protegge un ripieno di morbida nocciola e bassa autostima. Se foste veramente popolari non ne avreste bisogno, mentre ostentando gli inviti ricevuti dimostrate solo l'esigenza di enfatizzare il vostro status sociale. Considerate l'invito molto più importante dell'effettiva partecipazione a una festa. È probabile che siate socialmente inetti, ma lo mascherate con coraggio.

Se gli inviti sulla mensola sono scaduti da un pezzo, dovete chiedervi il perché di tanta tristezza e senso di abbandono e perché non riuscite a nuotare con scioltezza in un mondo dal quale, in verità, vi sentite tanto lontani.

Conti e fatture

Se riempite la mensola di conti e fatture, siate pur certi che, in un altro secolo, Charles Dickens si sarebbe ispirato a voi per creare uno dei suoi personaggi – diciamo un condannato per debiti?

Questa abitudine suggerisce parsimonia, ma indica anche un grande desiderio di sottolineare l'autorità esercitata nell'ambito della famiglia. I conti sono lì, nel cuore della casa, a ricordare la concretezza della vita e il fatto che piacere e felicità hanno un prezzo. Chi paga i conti si atteggia a una sorta di divinità dispensatrice di ogni piacere goduto dai membri della famiglia. Questa prospettiva draconiana si applica a tutti gli aspetti della vita del capofamiglia, che potrebbe tenere i preservativi ben in vista in camera da letto o la dieta settimanale attaccata con una calamita sulla porta del frigorifero. Ma questa mensola può inviare un segnale del tutto diverso, puntando il dito sulla vostra totale irresponsabilità in materia di gestione delle finanze. L'accumulo di conti sulla mensola è provocato da una grave mancanza di senso di responsabilità. Conti e fatture collocati in evidenza sulle mensole fanno pensare che invocate l'aiuto del pubblico per trovare risposta alle vostre domande. Il vostro aspetto di persone affidabili e previdenti nasconde altrettanti "scattisti", che chiudono i rapporti e lasciano il lavoro dalla sera alla mattina.

Foto di parenti

Tenere sulle mensole foto di antenati e parenti è un atto profondamente spirituale: indica che prendete molto seriamente la famiglia e i rapporti affettivi e ricorda a tutti chi sono i vostri modelli e i vostri mentori. È qui che volgete lo sguardo nei momenti importanti e questa enfasi sui legami di sangue crea un senso di completezza. Se tra le foto compaiono immagini di parenti defunti cui siete affezionati, il vostro stile di vita è permeato dai valori del tempo andato. Anche se nella vostra vita accettate il cambiamento, conservate un forte senso morale che sperate di trasmettere ai vostri figli. Se invece sono foto della vostra attuale famiglia, significa che vi incollate con il coniuge e i figli sul sofà, nel tentativo di creare lo stesso senso di unità che avete provato da bambini. Rimpiangete il fatto che i vostri figli non passino il loro tempo libero con voi, come a suo tempo facevate con i vostri genitori, dimenticando di essere cresciuti in un mondo con due o tre canali televisivi...

Souvenir

Se le mensole sono ingombre di ciottoli, conchiglie, opere d'arte create dai vostri figli, fiori secchi, vecchie cartoline e paccottiglia varia siete animi romantici che contribuiscono fattivamente alla costruzione della vostra felicità. Questo dovrebbe fare di voi solari e convinti ottimisti ma purtroppo può anche significare che conservate simboli di una felicità ormai perduta o tristemente solo immaginata. Chi spende e spande felicità sul serio in genere è troppo impegnato a divertirsi per accumulare oggetti in questo modo o ha aspettative talmente elevate sui piaceri del momento da non avere motivo di raccogliere oggi ciò che può avere in quantità anche domani.

Trofei di viaggio

Questi gingilli posti sulla mensola mostrano il vostro approccio cosmopolita alla vita. Dando un posto a maschere tribali o a piccole sculture africane, a ricami tailandesi o a ceramiche egiziane, volete dimostrare che non siete così noiosi come sembrate. Con i vostri safari, le ascese sulle Piramidi, le escursioni in groppa ai cammelli e le notti in tenda cercate di impressionare gli ospiti ma avete dimenticato una cosa: vi siete limitati a posare le chiappe su una poltrona in classe economica, lamentandovi che la bibita offerta dalla compagnia aerea era troppo ghiacciata.

"Quel posticino"

Quando si parla di "quel posticino", non è tanto il décor a svelare qualche indizio sulla vostra personalità, quanto il modo in cui decidete di chiamarlo. Molti di noi sono spinti dall'imbarazzo a cercare stupidi eufemismi che, una volta scelti, non ci abbandonano più, per quanto inappropriati o fuori luogo possano sembrare.

Niente definisce classe, età e atteggiamento nei confronti della vita e del sesso meglio del modo in cui chiamate il gabinetto. Ci sono funzioni corporali che provocano ancora imbarazzo e sono il terreno adatto perché il bambino interiore faccia capolino oltre la patina di perfetta educazione. Galateo del vasino e cultura cambiano da una famiglia all'altra eppure non riusciamo a liberarci dei termini che ci hanno insegnato a usare da piccoli. Come nel sesso, ai termini "corretti" considerati spesso una forma di maleducazione, si preferiscono stupidi eufemismi. Quindi, che cosa dite quando vi dirigete verso "quel posticino"?

Il cesso

Per quanto strano, questo termine ha in sé anche qualcosa di snob. Tuttavia, l'uso di un termine che rimanda alle risatine dei tempi della scuola suggerisce un arresto della crescita emotiva. Amate il sesso perché siete ancora convinti che sia una marachella e probabilmente lavorate nel campo della finanza o della legge. Ridete delle cose un po' sporche e siete ancora convinti che scoreggiare sia un modo spiritoso per far colpo sull'altro sesso.

I servizi

Il termine è tecnicamente corretto ma è poco usato e formale. Lo pronunciate con un'espressione del viso che tradisce la vostra natura di persone precise, logiche e per molti versi un po' antiquate. Vi piace soffocare il più possibile il vostro lato animale e primitivo e così facendo riuscite a dare l'impressione di essere anali e pomposi.

La latrina

Questo termine usato, spesso nelle forze armate, indica che avete prestato servizio nell'esercito o avete una mentalità militaresca. Siete chiassosi, assertivi fino a sfiorare l'aggressività e quando aprite la bocca non vi preoccupate delle persone che potete offendere. Probabilmente avete anche una certa età.

Il wc

Questo termine riesce a essere pacchiano e lezioso allo stesso tempo. Lo usate con le migliori intenzioni e fate il possibile per non offendere nessuno, ma così facendo irritate non poche persone, soprattutto al lavoro, dove cercate di evitare di prendere una posizione precisa appoggiando tutti a turno e finendo per essere considerati dei voltagabbana. Vi descrivete come persone dolci e oneste o autentiche e probabilmente usate questa parola perché pensate che sia l'eufemismo più pulito e breve che passa maggiormente inosservato.

La toilette

Se siete donne, siete educate oltre ogni limite ragionevole e decisamente all'antica; se siete uomini siete sostenitori della supremazia del vostro genere, convinti che il posto di una donna sia davanti ai fornelli. Questo termine era destinato a morire di morte naturale e invece resiste. Parlando di "toilette" evocate l'epoca dei parasoli e dei baffi a manubrio ogni volta che avete bisogno di urinare. Ma questi sono probabilmente i momenti meno signorili della vostra giornata, quindi non affrontate la vita a viso aperto o non siete del tutto onesti. Preferite ignorare o tagliare fuori tutto quello che non vi piace nella speranza che se ne vada via sulle sue gambe. La vostra abilità nel dare nomi super raffinati a funzioni corporali molto elementari probabilmente si estende anche alla vostra vita sessuale.

Il bagno

È il più educato degli eufemismi per indicare il luogo dove si fanno cacca e pipì. Chiamarlo bagno rende più pulita e antisettica una funzione poco gradevole, come se si volesse bypassare tutta la parte più sporca della faccenda e usare questa stanza solo per lavarsi le mani o fare la doccia. L'uso di questo termine fuorviante vi identifica come persone educate ma facilmente impressionabili che preferiscono essere indirizzate nella stanza sbagliata piuttosto di chiedere ciò di cui hanno realmente bisogno. Siete parenti stretti delle persone che lo chiamano "quel posticino". Vi auguriamo buona fortuna per tutte le volte in cui vi ritroverete in uno sgabuzzino con la vescica dolorante.

Il gabinetto

Siete persone oneste, aperte e un po' insipide. Secondo voi, il corpo va rispettato e non contrastato o represso e siete abbastanza sicuri di voi da mangiare quando avete fame e dormire quando avete sonno. La vostra fiducia in voi stessi è molto sana e non vi piacciono le persone che parlano a vanvera. Siete sensibili ma con le persone con cui vi trovate a vostro agio potete essere anche indecenti e divertenti, solo che sapete quando fermarvi.

"Quel posticino"

Siete educati fino al limite della nevrosi. Avete una personalità contraddittoria perché usate questa espressione per passare quasi inosservati mentre trotterellate verso il gabinetto ma finirete per attrarre ancora più attenzione. Per molti versi è la madre di tutti gli eufemismi perché sposta l'attenzione dalla funzione della stanza alle sue dimensioni.

Mi scappa la pipì

Guardate la vita attraverso gli occhi di un bambino, correndo tutti i rischi del caso. La vostra è una tendenza pericolosa più per gli altri che per voi stessi, perché chi vi circonda rischia di vomitare ogni volta che aprite bocca. Vi piacciono i portarotoli di pizzo e gli spazzolini a forma di cuccioli. Per voi la vita non ha bocconi amari che non possano essere ricoperti di zucchero da un paio di paroline al posto giusto. Questo termine dice che la vita vi terrorizza e che sprecate fin troppo tempo a negare l'evidenza. I ricordi dell'infanzia vi aiutano a evitare le cose sgradevoli. Non vi piace il confronto e temete di non piacere agli altri.

Il pisciatoio

La vostra infanzia è totalmente diversa da quella del bambino "mi scappa la pipì", nel senso che siete diventati arroganti, offensivi e insensibili ai sentimenti altrui, ma in fondo al cuore siete ancora dei fanciulli. Sostenete di essere dei campioni del sesso ma solo nelle forme base: siete più per la quantità/resistenza che per la qualità/esperienza. Siete tendenzialmente individui alfa e dominate il gruppo ma grazie alla forza fisica e alla voce grossa più che per status lavorativo e intelletto.

"Vado a fare un goccio"

Non è indispensabile dire esattamente quello che intendete fare in bagno, ma lo fate perché temete che gli altri vi pensino impegnati in "altro", perché per voi dichiarare le proprie intenzioni è fondamentale e preferibile al potenziale rischio di fraintendimenti.

Questa "pipì-fobia" è sintomatica di qualche ritrosia riguardo al sesso? Considerate mai il sesso come una cosa sporca o sgradevole? Pensateci. Potreste aver bisogno di rivolgervi a un terapista.

Questo capitolo si è basato in buona parte sulla vostra vita sociale o casalinga, descrivendo le occasioni in cui gli amici possono considerarvi anche adorabili quando "vi ritirate perché vi scappa" o perché ammucchiate le foto di famiglia sulla mensola. La casa è il luogo in cui essere sé stessi, lasciando i visitatori sconcertati di fronte ai nanetti da giardino, al letto sommerso da orsacchiotti di peluche o all'ingresso ingombro di cappotti, scarpe e cappelli. Ma che dire della vostra versione professionale? Passati i tempi dei completi scuri a tutti i costi o dei tailleur seriosi, ambienti e immagine legati al lavoro sono sempre più aperti all'interpretazione individuale. Quindi le vostre scelte sono molto più rivelatrici di quanto non fossero qualche decennio fa, quando bastava un papillon vistoso per suscitare pettegolezzi e commenti più o meno benevoli.

Il prossimo capitolo vi aiuta a imboccare la strada giusta nel campo minato degli uffici o degli ambienti di lavoro più comuni, mostrandovi esattamente cosa dicono una pianta moribonda sulla scrivania o le scarpe da tennis vintage sotto la cassettiera, in merito ai vostri talenti e alle vostre attitudini e capacità.

5

Cosa traspare dalla vostra vita lavorativa

Il luogo di lavoro è teatro di comportamenti animali semimimistici e comunicazioni subliminali che vanno ben al di là di ciò che accade durante riunioni e presentazioni. Mentre le vostre email sono spesso ignorate, male interpretate o persino tradotte male, i segnali che inviate con il vostro comportamento squillano come allarmi durante le prove di evacuazione. Lo spazio di lavoro, le abitudini alimentari, l'abbigliamento e gli accessori vi definiscono molto più qui che non nel vostro tempo libero, quando l'abbigliamento è più informale, non vi obbligate a mangiare vegetariano o a decorare lo spazio vitale con antiche tazze di polistirolo o piante in vaso rinsecchite. Sul lavoro presentiamo meno sfaccettature, perché ci mascheriamo molto di più tentando di proiettare un'immagine "ideale" rispetto al contesto. Ma attenti! Meno sfaccettature uguale giudizi più *tranchant*...

La vostra seconda casa: la scrivania

L'analisi dello "stile della scrivania" e del relativo comportamento fa invariabilmente scattare la dichiarazione: «Può sembrare in disordine, ma so benissimo come muovermi». È così che scopriamo che siete bugiardi o che lavorate per un'azienda per la quale la "scrivania pulita" è legge, quindi l'ordine esibito è il frutto di regole e non di preferenze. La scrivania a rotazione è una delle invenzioni più orrende in materia di organizzazione dello spazio di lavoro: introdotta negli anni Ottanta è ancora in voga e implica l'impossibilità di personalizzare gli spazi e il rischio di scoprire una gomma da masticare piazzata da chissà chi nel punto esatto in cui si trovano le vostre ginocchia. Come gli animali, lascerete la vostra traccia in tutti gli spazi in cui abitate, anche solo per poche ore al giorno. Ma se restate inchiodati alla scrivania dalle nove del mattino alle sette di sera o anche oltre; se mangiate, lavorate e persino dormite alla scrivania; se passate molto più tempo sotto il giogo che non a casa, la vostra scrivania custodisce segreti più profondi e culturalmente determinanti della tomba di Tutankhamon.

Dati sulla scrivania

Secondo uno studio svolto da una società di forniture per uffici, una persona su dieci sostiene di non riuscire a ritrovare niente sulla propria scrivania dopo che è stata pulita.

Il caos negato

Mentre il piano di lavoro appare relativamente pulito e ordinato, indicando un approccio mentale al lavoro pacato e logico, basta abbassare gli occhi per cambiare idea. Lo spazio teoricamente riservato alle gambe è pieno zeppo di scarpe di ricambio, accessori per la palestra, borse, cibarie, ratti (forse no, ma si troverebbero a loro agio) e molte cose di cui vi siete del tutto dimenticati.

Che cosa indica. La vostra vita ha una gran bella facciata, ma sapete che prima o poi sarete smascherati. Cercate di adattarvi ai valori dell'azienda ma le vostre tecniche di gestione del tempo hanno vita breve e quindi sprecate i pochi momenti liberi domandandovi quale sia il vostro ruolo nell'organigramma. D'altra parte avete un certo fascino da "maniaco represso", come se portaste quelle guaine contenitive che slanciano la figura ma rischiano di esplodervi addosso se mangiate anche solo un boccone di troppo. Siete formali e professionali per un istante e un attimo dopo riuscite anche a ridere di voi stessi. Adorate la famiglia, ma il massimo che riuscite a fare è guardare le foto che tenete sulla scrivania.

Il cacciatore di trofei

La vostra scrivania parla di potere e obiettivi centrati, dal portapenne firmato, alle foto, ai premi incorniciati. Più che un luogo di lavoro è un'esposizione e il PC potrebbe essere relegato in un angolo per non frapporsi tra voi e i vostri visitatori.

Che cosa indica. Il vostro ego ha costantemente bisogno di essere accarezzato, anche si vi atteggiate con i colleghi a persona sicura se non addirittura arrogante e altamente competitiva. Molti vi ammirano ma nessuno si fida realmente di voi. Alcuni si sentono a disagio di fronte all'ostentazione dei vostri successi. Siete decisi, avete una mentalità strategica e siete in grado di cambiare per adattarvi alle nuove strategie, quindi per alcuni siete affascinanti mentre altri vi considerano duri o addirittura maleducati. Avete scatti di impazienza e a volte vi ritrovate stracarichi di lavoro solo perché pensate che nessun altro sia in grado di svolgerlo altrettanto bene.

Voglia di tenerezza

La scrivania potrebbe ospitare un unico peluche o un'intera tribù perché basta mostrare un minimo di passione per gli oggetti infantili per moltiplicarli. Avete penne ricoperte di brillantini o fiocchetti e non vi dispiacerebbe decorare il monitor con decine di adesivi che – conoscendovi – il capo ha tassativamente vietato.

Che cosa indica. Vi sentite minacciati dall'ambiente di lavoro nel suo complesso e questo travestimento "morbidoso" vi serve per respingere gli attacchi e anche per mettere sull'avviso i servizi di emergenza. Ovviamente, la vostra immagine di persone vulnerabili e innocue è un espediente. Nel profondo siete duri come il cuoio e quest'aura di dolcezza è uno schermo dietro il quale potete nascondervi quando le cose si mettono male. In altre parole, sapete dare ma non sopportare.

Spazio alla famiglia

Sulla vostra scrivania e sulle pareti che la circondano scorre la vostra vita familiare, con i disegni o i messaggi dei bambini («TVB mamma!»), fotografie del cane e oggettini fatti a mano dai vostri figli come cuori di raso o tazzine di plastilina.

Che cosa indica. Nel luogo di lavoro, vi circondate di testimonianze della vostra vita a casa per mostrare ai colleghi che avete davvero un'altra vita e per ricordare a voi stessi che fuori dall'ufficio c'è speranza. Se tutto questo armamentario è recente, è possibile che facciate spesso gli straordinari e torniate a casa oppressi dal senso di colpa, anche se la ragazza alla pari sa di dover imbracciare la videocamera per filmare i primi passi e le prime parole dell'erede per potervi aggiornare nel viaggio dall'ufficio a casa. Se le fotografie sono vecchie, come le prime foto del pupo che si è appena iscritto all'università, vi siete persi il piatto "vita" della bilancia. Vi ritroverete presto a tagliare la testa del coniuge da tutte quelle foto mentre vi scannate sulla divisione dei beni nella causa di divorzio, e a chiedervi come ha fatto quel bebè sorridente a diventare una specie di pop star pronta per un nuovo ricovero nella comunità di recupero.

La scrivania eccentrica

Lavorate sodo. E ottenete dei risultati. Sembrate persino sani ed equilibrati. Allora che ci fa quell'assortimento di "cose" incredibilmente bizzarre sulla vostra scrivania, soprattutto quelle ammassate intorno al monitor? Se siete tipi eccentrici, vi piace marcare il territorio con un mix di cianfrusaglie che hanno importanza per voi ma confondono le idee a tutti gli altri. E il punto è proprio questo: giocattoli, slogan, adesivi e sassolini sono trofei che conservate per un motivo ben preciso. Quel cucchiaino incollato alla cornice del monitor e la piramide di graffette di plastica sulla stampante dovrebbero stupire i passanti e dare l'idea che siete persone più profonde di quanto non appaia.

Che cosa indica. In questa baraonda, ogni oggetto è piazzato in modo tale da cogliere di sorpresa il vostro subconscio e bombardarlo con messaggi correttivi. Se la vostra azienda e il vostro lavoro sono così formali e noiosi da costringervi a ripetervi «Non sono un numero, sono un uomo libero!», la soluzione più semplice del problema sarebbe rassegnare le dimissioni. Perché trascorrere tanti anni della vostra vita in un posto di lavoro che non offre alcuno sbocco alla vostra personalità? Ma se l'idea di piantare il lavoro vi mette l'angoscia, possiamo pensare a una forma di automutilazione emotiva se dopo tutto quello che avete fatto e detto avete deciso di restare. Non importa quanto pesa il mutuo o quanto costano gli studi dei figli: per voi, è meglio trovare una carriera più adatta alla vostra personalità che non sentirvi insoddisfatti nello svolgere un lavoro che odiate. Se restate dove siete, preferite scegliere la strada più sicura per poi sprecare un sacco di tempo a lamentarvi. Probabilmente avete qualche progetto, come partecipare ai provini per il *Grande Fratello* o per qualche talent show oppure scrivere un bestseller, ma avete anche un lungo elenco di scuse sul perché non avete inviato il modulo di iscrizione per tempo o come riuscite a scrivere solo quando c'è calma/silenzio/il sole/un'eclisse e così via.

Se lavorate in un campo che dà spazio alle vostre eccentricità, come la pubblicità o le PR che incoraggiano il "pensiero fuori dagli schemi", probabilmente utilizzate stimoli visivi per attivare questa parte del vostro cervello, anche se sarebbe produttivo cambiare foto e oggetti quando i bordi cominciano ad arricciarsi o la polvere è ormai indelebile.

Non va bene niente: il cilicio

Vista da lontano, la vostra scrivania, ingombra di carte e strumenti di lavoro, sembra una fucina di attività. Se osservata più da vicino, è però evidente a tutti tranne voi che non c'è niente che funzioni o che importi o che sia al posto giusto. Il cavo del telefono, piazzato nel lato più lontano della scrivania, è così aggrovigliato che per telefonare dovete trasformarvi nel gobbo di Notre Dame, e non c'è una penna che funzioni – evidenziatore a parte.

Che cosa indica. Siete abbastanza scombinati da tenere alto l'umore di tutto l'ufficio, ma una parte di voi ha deciso che meritate una punizione. Altrimenti perché permettete alla vostra postazione di essere così scomoda, poco pratica e dolorosamente poco funzionale? Passate le vostre giornate a reagire agli eventi, niente va come dovrebbe andare e riuscite a far funzionare le cose solo a prezzo di immani sofferenze. Portate a termine ogni incarico e nessuno può dirsi deluso dal vostro lavoro, ma potreste soffrire meno se solo dedicaste un'ora a rimettere le cose a posto. Lo stesso vale per la vostra vita al di fuori dell'ufficio, dove evitate ogni intervento in nome del "quieto vivere", che tanto quieto non è, vero? La vostra è una vita disordinata che potrebbe facilmente migliorare. Chiedetevi perché continuate a prendere la stessa penna scarica per poi rimetterla nel portapenne e ripetere la stessa routine milioni di volte come nel film *Ricomincio da capo*. In pratica è come se il fallimento vi piacesse o vi fosse di conforto. Di solito, la paura del successo deriva da una bassa autostima. Procuratevi delle penne nuove, sbrigliate la matassa del cavo telefonico e forse trovatevi anche un partner meno disfunzionale.

La scrivania ossessivo-compulsiva

La tenete in un ordine perfetto e vi ritrovate regolarmente a raddrizzare le penne e ad allineare il mouse con la tastiera.

Che cosa indica. Comportamenti anali come questo esprimono un'esigenza di controllo che sentite largamente insoddisfatta. La vostra vita, al lavoro come a casa, può essere segnata dal successo e probabilmente la vostra è una carriera fulminante, ma avvertite una pressione insostenibile. L'ordine aiuta ad affrontare i cambiamenti, quindi continuate pure a raddrizzare e a misurare gli oggetti, ma quando in riunione state per scoppiare perché la cartellina di Rossi, dell'ufficio contabilità, non è ben allineata con il cartellino che riporta il suo nome, fareste bene a prendere un appuntamento con un terapeuta.

Manie di perfezionismo

Se davvero vi sentite costretti a riordinare la scrivania ogni due per tre, potreste essere affetti dalla "mania di perfezionismo", un disturbo causato dalla società moderna che ci spinge a fare tutto alla perfezione.

Rischio biologico

La vostra scrivania potrebbe vincere il titolo di discarica dell'anno: vi trascorrete così tanto tempo che è ricoperta di tazze vuote, briciole, fazzolettini, tubetti di balsamo per le labbra, porzioni di sushi lasciate a metà, fermagli per capelli, stick di deodorante e salviettine umidificate che potrebbero consentire la sopravvivenza del genere umano almeno per una settimana in caso di guerra nucleare.

Che cosa indica. Passate troppo tempo alla scrivania lavorando troppo poco. Se esistesse in commercio una comoda da ufficio, la ordinereste su eBay perché una volta inchiodati alla scrivania la mattina ben poco può schiodarvi di lì prima di sera, se non la morte. La parola giapponese *karoshi* significa "morire per superlavoro": se non state attenti, potreste fare questa fine. Bisogna dire tuttavia che sprecate minuti/ore a sognare a occhi aperti davanti al salvaschermo invece di applicare le vostre capacità intellettive per salvare il mondo. In tutto ciò, la cosa peggiore è che sostenete di sapere "dove mettere le mani", eppure scavate per secoli tra mucchi di cartaccia alla ricerca del memorandum che avete appena stampato.

Questa sarebbe una scrivania?

Sembra una colonia della Terra di mezzo, coperta com'è da fogliame e altri decori, che finiscono per negare la sua funzione elementare.

Che cosa indica. Marcate il territorio, ma senza particolare convinzione. La vostra soluzione fa pensare più a una forma di mimetismo e suggerisce una paura radicata nei confronti del lavoro e dei colleghi. Alcune decorazioni possono apparirvi invitanti, come i fiori recisi, ma il rischio di rovesciare il vaso e inondare il piano di lavoro è elevato ed ecco che al sorriso strappato dal mazzolin di fiori seguono esplicite manovre per cercare di evitarlo. In fondo, il vostro approccio alla vita e alle relazioni potrebbe essere descritto negli stessi termini: vi vestite e vi comportate in modo tale da attirare l'attenzione ma mostrate al contempo freddezza e distanza scoraggiando il contatto. I fiori recisi sono deliziosi ma possono anche essere simbolo di castrazione! Se le vostre decorazioni non sono altrettanto vivaci – cartoline, biglietti sbiaditi o rametti rinsecchiti in vaso o cactus, mostrate il desiderio di apparire premurosi («Quella piantina non è morta, ci penso io!») combinato al tipo di interesse che due ladri di cadaveri avrebbero avuto per un malato terminale. Siete lamentosi e criticoni, e quella serra moribonda che è la vostra scrivania mostra la vostra disapprovazione verso l'edonismo, il capitalismo e tutto ciò che ha a che fare con il cambiamento. Probabilmente indossate cardigan con le maniche tese fin sulla punta delle dita, anche in piena estate.

Probabilmente, la scelta del computer è il frutto di un processo decisionale dettato dalla logica – oppure non è di vostra pertinenza, se si tratta del computer dell'ufficio – ma la scelta della password è tutta un'altra storia.

La password

La tecnologia moderna ci consente di effettuare un gran numero di scelte. E non parliamo solo di scegliere la marca del telefonino o del computer portatile. La nostra personalità fa capolino dietro opzioni più quotidiane come il tipo di carattere, l'indirizzo email, le password e i salvaschermo.

Da un'indagine è emerso che una persona usa sul lavoro in media cinque password oltre a quelle personali, e che la maggior parte di noi ne usa una dozzina. È quasi impossibile usare una password diversa in ogni occasione, quindi spesso adottiamo uno schema. La scelta della combinazione di sei o otto caratteri è profondamente legata al nostro subconscio. Vi può sembrare che sia del tutto casuale, ma in genere optate per la prima cosa che vi passa per la testa, qualcosa che è molto importante per la vostra vita. Inoltre, consideriamo le password come una nostra proprietà privata, intimamente legata a cose che ci sono care.

Il nome dell'amato/amata

Che animo dolce... E che lealtà! Evidentemente non siete dei farfalloni. Ma non sentite anche voi quella sensazione di appiccicaticcio? E le vostre metà lo sanno? E se lo sanno, che cosa ne pensano? La considerano un'idea dolcissima, un sintomo di ossessione o semplicemente indice di scarsa fantasia? Forse è giunto il momento di capire se il vostro è un rapporto vero o una tagliola...

Password legate al lavoro

Per farla breve, dovete uscire di più. O siete così banali da non riuscire a pensare a niente di più interessante o siete muli ossessionati dalla carriera ma, data la cronica mancanza di immaginazione dimostrata dalla scelta della password, non riuscirete mai a raggiungere i vertici dell'organigramma. Ironia della sorte... Anzi, può essere vero l'opposto: vi sentite vittime della routine ma non avete la spinta per uscirne. Riservate al sesso tempi e luoghi ben precisi.

Numeri

Che ci crediate o no, una persona su dieci usa password costituite da combinazioni numeriche. Non ne conoscete? Non importa. Stiamo parlando di voi? Allora probabilmente siete listini prezzi ambulanti e avete una vita ben organizzata, con tutti i puntini sulle "i". Ma la vostra passione per la logica può significare anche una totale mancanza di senso dell'umorismo. Per voi la vita potrebbe essere solo una noiosissima partita doppia.

Nome o soprannome

Siete sicuri di voi, egocentrici e motivati. Volete fare strada nella vita. Anzi, volete disperatamente ottenere... tutto. Ma nonostante il talento e l'atteggiamento energico, quando siete stressati o vi sentite costretti in un angolo potete trasformarvi in odiosi egoisti. Fingete di interessarvi agli altri, ma sapete che la vostra ossessione per voi stessi vi consuma.

Passioni personali: i "fantasiosi"

Se pensate di rientrare in questa categoria, siete ossessionati da voi stessi e scegliete parole come "sexy", "stallone", "dea" o "zoccola". Il termine può essere riferito alla persona con cui avete una storia o, nella peggiore delle ipotesi, a voi stessi. Senza dubbio amate il rischio e non vi limitate alle metafore. Probabilmente in vacanza preferite l'avventura alla pensione vista mare e vi lasciate andare a fantasie sessuali sfrenate. Il vostro atteggiamento superficiale potrebbe mettervi nei guai, ma a pensarci bene, la cosa potrebbe non dispiacervi: non avreste più bisogno di fingere e finalmente provereste davvero delle emozioni forti.

Animali domestici

Siete tipi nostalgici, vi circondate di ricordi del passato e probabilmente bazzicate i mercatini di brocantage alla ricerca di oggetti rétro. Anzi, state accarezzando l'idea di creare un sito web dedicato a un tema o a un passatempo fuori dal comune. Gli altri non vi capiscono quindi tenete ben nascosto il vostro animo sensibile, rivelando i vostri pensieri più intimi solo al cane, al gatto... o al cincillà.

Passioni sportive o musicali

Siete romantici. Per voi, vita e lavoro sono un campo di battaglia, dove lottate per non perdere la felicità e l'ottimismo. In effetti, nei rapporti interpersonali siete un po' troppo fiduciosi, ma quando vi scaricano vi rialzate e andate avanti. Nessun problema se chi vi sta accanto apprezza il vostro approccio positivo alla vita. C'è un unico lato negativo: chi non condivide questo approccio pensa che siate solo dei poveri illusi.

Il codice

Mescolate lettere maiuscole e minuscole, numeri e segni di interpunzione per formare password oscure e complicate. Quest'aria di mistero fa di voi persone presuntuose, arroganti e tendenti alla paranoia. Inoltre una password criptata esagera un filino l'effettivo valore di ciò che volete proteggere. Le persone davvero ricche difficilmente prendono tante precauzioni e al contrario sono quasi superficiali e inclini al fatalismo. Sono i poveracci che erigono fortezze inespugnabili attorno ai loro beni terreni.

Le email

Una ricerca condotta dall'Università di Lipsia ha mostrato quanto sono rivelatori gli indirizzi email. Lo studio ha interessato un campione di cento studenti ai quali è stato chiesto di delineare il profilo caratteriale di seicento persone partendo dal loro indirizzo email. I profili stimati dagli studenti corrispondevano ai risultati ottenuti in un test di personalità eseguito dai possessori di quei seicento indirizzi. Vogliamo parlare dello stile dei nostri messaggi? Sono un terreno di caccia agli indizi che non possiamo trascurare!

Gli urlatori

Lo stress e la rabbia repressi emergono tra le righe! Le lettere maiuscole abbondano e la punteggiatura scarseggia. Mentre pestate sulla tastiera con tutta l'enfasi possibile, usate moltissime abbreviazioni e fate molti errori di ortografia. Spedite le email sull'onda della rabbia perché pensate che martellare sui tasti abbia un effetto terapeutico o dopo il primo drink della serata, quando cominciate a sentirvi bellicosi e carichi di risentimento. Non sopportate di essere ignorati e fate di tutto per sostenere il vostro punto di vista. Perdete facilmente le staffe ma, una volta sbollita la rabbia, sapete perdonare e dimenticare. Siete schietti e dite quello che pensate anche se può fare male. Le persone troppo silenziose vi fanno venire l'orticaria.

I logorroici

Più che email sono romanzi: pagine su pagine, finché al destinatario non viene il tunnel carpale a furia di scorrere il testo con la rotellina del mouse. Parlare in pubblico non vi è congeniale e potete passare per timidi, ma quando l'interlocutore non ha modo di squagliarsela, non vi ferma più nessuno. Tendete a iper-razionalizzare e a eccedere con l'analisi, faticando ad arrivare al punto. Siete noiosi e lo sapete, ma non riuscite a fermarvi finché non vi siete tolti l'intero peso dallo stomaco. Le email hanno una funzione terapeutica. Non importa che siano effettivamente lette, l'importante è aprire il vostro animo e trasferirne il contenuto sullo schermo.

I sintetici

I vostri messaggi si riducono spesso a una sola riga, quindi sono diretti e motivati. Non restate mai fermi in un posto abbastanza a lungo da dover scrivere di più. Molte delle vostre email contengono spesso una parola sola: sì o no. Per voi è perfettamente normale, perché organizzate il vostro tempo al secondo e non vi piace sprecarlo. Tuttavia vi stupite quando gli altri vi accusano di essere freddi o maleducati. Non tollerate gli stupidi e le persone che si perdono in chiacchiere o appaiono indecise vi spazientiscono. Nella vita sociale e sessuale potreste essere prepotenti e magari vi è capitato di essere colti sul fatto a sbirciare l'orologio mentre fate l'amore.

I punti esclamativi!

Le vostre email sono espressive, vivaci e disseminate di punti esclamativi. Nessuno deve pensare che siete prepotenti o eccessivamente professionali. Vi piace piacere anche a rischio di passare per persone superficiali. Passate la vita saltellando in cerca di positività, ma di fronte a una critica o a un tradimento soffrite e reagite mettendo il broncio.

Gli allusivi

Siete noti per le vostre email piene di allusioni sexy o piccanti. Passate così per i seduttori dell'ufficio, ma niente potrebbe essere più lontano dal vero. Per voi, le email sono un prodotto della realtà virtuale. Mentre le vostre mani svolazzano sulla tastiera, vi perdete in un sogno a occhi aperti. In realtà, quando vi trovate a tu per tu con l'oggetto del vostro amore le cose vanno molto diversamente. Siete timidi e diffidenti, anzi, non siete più sicuri che quella persona vi piaccia davvero e passate un sacco di tempo cercando di sganciarvi da appuntamenti e impegni presi via mail. Siete poeti e sognatori, ma per lo più siete un parto della vostra stessa fantasia. Quando la vita vi si para davanti, scappate a gambe levate in direzione opposta.

Battute via email

In superficie sembrate persone piene di vita, e per molti il senso dell'umorismo è un tratto di "normalità". Ma c'è una bella differenza tra una persona spiritosa e chi propina battute via email. In buona parte, la differenza sta nel fatto che il tono di un messaggio di posta elettronica è sempre dettato dalla percezione del lettore, quindi sapete bene che i vostri commenti potrebbero mettere allegria o al contrario essere percepiti come offensivi, soprattutto i più marcatamente sarcastici. In questo caso, probabilmente occupate una posizione di potere e usate il vostro "tono spiritoso" come una frusta che fate schioccare sopra la testa dei colleghi, con commenti e persino insulti che in caso di necessità potete sempre declassare a battute.

Oppure vi piace inoltrare storielle già sentite a tutti gli indirizzi che avete nella rubrica, senza distinzione tra amici che adorano le battute spinte e ziette innocenti. Questo è un esempio di umorismo per procura: le battute ideate da terzi vi servono per accreditarvi come grandi comici, mentre in realtà finite per ottenere l'effetto opposto.

Nonostante il computer consenta a moltissime persone di lavorare da casa, la maggior parte di noi non riesce a sfuggire alle lusinghe del pendolariato. Il pendolare si sposta in mezzo alla folla e in termini animali folla = pericolo, quindi l'animale che è in noi tutto farebbe piuttosto che starsene schiacciato tra quattro mura di vetro e metallo in mezzo ad altri animali estranei al suo branco. Ma l'evoluzione è una cosa meravigliosa e la nostra psiche ha acquisito dei meccanismi che tengono a bada il panico tra una fermata della metro e l'altra. Il trucco consiste nel disattivare la mente cosciente e trovare un diversivo che ci aiuti a ignorare i pericoli potenziali che ci circondano. Presto, tirate fuori la copia del free-press o la rivista che non avete finito di leggere...

Il tragitto casa-lavoro

Parliamo di spostamenti con i mezzi pubblici, quindi è probabile che usiate metodi visivi e mentali per affrontare i momenti della vostra vita in cui non solo vi trovate in un limbo, ma dovete mantenervi in uno stato di continua allerta. Le abitudini che assumiamo in metropolitana sono dominate dall'inibizione della risposta istintiva di sopravvivenza: siamo seduti o in piedi, schiacciati tra quattro pareti metalliche, sotto terra, tra persone sconosciute, molte delle quali ci ispirano poca fiducia. In questa totale assenza di spazio personale, entrare in contatto visivo o – Dio non voglia! – instaurare normali contatti umani come sorridere o stringersi la mano equivale al suicidio. Non abbiamo altra scelta che fingere di "essere altrove", persi nel nostro mondo, con gli occhi chiusi o fissi su un annuncio pubblicitario oppure immersi nella lettura di un libro o di una rivista.

I pendolari che viaggiano in superficie sono molto più socievoli, nonostante i numerosi rituali bellicosi legati alla difesa/conquista dello spazio e del territorio. Questi fortunati possono infatti affermare il proprio diritto sul territorio, usando il computer, sfogliando documenti o lanciandosi in trattative al cellulare. In altre parole, conservano parte dello status di cui godono al lavoro e possono persino estenderlo, come "predoni dello spazio vitale", allungando le gambe, il giornale o quant'altro nel territorio dei compagni di viaggio o dominando l'etere con infinite conversazioni al telefono.

Chi si sposta in auto vive in uno spazio tutto suo e, una volta sedutosi al volante, diventa il signore dell'abitacolo. A differenza di altri pendolari, gli automuniti si sentono – erroneamente –

onnipotenti, trattano l'auto come un cocchio imperiale e reagiscono con scoppi d'ira a quelle che considerano umiliazioni da parte degli altri autisti. In auto è consentito praticamente solo guidare, ma gli utilizzatori dei mezzi pubblici non subiscono queste restrizioni e le loro abitudini durante il tragitto quotidiano casa-lavoro-casa sono particolarmente rivelatrici.

Leggere un libro

Immersi nella lettura di un libro, siete solo a un passo dal totale isolamento. Questo modo di passare il tempo esclude quasi ogni forma di condivisione, quindi è come se diceste a chi vi circonda che avete chiuso le porte agli stimoli esterni. Non è solo la vostra mente a essere impegnata, ma anche la vostra immaginazione, e tenete gli altri a distanza senza arrivare all'estremo di chiudere gli occhi o puntarli sul pavimento. Un libro vi fa sembrare contemporaneamente normale e vagamente intellettuali, dotati della capacità di concentrarvi più a lungo rispetto a chi guarda la TV o sfoglia una rivista.

Leggere il giornale

Questa attività è più vicina agli sport di squadra o a un evento *flash-mob* perché con la diffusione dei quotidiani gratuiti, quasi tutti leggono le stesse cose nello stesso momento. Siete immersi nella lettura, ma mostrate un certo gradimento verso le attività di gruppo. Scuotete la testa con disapprovazione davanti agli stessi titoli e leggete tutti lo stesso oroscopo. Chi preferisce comprare il quotidiano in edicola è una specie di ribelle tra i pendolari lettori, perché insiste nel conservare un legame con gli standard del passato anche se questo comporta ficcare un dito nell'occhio al vicino o sfregiarlo con il bordo della pagina. Burberi, egoisti e convinti di avere la verità in tasca.

Leggere riviste di "cronaca vera"

Leggere nel tragitto casa-lavoro ha un che di snobistico che non si riscontra nella lettura in altri luoghi. Mentre i lettori di quotidiani appaiono coinvolti e desiderosi di mantenersi aggiornati e i lettori di libri appaiono intellettuali e distanti, i lettori di riviste di "cronaca vera" sembrano assorbire passivamente notizie come «Il mio Rottweiler mi ha mangiato un rene» che abbondano in questo tipo di pubblicazioni. Se le lettrici di riviste di moda o gossip riescono a sembrare eleganti mentre guardano distrattamente i servizi fotografici, chi viaggia in compagnia di tumori grossi come angurie passa solo per un poveraccio appassionato dei "casi umani".

Mangiare

Molti pendolari passano il tempo mangiando, anche se l'ambiente in cui si trovano non stimola certo l'appetito. Se dessimo retta al nostro istinto di sopravvivenza, non mangeremmo mai – né dormiremmo mai – su un mezzo pubblico, perché mangiare e dormire sono attività che ci lasciano indifesi di fronte ad altri animali che normalmente competono per il cibo. Siete pertanto dei ribelli con basso livello di empatia sociale. Starvene seduti in silenzio in mezzo a estranei per poi estrarre dalla borsa un Tupperware e consumarne il contenuto è un comportamento bizzarro e tale vi fa sembrare. La voglia di ingozzarvi dovrebbe essere mitigata dalla pressione sociale alla condivisione, ma ovviamente offrire vi farebbe passare per matti. Gli animali che vi circondano ce l'avranno comunque con voi per il vostro immenso egoismo e non potranno esimersi dal seguire ogni boccone con sguardi di disapprovazione.

Ascoltare l'iPod

Non c'è modo migliore per isolarsi durante il viaggio: il vostro corpo è presente nel vagone o sul sedile mentre le orecchie e la mente sono lontane mille miglia. La musica trasforma il viaggio in un'esperienza surreale, creando una colonna sonora a un giallo in una lingua straniera. Annullando uno dei sensi chiave mostrate tutta la vostra noncuranza del pericolo potenziale, perché vi isolate dalla vita e da ogni sua possibile minaccia.

Invece di lasciarvi coinvolgere, preferite restare nel vostro spazio personale, con i vostri pensieri e il "vostro" mondo. La musica è fantastica ma è come rifiutarsi di dividere un pacchetto di biscotti, anzi è peggio. Per molte persone accanto a voi, il suono ovattato che proviene dal vostro iPod può essere una tortura, quindi, mentre vi isolate dalla società nella quale vivete e vi muovete, in pratica diffondete tra chi vi circonda l'equivalente sonoro di un odore o un sapore sgradevole. Non vi sembra un comportamento antisociale e vendicativo?

Ebbene, avete scoperto tutto sui particolari della vostra vita che gettano una luce sulla vostra personalità. Ma dopo aver cambiato le fotografie appese nell'ingresso e scaricato una nuova suoneria per il cellulare, dovrete riflettere su come sfruttare al meglio questa vostra nuova capacità di analisi in altri aspetti della vostra vita. Nella seconda parte del libro, prenderemo in considerazione gli indizi utili per decodificare *gli altri*.

Parte seconda

LEGGERE GLI ALTRI

1
Lavoro, famiglia e amici

Se volete analizzare il comportamento di amici, parenti e colleghi, può rivelarsi utile prendere spunto dal regno animale. Il luogo di lavoro è particolarmente ricco di riti tribali e, secondo molti zoologi, questo è dovuto al fatto che il lavoro rappresenta la forma moderna di "uccisione della preda". Lavorando in team per raggiungere obiettivi eccitanti e adrenalinici, non fate altro che saziare la vostra bramosia atavica di cacciatori-raccoglitori.

Queste tesi non sono sempre prive di imprecisioni: non è facile trovare parallelismi tra la sete di sangue nella savana e una giornata trascorsa a ricaricare la pinzatrice o a fissare il salvaschermo, ma quando vi capita di festeggiare per aver fatto un buon lavoro o per non essere stati insultati da un cliente, allora potete considerarvi totalmente in simbiosi con i vostri antenati quadrumani.

Questo contribuisce a spiegare il motivo per cui i manifesti con frasi a effetto del tipo: "Non ci sono individui nella squadra!" potrebbero essere considerati ridicoli da un punto di vista psicologico ed evolutivo. I vostri antenati cacciatori-raccoglitori si riunirono in gruppi non appena decisero di abbandonare la dieta vegetariana per darsi a una vita fatta di hamburger e crocchette di pollo e si resero conto che, invece di andare da soli a raccogliere noccioline, avrebbero fatto meglio a formare dei gruppi per cacciare prede più succulente. All'interno di questi gruppi vigeva la fedeltà assoluta? Probabilmente no. Erano composti da individui motivati da valori egoistici che avevano capito che chi fa da sé... non porta a casa la cena. E ringraziate il cielo che oggi esiste il denaro, altrimenti per sopravvivere sareste costretti ad annoverare tra i vostri amici almeno un contadino, un macellaio o un commesso di supermercato.

Quindi, nonostante tutte le amichevoli chiacchiere da macchinetta del caffè, le generose collette per i dimissionari e gli emozionanti eventi di *team building* a base di rafting, canzoni e partite fino alle ore piccole, è di vitale importanza ricordarsi che il vostro "team" di lavoro si è formato solo per necessità e che questa necessità è la sopravvivenza.

La carne poteva anche significare attività di gruppo e condivisione del cibo, ma di certo non presupponeva amicizia e lealtà. I gruppi di cacciatori solitamente si formano in modo casuale, così come accade per la maggior parte dei team di lavoro. I gruppi di cacciatori probabilmente si ucciderebbero e si mangerebbero tra loro, se il cibo venisse a mancare, così come nella maggior parte dei team di lavoro. Per dipingere un preciso quadro psicologico dei vostri colleghi potete partite dall'ipotesi che tutti odiano tutti.

E se pensavate che fosse difficile far parte di un team, provate a diventarne il leader. Un capo di solito è stato promosso nonostante lo scarso livello di competenza, motivo per cui trascorre le giornate impegnato in interminabili riunioni per non essere smascherato.

Come interpretare il proprio capo

Innanzitutto occorre premettere che un capo normalmente non ha la minima idea di cosa sia il concetto di leadership. Qualsiasi segno di genialità o di carisma che potreste aver intuito, probabilmente è effimero come il primo sorriso di un bambino.

È solo fumo negli occhi. Andate oltre l'inganno. I capi stessi non sanno come sono arrivati a ricoprire quella posizione, non hanno idea di cosa stanno facendo e sperano che non ve ne accorgiate.

Nel mondo animale i capibranco, denominati "alfa", ottengono la supremazia in un solo modo: sono più grandi, più duri e si affermano per la loro forza fisica.

Al vostro capo è proibito dare pugni, mordere e lottare con i membri del suo staff quindi quelle che sarebbero semplici procedure di affermazione delle gerarchie come picchiare, scannare e uccidere si sono raffinate. Gli alfa sono così duri che basta uno sguardo per capirlo. La loro unica paura è invecchiare o ammalarsi perché questo significa debolezza fisica e sconfitta. Il vostro capo ha dalla sua parte il fattore anzianità, quindi può rimanere attaccato alla poltrona finché non sarà completamente rimbambito.

I vostri capi saranno alla continua ricerca di sostituti della forza fisica perché hanno raggiunto il loro status perché hanno saputo oliare i meccanismi giusti più che per merito. Studiare i metodi che usano per affermare se stessi vi darà un'idea di quali sono i modi migliori per capirli e affrontarli...

Potere per osmosi

Il capo "per osmosi" passerà la maggior parte del tempo chiuso in riunione con il suo protettore e difficilmente condividerà con il team il contenuto di queste riunioni, alimentando una forma di paranoia a suo parere "salutare". Noterete che usa spesso la parola "noi" e sorride compiaciuto quando parla di problemi di management.

COME COMPORTARSI

I leccapiedi non hanno potere personale, ma amano i machiavellismi delle politiche aziendali. Si preoccupano solo di loro stessi quindi, per avere dei vantaggi, dovrete capire come aiutarli a promuovere il loro ruolo e ampliare la loro base di potere. Dovrete simulare venerazione per le persone a cui leccano i piedi, ma anche lusingarli e far loro credere di essere migliori dei loro pari. In pratica, applicate il principio del *divide et impera*, arrivando a seminare zizzania tra loro e il loro oggetto del desiderio. Per sopravvivere in questa situazione dovrete diventare il leccapiedi del leccapiedi. O forse basta semplicemente dimettersi e trovare un posto di lavoro con un vero capo.

Potere per qualifica

È il capo che ha ottenuto tutte le qualifiche possibili nella gestione del business e delle risorse umane: la teoria è il suo unico strumento di potere. In un certo senso si aspettava che dopo il primo impatto con gli umanoidi tutto sarebbe stato come da manuale. Purtroppo però non tutti i membri dello staff corrispondono ai profili teorici, quindi ha iniziato a farceli entrare a martellate.

Questo capo è poco più che uno scolaro troppo cresciuto ed è sempre molto, molto intimorito. Se lavorate in ambito medico, questa situazione può essere paragonata al momento in cui uno studente di medicina alza la testa dai libri e partecipa al suo primo vero intervento chirurgico.

Il capo per qualifica si rifugerà nelle teorie e nei mansionari ogni volta che le complicazioni della vita reale busseranno alla sua porta. Si nutre di statistiche e le sbandiera non appena ne ha l'occasione, per dimostrare che tutto quello che fa è giusto.

È un capo di basso profilo e scarso carisma, ma, proprio quando siete convinti della sua uscita di scena, ritornerà all'improvviso con un complesso programma di grande impatto e cambiamento radicale che sicuramente vi farà venire le lacrime agli occhi. Se tentate di opporvi, sarete colpiti a morte da teorie e statistiche.

COME COMPORTARSI

Avete due opzioni. Fare finta di essere completamente in sintonia con i suoi piani di cambiamento e chiedere addirittura di partecipare al nuovo processo. Essere malleabili come la plastilina e accogliere ogni sua idea con un grido di gioia. Il suo acerrimo nemico è chiunque abbia l'esperienza e il buonsenso per capire che il suo grande progetto non ha alcun senso.

Oppure potreste combatterlo con le sue stesse armi. Non c'è motivo per essere ragionevoli con un capo così. Dovete rimboccarvi le maniche e salire sul ring, e la prossima volta che citerà una ricerca di Harvard del 1999 per farsi approvare una trasferta di sei settimane per il corso di Facepainting per manager, dovrete controbattere che nell'azienda oggetto della ricerca i profitti sono aumentati solo perché il 90% dei manager si è suicidato nelle tre settimane successive, riducendo così drasticamente la voce "stipendi" del conto economico. Questi capi sono anche terrorizzati dagli organi di controllo, che hanno lo stesso effetto del crocifisso su un vampiro. Come ultima risorsa, provate a buttare lì questa parola durante la conversazione.

Potere del gergo professionale

Questo capo non ha la minima idea di quello che deve fare, di conseguenza crea un linguaggio *ad hoc* per far finta di essere all'altezza della situazione. Il gergo è un prestito linguistico ed è una lingua che non si evolve, infatti questi capi non hanno pensieri propri. In passato avrebbero infarcito le loro presentazioni con citazioni di Churchill o di Cicerone, ma ora utilizzano espressioni come "Team work" oppure "Cavalcare l'onda".

COME COMPORTARSI

Ricordate che dietro un sorriso compiaciuto si nasconde un vero e proprio terrore. Questo capo è spaventato, ma è importante che non sappia che voi lo sapete. Prova soddisfazione quando si rende conto che il suo stratagemma ha funzionato e ha plasmato un intero universo a sua immagine. Il che significa per voi camminare, muoversi, vestire e parlare proprio come lui. Quando sarete stati tutti clonati a sua immagine, il suo senso di approvazione e affermazione di sé sarà finalmente completo. Ma a clonazione avvenuta, per ottenere i risultati attesi sarà più semplice sfuggire al radar adottando tecniche elusive piuttosto che lo scontro diretto o il conflitto. Questo capo è facile da gestire: basta lasciargli credere che è la fonte di tutte le nuove idee. Un consiglio: ricordatevi di interrompere il gioco non appena viene estromesso dal potere. Continuare a difenderlo dopo che se n'è andato dimostra quasi più stupidità che lealtà.

Il capo assenteista

Questo capo ha un tratto in comune con l'animale maschio alfa dominante: si stacca dal gruppo per ruminare in santa pace. Ma, a differenza dell'alfa che resta sempre una presenza incombente e minacciosa, questo capo è del tutto assente e inaccessibile.

Come si riconosce un capo assenteista? Tutti i messaggi e le comunicazioni passano attraverso l'assistente personale. Il contatto diretto non è più possibile e, questione di tempo, inizierà a rinforzare la catena gerarchica, andando ad aggiungere nuovi strati di management per essere sicuro di non avere contatti di nessun tipo con i plebei, ossia la forza lavoro. La sua vita ruota intorno alla comunicazione via email, tanto da inviare messaggi anche alle persone che lavorano a fianco a lui. È sempre "in riunione" e può anche raggiungere un tale livello di isolamento da non sentirsi obbligato a rispondere al "Buongiorno".

COME COMPORTARSI

Questo capo preferisce non subire interferenze. Tutti sanno però che un capo attento e partecipe ottiene i risultati migliori, quindi si può trarre una sola conclusione: il capo assenteista è sociopatico e prova paura o avversione nei confronti delle persone. Ha un problema di salute che va trattato come tale. Non dovete mai diventare aggressivi o fare del sarcasmo quando non risponde ai vostri gioiosi saluti e non tentate mai di sparlare di lui. Fatevi amica la sua assistente personale e soprattutto, nelle rare occasioni in cui il capo scende dal monte Olimpo, mettetecela tutta per essere sorpresi a fare la cosa giusta al momento giusto. Procuratevi un radar che vi dica quando è nei paraggi in modo da essere colti mentre lavorate e fate finta di essere contenti invece di dormicchiare sulla scrivania o fissare il salvaschermo.

Il capo amico

Ha un incontrollabile desiderio di essere apprezzato e questo rappresenta sempre uno svantaggio per chi detiene il potere. Il capo amico cerca di essere cordiale con tutti e parla, ascolta e si muove in un modo solitamente molto curato. Se credete che questa sia una situazione ideale, vi sbagliate di grosso. Arriverà il momento in cui il capo dovrà agire o prendere decisioni difficili, ma non avrà il coraggio di farlo. Elusione e prevaricazione sono i suoi secondi nomi ed è in grado perfino di combattervi con le vostre stesse armi e diventare più vittima di voi. Ecco un esempio:

VOI Questi nuovi target di vendita non sono per niente realistici. Mi preoccupo troppo per il lavoro e temo di non riuscire a raggiungere gli obiettivi, tanto che di notte non riesco a dormire. Il dottore mi ha diagnosticato una forma acuta di stress.

IL VOSTRO CAPO Non mi dire! Anch'io soffro di ansia da prestazione! Non sto neanche a descriverti il mio livello di stress!

Questo capo non vi è di nessun aiuto ed è anche difficile discutere il problema perché dopo essersi dichiarato d'accordo con voi, non fa nulla per risolverlo.

COME COMPORTARSI

Diventate la sua persona di fiducia. Se non prende iniziative, usate la sua esitazione a vostro vantaggio. Proponete sempre una soluzione per ogni problema e chiedete l'autorizzazione a risolverlo. Accetterà qualsiasi soluzione purché non compaia il suo nome. Quindi traetene sfacciatamente vantaggio, ma non aspettatevi nessun tipo di appoggio o sostegno se tutto va a rotoli.

Il capo territoriale

Per apparire come un capo, quello che conta sono le misure. Ma, più che la mole fisica, ciò che fa la differenza nel moderno mondo del lavoro è l'ampiezza dello spazio occupato. Questo capo usa lo spazio per creare un'illusione di potere fisico e si espande, si allarga o addirittura si isola per sembrare più grande e duro di quanto sia in realtà. Durante le riunioni si siede con le gambe divaricate (e si pavoneggia), si espande sulle sedie che lo circondano, occupa il posto principale del tavolo in sala riunioni e ha l'ufficio e la scrivania più grandi.

COME COMPORTARSI

Potete decidere di apparire grandi – schierandovi con loro – oppure di rimpicciolirvi in loro presenza. Una mossa astuta sarebbe di rimpicciolirvi per un periodo determinato, tenendo la testa bassa finché non ottenete la sua approvazione per poi tornare alle dimensioni normali una volta che vi siete ingraziati i suoi collaboratori più stretti. È essenziale scegliere il momento giusto per ricrescere: tenetelo bene a mente.

Leader del gruppo

Non sopportate il vostro capo? In realtà sembra che molte persone aspirino a essere proprio come loro. Secondo un sondaggio americano, il 49% dei dipendenti vorrebbe avere delle caratteristiche simili a quelle del capo.

Le riunioni di lavoro

Le riunioni sono come i foruncoli sul viso del mondo del lavoro: raduni inutili e costosi in termini di risorse e forza lavoro, durante i quali si conferma solo la percezione generalizzata dell'esistenza di un problema che deve trovare una soluzione. Il disagio da riunione è sempre più frequente. E si sono inventati anche la riunione sulla riunione, così come la telefonata per fissare una telefonata o l'email per informare che verrà inviata un'email.

Forse penserete che le vostre riunioni di lavoro assomigliano più o meno ad altre dello stesso genere, ma ogni società solitamente ha il proprio stile. Ecco cosa rivelano le vostre:

La riunione infinita

Si potrebbe paragonare alle piscine "effetto orizzonte" che vanno tanto di moda negli Stati Uniti: si estende verso l'infinito e oltre. Viene indetta a un'ora ben precisa, ma continua per l'eternità, o perlomeno fino a quando reggono le sedie. Le riunioni infinite danno un senso di spreco al limite del reato penale: la società o la persona che le organizza ha chiaramente manie di egocentrismo e lascerà andare a rotoli un lavoro finché può rimanere in una stanza con un lungo tavolo e sputare frasi fatte sul "pensare fuori dagli schemi".

La riunione-pranzo

Più che una riunione è un buco nell'acqua dato che i partecipanti si siedono davanti al vassoio di stuzzichini e bibite. Mangiare e lavorare è un'idea originale, ma è anche una pessima idea. Mangiare e bere sono due delle principali distrazioni della vita, quindi perché non abbuffarsi prima della riunione per poi concentrarsi sul lavoro?

Le riunioni-pranzo sono il simbolo di un'azienda che può raggiungere alti livelli di altruismo, ma scarsi standard di performance. L'idea della condivisione del cibo è gerarchica e risale ai tempi in cui i capi avevano le proprie sale da pranzo e i menu speciali, mentre ai lavoratori toccava la sbobba. La ricompensa arriva dopo la medicina quindi assecondate i vostri istinti infantili ricompensandovi al distributore di snack una volta che la riunione è finita.

La riunione tiranna

Queste riunioni ruotano intorno alla leadership degli alfa e alle spinte politiche per il potere. Nessuno sa quale sia il motivo reale della riunione perché sono tutti troppo occupati a leccare i piedi al capo che occupa il posto del Manager Supremo, e usa le riunioni per esibirsi in monologhi interrotti solo per lasciare spazio a segni di approvazione. Le persone cui è chiesta un'opinione non sanno se dirsi d'accordo con qualsiasi proposta ed essere accusate di servilismo oppure parlare fuori dai denti ed essere giustiziate sul posto.

Se tenete riunioni di questo tipo, vi sentite probabilmente brillanti imprenditori, ma in realtà siete colpevoli di aver assunto solo dei burattini, pur di conservare la vostra posizione di potere. Se lavorate per una società che organizza questo tipo di riunioni, fareste meglio a prendere in considerazione la possibilità di andarvene. Le riunioni condotte con il pugno di ferro significano inflessibilità sul lavoro ma è bene ricordare che, in caso di vento forte, nella foresta sopravvivono solo i gli alberi più flessibili.

La riunione creativa

Lunga vita al capo che sceglie di attingere al lato creativo dei suoi dirigenti, in particolare quello che sta in piedi impaziente davanti alla lavagna a fogli mobili e stringe in mano un pennarello chiedendovi di "buttare lì qualche idea, dando libero sfogo alla creatività". Questa tecnica è molto ottimistica ma senza speranza, perché tutti sanno che chi entra davvero in contatto con il proprio lato creativo rischia di essere deriso o, nella peggiore delle ipotesi, isolato. La mente creativa è un labirinto oscuro e profondo, il cui uso in un ufficio tradizionale è discutibile. Le società che tengono riunioni aperte alla creatività sono da lodare per il loro ottimismo, ma la parola giusta per descriverle o descrivervi, è ingenuità.

La riunione aperta

È la classica riunione in cui le persone entrano ed escono come e quando lo ritengono opportuno. C'è qualcosa di terribilmente vago, ma anche molto aziendale in questo. È come se tutti i dipendenti facessero parte di un enorme organismo, anziché essere dei singoli individui. Le riunioni di questo tipo assomigliano un po' all'esperienza delle comuni, sono strane e deludenti, se non addirittura del tutto improduttive.

La teleconferenza

Le teleconferenze sono piene di buone intenzioni: risparmio di tempo, sforzi e deodorante dal momento che salta il contatto faccia a faccia. Eliminate l'eco e convocate persone con toni e timbri di voce ben diversi in modo da poter riconoscere chi parla e avrete scommesso sul cavallo vincente. Non è adatta ai paranoici: si convinceranno della presenza di persone invisibili. Risulta una valida opzione solo se utilizzata da società senza senso dell'umorismo o del ridicolo. Per tutti gli altri sarà solo un'infinita fonte di ilarità.

La videoconferenza

Molto utile in termini di rispetto dell'ambiente e costi, questo tipo di riunione si è fatto strada a singhiozzo nell'uso comune, sia perché ha una qualità surreale e da telefilm di fantascienza anni Sessanta, sia perché tutti tendono ad atteggiarsi come star.

Questa soluzione appiattisce lo status e fa sembrare tutti stupidi, motivo per cui tende a essere trascurata dai capi che amano il loro senso di perfezione e potere. Il sistema per proiettare il potere attraverso il video deve ancora essere inventato. Ho il sospetto che comporterebbe l'uso di corone ed ermellini o qualcosa di simile per essere degni della pomposità dell'epoca del Re Sole.

Amici e familiari

Se credevate che il mondo aziendale fosse abbastanza complesso in termini di comportamenti animali ed evolutivi, cosa dire dell'esaltante miscela di personaggi meglio conosciuti come amici e parenti? Mentre i colleghi sono un gruppo casuale di persone selezionate dalle risorse umane e possono arrecare solo danni limitati al vostro ego, alle vostre emozioni e alla qualità della vostra vita, gli amici sono il risultato di un processo di selezione, quindi la responsabilità è tutta vostra.

Insomma, avete gli amici che vi meritate. È un pensiero che può far riflettere. Come per le persone che amate e con cui uscite, la selezione è stata solo un vostro errore.

La famiglia rappresenta un altro motivo di preoccupazione. Certo, i genitori non li avete scelti e probabilmente avrete speso l'intera adolescenza a dirglielo, gridando a intervalli regolari frasi del tipo «Non ho chiesto io di venire al mondo!», ma che vi piaccia o no, il loro sangue scorre nelle vostre vene e il vostro DNA fa qualsiasi cosa possa fare il DNA nei vostri corpi. (Ballare? Nuotare? Ondeggiare? Rimanere fermo? Non importa, ciò che importa è che è presente in abbondanza, persino in uno sputo o nei peli superflui.)

Qualsiasi critica facciate ai vostri amici o genitori probabilmente è una forma di autocritica. Quando parlate male di loro, parlate male di voi stessi. È molto più semplice per il proprio ego trovare negli amici o nei genitori delle caratteristiche negative e criticarli per questo piuttosto che riconoscere e criticare noi stessi per le stesse caratteristiche. Le capacità di difesa dell'ego sono affascinanti, ma possono condurre a pericolose lotte interiori.

Un'altra cosa riguardo al comportamento dei genitori. Ricordatevi che sono sempre le abitudini e le caratteristiche che meno sopportavate di vostra madre e vostro padre che erediterete quando loro non ci saranno più. Sopravvivono attraverso di voi proprio come Alien nel corpo di John Hurt nell'omonimo film. Pensate che non appariranno all'improvviso, ma lo faranno. Non solo trasmettiamo i geni, ma anche quel modo di guardare da sopra le lenti degli occhiali o quell'abitudine di lamentarci tutte le volte che ci accomodiamo sul divano. I vostri figli vi diranno che somigliate sempre di più ai nonni, inconsapevoli del fatto che questi stessi diritti di nascita un giorno saranno loro. I diritti di nascita riguardano più il modo in cui accettate l'offerta di una tazza di tè o il fatto di iniziare a cercare le chiavi di casa mentre siete ancora sull'autobus che non il patrimonio immobiliare.

Genitori

Dimenticate tutti i bla bla da psicologi sulle competenze genitoriali. Il comportamento di ogni madre o padre che si rispetti sarà facilmente smascherato grazie a un classico esempio molto significativo: la cameretta in disordine. I genitori cadono sulle loro stesse spade nel tentativo di affermare il loro potere su una questione così banale.

Se volete analizzare il tipo di educazione dei figli che contraddistingue voi o i vostri genitori, date un'occhiata a queste opzioni.

Le guardie

L'ordine arriva inaspettato e si tratta senza dubbio di un ordine: «*Devi* mettere in ordine la tua stanza, è una vergogna!». Questa persona crede di avere l'età dalla sua parte: «Io sono arrivato prima su questa terra e tu dovrai aspettare di diventare genitore prima di essere rispettato».

Non hanno il minimo dubbio: essere nati prima li rende più saggi e tutti gli errori commessi quando erano giovani non fanno altro che rafforzare il loro diritto alla supremazia.

Polemici e convinti di avere il benestare di Dio, questi genitori faranno appello a tutte le argomentazioni di pseudologica per dimostrare la loro convinzione: «La tua stanza è un rischio per la salute», «I germi che ci sono potrebbero ucciderti», «Perderai la vista» eccetera.

I maniaci del confronto/della discussione

Questi genitori amano credere di essere logici e ragionevoli e faranno di tutto per avere regolari discussioni con i propri figli, spesso in modo quasi aziendale, come sedersi ogni venerdì sera attorno al tavolo della cucina con le agende alla mano. Sostengono che tutti hanno gli stessi diritti a prescindere dall'età e che tutti hanno voce in capitolo. Potranno arrivare fino alle votazioni.

I maniaci del confronto hanno anche l'abitudine di irritarsi in fretta spesso a causa degli alti livelli di stress causati dall'abitudine di discutere all'infinito e senza scopo anche sul posto di lavoro. Quando il loro tentativo di persuadere i figli a condividere il loro punto di vista fallisce, metteranno bruscamente fine alle discussioni. Ecco perché vi sentirete dire di mettere in ordine la cameretta perché: «L'ho deciso io, va bene?».

Gli amorevoli

Questi genitori di solito hanno avuto un'infanzia difficile e credono che l'ordine cosmico sarà restaurato se solo garantiranno un'educazione idilliaca ai loro figli. Questo li rende indulgenti e irritanti allo stesso tempo, spesso con tragiche conseguenze. Li si identifica facilmente dal loro grido di battaglia: «Ma io voglio solo che tu sia felice», seguito dal ricordo di come loro furono costretti a pregare per una crosta di pane quando lavoravano in conceria, per far nascere il senso di colpa nei figli.

Il genitore amorevole chiederà di mettere in ordine la cameretta, ma poi comincerà a farlo da sé non appena il figlio è uscito. Questo atto di gentilezza è senza dubbio un sintomo della loro personalità da vittime passivo-aggressive e tutti, tranne loro, sanno che vuol dire andare in cerca di guai. Innanzitutto si invade lo spazio e il territorio del figlio, che è la più grande sfida che un genitore può lanciare. Per non parlare poi del materiale compromettente che il genitore amorevole sicuramente troverà nascosto nella stanza: riviste sconce e fazzoletti di carta o un diario con dettagli (spesso inventati) di feste a base di sesso tra minorenni e le prove di comportamenti orrendi come l'assunzione di droghe e l'autolesionismo. Queste scoperte li porteranno a forzare la mano e, invece di rimettere tutto dove lo hanno trovato e tenere d'occhio il figlio, faranno la parte dell'angelo vendicatore e lo aspetteranno all'ingresso per spaventarlo al ritorno da scuola, sventolando l'oggetto in questione con un'espressione da bambola assassina.

Gli eterni bambini

Sono troppo occupati a cercare la via d'uscita dall'adolescenza per notare che la cameretta del figlio è un immondezzaio sconsacrato. Il punto è che le altre stanze fanno sembrare quella del figlio come una cameretta esposta al Salone della casa ideale. Egoisti ed egocentrici, l'unico vantaggio è che il figlio probabilmente crescerà tenendo in ordine non solo la sua camera, ma tutta la casa.

Non passa così in fretta...

Gli scienziati hanno scoperto che non sono solo i bambini a discutere con i genitori. Avremo delle discussioni con nostra madre o nostro padre anche da adulti. Infatti, secondo uno studio dell'Università del Michigan, le discussioni cambiano oggetto ma non hanno mai fine.

Per testare il carattere delle relazioni amici/famiglia dovreste iniziare ad analizzare i due estremi delle emozioni, ossia come e quando litigate e come dichiarate il vostro amore. A differenza delle relazioni sessuali che iniziano dal nulla, crescono e maturano attraversando diverse fasi (primo incontro, innamoramento, matrimonio, divorzio eccetera), lo scenario amici/famiglia tende a essere relativamente statico. Dimostrazioni di affetto e irritazione possono succedersi una dopo l'altra, con schemi stimolo-risposta ripetitivi e modelli di comportamento che possono rimanere invariati e indiscussi per decenni. La cosa meravigliosa di questi drammi è che forniscono grandi spunti per l'analisi e precisi indizi sullo stato generale delle vostre relazioni.

Le discussioni

La bomba a orologeria

Sono le discussioni che iniziano per delle sciocchezze («Chi ha dato da mangiare al pesce rosso», «Chi non ha lasciato in ordine il bagno...»), e montano fino a divenire eventi spettacolari, misurabili sulla scala Richter. Un attimo prima parlate della calzata dei mocassini e un attimo dopo state dicendo ad amici e genitori che li odiate e li avete sempre odiati da quando si sono rifiutati di pagarvi le lezioni di danza o vi hanno sottratto la matita preferita all'asilo.

Queste discussioni delineano la tipica relazione di tipo passivo-aggressivo. Avete covato rabbia, risentimento e aggressività così a lungo che i sentimenti si sono acuiti e sono cresciuti per poi esplodere e causare la massima distruzione non appena viene sollevato il coperchio da "famiglia felice". Ignorate il motivo scatenante dato che non è importante. Domandatevi piuttosto perché preferite negare i vostri problemi invece di risolverli con calma alla radice.

Chiedetevi:

«Mi piace davvero la sensazione di potere che mi dà il fatto di conservare tutte queste cose, sapendo che sono una persona migliore rispetto ai miei amici e/o alla mia famiglia?».

Oppure:

«Mi piace segretamente essere la vittima paziente? Mi dà qualche soddisfazione il fatto di stare seduto sul mio dolore? Mi sto convincendo che è un caso di "tutto per una vita tranquilla"? E se così fosse, perché insisto a tirare per le lunghe? Litigare sempre per le stesse cose significa avere "una vita tranquilla"?»

In questa relazione appesa "sull'orlo di una crisi di nervi" tutti i partecipanti dipendono dalle emozioni forti e preferiscono mettere da parte i problemi insignificanti fino a quando non hanno qualcosa di molto più eccitante su cui scannarsi.

La rissa continua

Ci sono famiglie che vivono in uno stato di lotta continua, giocando, opponendosi e addirittura combattendo uno contro l'altro regolarmente. Di solito questo è il comportamento delle grandi famiglie e spesso riflette la cultura della selezione naturale, con i bambini che giocano alla guerra non appena escono dalla carrozzina. Per alcuni parenti e amici non c'è modo di andare d'accordo e discutono persino sul secondo nome di J.K. Rowling. Questo comportamento è perfetto nel mondo animale, dove le capacità di sopravvivenza sono predominanti e i cuccioli imparano queste regole simulando i combattimenti.

I componenti del gruppo hanno comunque la capacità di unirsi per respingere i predatori esterni. Quando siete attaccati o qualcuno si comporta male con voi riuscite a fare fronte comune.

La rissa delle feste

Alcune famiglie o amici preferiscono trasformare le loro discussioni in appuntamenti fissi che sono annotati per i giorni festivi e le vacanze, in particolare per eventi come il Natale e i matrimoni.

Solitamente l'evento è preceduto da un breve periodo di "chiamata alle armi" («Se tuo padre mi regala anche quest'anno un epilatore, giuro che saranno guai»), poi tutti siedono intorno al tavolo e aspettano di accendere la miccia.

A differenza della bomba a orologeria, questa discussione ha bisogno della pressione creata dalle grandi aspettative e il consumo di alcol assicura che il mix sia letale. Superficialmente volete che quel giorno sia perfetto, ma il vostro innato pessimismo vi porta a porre fine all'idillio e a dire le cose come stanno.

Se siete sostenitori delle risse delle feste, analizzate attentamente le vostre relazioni più strette e la vostra vita in generale. Le persone che si lasciano andare alle risse festive sono spesso infelici o insoddisfatte della loro vita e se la prendono con le famiglie. Attaccando sua madre, in realtà state attaccando il vostro compagno. Una lite con una zia o un'amica al buffet nuziale molto probabilmente significa che credete che il vostro lavoro faccia schifo e la vostra vita sia triste.

Il lungo silenzio

Litigate con il vostro migliore amico o con il familiare più vicino e poi smettete di parlarvi, a volte per anni. Di tutte le discussioni tra amici e parenti questa è la più dolorosa e spesso più logorante perché attaccate voi stessi tanto quanto l'altra persona.

Ignorare qualcuno con un ruolo così centrale nella vostra vita è una forma di abnegazione che rasenta l'autolesionismo. Nel regno animale, chi viene ignorato è lasciato da solo a badare a se stesso e quindi molto probabilmente verrà ucciso dai predatori. Quello che state facendo è un'esposizione volontaria alla selezione naturale.

Probabilmente temete l'intimità della relazione e sperate di difendervi separandovi dagli amici o dai membri della famiglia e creando di conseguenza un falso senso di vuoto per proteggervi dalla realtà.

Dietro le barriere che erigete tra voi, c'è spesso ancora molto affetto ed è solo la vostra cocciutaggine a costringervi al silenzio.

La pericolosa politica del rischio calcolato, l'ostentazione dello status e i giochetti dicono che lottate per essere onesti con voi stessi. Se queste persone non contassero davvero nulla nella vostra vita, le chiamereste ogni tanto per farvi una chiacchierata o almeno per cortesia.

Ed eccoci al rovescio della medaglia...

Dimostrazioni di affetto in pubblico

Abbracci telefonici

Avete l'abitudine di finire le telefonate ad amici e parenti con un trillante «Ti voglio beeeeene»? Questa dimostrazione di affetto può sembrare un segno di reale legame affettivo, ma per diversi motivi è diventata una formula di commiato, più che un'espressione di affetto autentico.

Se la pronunciate con voce acuta, da bambino, o la canticchiate state svelando alle persone le vostre paure anziché il vostro affetto. In realtà, pensate che se riuscite a farvi voler bene da tutti non avrete più nulla da temere.

Abbracci veri

I rituali di saluto con i vostri amici e parenti comprendono grandi abbracci prolungati? Vi salutate come se foste superstiti di una catastrofe, anche quando vi siete visti solo poche ore prima? Questo affetto con una vena di sollievo suggerisce che avete un senso esagerato del pericolo e del disastro e trovate (e date) protezione e sicurezza nelle relazioni affettive.

Amore testuale

L'invio di messaggi di testo affettuosi ad amici e parenti durante la giornata non è sintomo di mancanza di vero affetto, ma potrebbe significare che faticate a esprimerlo faccia a faccia.

Mandando il vostro amore via SMS evitate le possibili delusioni della risposta: siete voi a immaginarvi l'espressione sul suo viso quando leggerà il messaggio, quindi in un certo senso siete voi a scegliere la risposta. Può anche significare che avete poco tempo e utilizzate questo mezzo veloce per esprimere affetto senza sconvolgere la vostra giornata. Se questo è il vostro caso, forse è arrivato il momento di farvi una vita vera.

Amore di cartoncino

A volte, amici e parenti trovano più semplice esprimere il proprio affetto con un biglietto di auguri di compleanno oppure credono che questo sia l'unico modo in cui sono in grado di esprimerlo, utilizzando vezzeggiativi che compensano la loro relativa freddezza. In questo caso, in fondo siete dei romanticoni, dal momento che i bigliettini sopravvivono al mittente. La dimostrazione scritta di affetto sarà infatti l'eredità che lascerete quando non ci sarete più.

I valori, le strategie e i comportamenti dei genitori possono variare a seguito del continuo cambiamento e delle tattiche intimidatorie adottate dai figli in termini di negoziazione, persuasione e influenza. I giovani sono eccellenti negoziatori, grazie alle loro capacità di determinazione, coraggio e attenzione oltre a una totale mancanza di senso di correttezza o di rispetto delle regole. Ma ci sono alcuni rituali o valori familiari che spesso rimangono incontestati e invariati e il più forte di questi riguarda il modo in cui si sta a tavola...

Comportamenti a tavola

La vera dichiarazione dei valori familiari e della struttura gerarchica è rappresentata dal modo in cui la famiglia si comporta nella principale delle funzioni di sopravvivenza: il consumo del cibo. Come per tutti gli animali, l'istinto dei cacciatori-raccoglitori domina anche quando si va a caccia con un carrello di metallo o un menu da asporto.

Tutte le famiglie hanno i loro riti preferiti a tavola e proprio come questi riti rivelano tutto sullo status e l'ordine gerarchico nel regno animale, così il modo in cui vi ritrovate per mangiare dirà tutto su quale tipo di famiglia siete.

Il tavolo della cucina

Per la vostra famiglia il pranzo è un rituale importante e non-negoziabile. Per voi l'atto di riunirsi per mangiare conta di più del cibo in se stesso. È un comportamento idealizzato che spesso è provocato dalla sindrome del falso ricordo, nel senso che voi o il vostro partner avete una finta nostalgia per questo rito, perché da bambini molto probabilmente mangiavate davanti alla televisione. Il fatto di essere cresciuti guardando programmi come *La famiglia Bradford* vi ha inculcato l'idea del rito del pranzo a tavola e, sebbene in realtà sia necessaria la convocazione del voto parlamentare per raccogliere tutta la famiglia puntualmente a tavola e il pranzo sia consumato in mezzo a un fiume di discussioni o in un silenzio di tomba, resiste ancora l'immagine illusoria di una famiglia sorridente e impegnata in conversazioni di qualità mentre si passa il pane e il sale.

Il vostro mondo si sbriciola ogni volta che vedete un BlackBerry o un Game Boy sul tavolo e il vostro cuore si spezza quando vedete i ragazzi che divorano il cibo in modo da potersela squagliare in fretta e ritornare a giocare con la Wii. Non riescono a capire che avete sgobbato tutto il giorno per produrre qualcosa che verrà consumato in tre minuti. D'altra parte non capite che conversazioni in stile *Ricomincio da capo* del tipo:

«Cos'avete fatto a scuola oggi?»

«Niente.»

«Niente? Dovete pur aver fatto qualcosa!»

non attirano i figli nel vostro mondo idealizzato di chiacchiere e affetto.

In termini gerarchici, questa organizzazione rispecchia i valori tradizionali del maschio alfa dominante e della femmina alfa compiacente. L'uomo spesso siede a capotavola e ha il compito di fare le porzioni mentre la donna porta il cibo in tavola. Il controllo delle porzioni per i ragazzi è appannaggio del genitore/leader, e questo li porta a credere che il successo equivalga a potere e status che si ottengono con l'età.

Cibo da asporto

Questo pranzo occupa le posizioni basse nella scala gerarchica dal momento che l'intera famiglia, a prescindere dallo status, condivide cibo spazzatura che spesso viene mangiato con le mani in un atto di disobbedienza unilaterale che riporta tutti all'adolescenza. La gratificazione istantanea offerta da questi cibi implica che passate da una gratificazione all'altra e non sapete cosa sia la pianificazione strategica a lungo termine. Per diversi aspetti, il piacere di pagare gli altri per preparare e consegnare il cibo che poi mangiate in posizione semiprona davanti alla televisione suggerisce una certa illusione di grandiosità dovuta al fatto che avrete avuto dei domestici in qualche vita passata.

Per il vero cuoco, l'amore si esprime attraverso la preparazione del cibo; per il genitore da asporto l'amore si esprime permettendo ai figli di gustare alimenti che ostruiscono le arterie, squisitezze che allargano la vita e che alla lunga nuoceranno alla salute. Cosa rivela tutto ciò dello stile della vostra famiglia e del vostro modo di essere genitori? Provate a immaginarlo.

Ingozzarsi in solitudine

Ogni membro della famiglia mangia come, quando e cosa vuole. È lo stile più vicino ai primordi dell'esistenza umana quando eravamo per lo più vegetariani felici di andare in cerca del cibo, che nessuno si aspettava che condividessimo.

Questo comportamento potrebbe essere definito tollerante e anarchico solo da una società carnivora. Nutrirsi di carne voleva dire cacciare e uccidere la preda in gruppo e comportava quindi la condivisione del cibo, in una sorta di banchetto. Sedersi attorno a un tavolo a mangiare tutti insieme è una riproposizione del rito dei carnivori. La famiglia che pascola liberamente non è che un insieme di individui, più che un branco compatto, che condivide i gusti quanto il DNA.

Creativa, ma emotivamente quasi fredda, la vostra mancanza di comportamento rituale probabilmente porterà i vostri figli a inchiodare sulle sedie il sedere dei loro stessi figli intorno a un tavolo di pino, nel tentativo di rivivere gli ideali tradizionali che sono mancati durante loro adolescenza.

La grigliata

Nessun rito è mai riuscito a eguagliare così bene il banchetto di un gruppo di animali dominato dal maschio alfa come la grigliata estiva.

Con ben poche eccezioni, il cuoco maschio brandirà utensili

(e spesso indosserà il tipico cappello da chef per evidenziare il ruolo dominante) e starà in piedi vicino al fuoco sacro mentre il resto della tribù si mette in fila implorante per ricevere il cibo nel pieno rispetto delle gerarchie.

Anche il modo in cui si mangia è animalesco e implica l'uso delle mani e delle dita oppure piatti di plastica e posate inaffidabili che costringono i commensali a sentirsi ancora più servili/compiacenti mentre combattono per afferrare pezzi di carne semicruda con una forchetta di plastica curva.

Questo rito sottolinea lo status dominante del maschio che cucina e offre il cibo in cambio di favori futuri. Quando il vostro vicino si butta sull'hamburger carbonizzato sa che presto gli chiederete in prestito il tosaerba (o forse addirittura la moglie), perché è così che funziona in tutte le comunità di maschi alfa.

Mangiare fuori

Se il pranzo preferito dalla vostra famiglia è al ristorante, sarete dei tipi meno "legame affettivo" e più "prestazione e successo". Il vostro gruppo sarà caratterizzato da status e gerarchia ostentata, dal momento che mangiare fuori spesso significa vestirsi bene e pagare, quindi che nella vostra famiglia il potere è rappresentato dai soldi e dal successo professionale.

Un film intitolato *Festen - Festa in famiglia* parlava di una famiglia che si disintegrava intorno a un tavolo da pranzo. Il punto è che la struttura e la natura del "Chi paga per cosa?", che caratterizza i pranzi al ristorante della famiglia media, può portare a discussioni tali da dividere i clan per anni. Portare fuori gli anziani evidenzierà il fatto che il nonno non è più in grado di definirsi il capo famiglia da quando è il figlio o la figlia a tirare fuori la carta di credito. D'altra parte, i trend gastronomici costringeranno i più giovani a sorbirsi piatti di kebab gommoso a buon mercato e i vecchi a barcamenarsi tra semolino con lumache e calamari marinati nel tè.

Non potete scegliere la vostra famiglia, ma almeno potete scegliere gli amici. La vicinanza rappresenta spesso il fattore chiave dei processi di selezione delle amicizie, ma gli amici si scelgono a vicenda, quindi le vostre scelte erano molto più limitate di quanto pensate...

Tipo di amici

Esiste un solo un tipo di amico ed è il fedele compagno di vita pronto a condividere i momenti belli e a offrirvi una spalla su cui piangere in quelli difficili. È qualcuno che amate e di cui vi fidate, qualcuno che sapete essere sempre lì per voi perché l'amicizia è più forte dei legami di sangue e dell'attrazione sessuale... giusto?

A dire il vero, non è proprio così, anzi la realtà è molto, ma molto diversa. Se questa visione idealizzata dell'amicizia non è la perfetta descrizione delle persone con cui condividete la vostra vita, forse vale la pena di spendere qualche minuto per analizzare esattamente quale tipo di amicizia e quale tipo di amici avete davvero. Mentre le famiglie sono fatte per dare supporto affettivo e amore incondizionato e i partner sono fatti per occuparsi della sfera sessuale, il ruolo dei nostri amici può essere ambiguo e spesso del tutto opposto rispetto alle aspettative. Avete amici con cui siete sempre in guerra? O che vi hanno messo in imbarazzo in numerose occasioni? E, in caso affermativo, che cosa ci dice tutto questo dei lati profondi e oscuri della vostra psiche?

Amici in cerca di fan

Questi amici sono presenti nella vostra vita solamente perché possiate rassicurare, lusingare e lustrare il loro ego. Solitamente vi telefonano anziché farvi visita e vi vedete quando hanno appena imbiancato la cucina o sono dimagriti e hanno bisogno di una doppia dose di lusinghe faccia a faccia. Hanno la tendenza a sparire quando le cose vanno bene e a ricomparire quando hanno bisogno di aiuto o di conferme sul fatto che hanno sempre ragione e sono sempre attraenti. Da un certo punto di vista, ricoprite il ruolo dello specchio della strega cattiva in *Biancane-*

ve e i sette nani e, se non ne siete convinti, provate per una volta a contraddirli: scapperanno veloci come il vento.

Questi "amici" sono utili solo se il servizio fornito è reciproco: se la vostra relazione è a senso unico, potrebbe valere almeno la pena cercare di condividere il patto. Dopo i soliti commenti sul fatto che quel vestito non allarga il loro fondoschiena o sul fatto che il loro capo li critica solamente perché si sente minacciato, provate a sottoporre loro problemi simili e aspettate che dalle loro labbra esca qualche lusinga mielosa. Se non succede, potete porre fine all'amicizia.

Amici tossici

Sono gli amici che inquinano la vita perché sono modelli davvero pessimi che ci spingono a un'esistenza piena di tatuaggi, droghe, alcol e dissolutezza generale oppure perché tendono a dissuaderci ogni volta che vogliamo fare qualche buona azione: «Non hai bisogno di metterti a dieta, sei già abbastanza in forma. Mangia questa fetta di torta al cioccolato», o ancora «Al giorno d'oggi io non conosco più nessuno fedele al partner. Nessuno se lo aspetta più. Guarda per esempio tutti questi VIP. Il tuo partner farà comunque il marpione in giro, quindi dammi retta e dacci dentro!» e così via.

Gli amici tossici sono vostri nemici, ma sono anche il vostro alter ego, quindi se incolpate loro per le vostre scelte sbagliate, mentite a voi stessi. Se non volete andare fuori strada, dovreste sbarazzarvi di loro perché non fanno altro che limitare il vostro senso di colpa fungendo da capro espiatorio per le vostre decisioni sbagliate. Nel momento in cui li avete scelti come amici, avete scelto anche il loro stile di vita. È il momento di assumervi le vostre responsabilità e smettere di dare loro la colpa di tutto.

Amici nemici

Questi amici sono così competitivi che le vostre vite sembrano battaglie all'ultimo sangue per il successo professionale, i partner, i figli e persino il guardaroba. Sono relazioni basate su gelosia, invidia e risentimento che stancano e turbano le persone vicine a voi, costrette a prendere le vostre difese nell'ennesimo scontro. Le rotture durano decenni, ma sotto sotto il legame è molto forte. Facendo di questi amici e della vostra invidia reciproca il punto focale della vostra vita, avete trovato lo strumento giusto per darvi delle motivazioni e cercare il successo professionale e coniugale («Devo fare meglio di quella strega») e sapete che, se la relazione dovesse incrinarsi, non trovereste mai più la stessa rabbiosa energia che vi serve per dare il massimo. Trascorrendo l'intera vita in competizione con qualcuno, evitate anche lo stress necessario per scontrarvi con tutto il resto del mondo.

Amici di letto

Questi amici vi hanno assegnato un ruolo sessuale nella loro vita. Uscite insieme per raddoppiare le possibilità di cuccare, perché aggiungete qualcosa alla loro capacità di sedurre (quindi siete stati selezionati come amici per il look e non per la personalità), oppure siete stati scelti per ripiego: siete quelli con cui fare sesso durante un periodo di carestia o con cui procreare in caso di mancanza di un compagno adeguato (ricordate Jennifer Aniston in *Due cuori e una provetta*?) o addirittura con cui sposarsi quando incombe la minaccia dell'ospizio.

In queste relazioni non si fa conversazione, si tratta solo di una serie di inviti a uscire che arrivano all'ultimo minuto – quando sono stati scaricati o bidonati – oppure in occasione di una battuta di caccia perché si sa che due bionde cuccano più di una. Qualsiasi conversazione con questi amici verterà sul guardaroba o sul fatto che gli altri uomini o le altre donne sono bastardi inaffidabili.

Amici piagnoni

Questi amici vi usano per scaricare i loro problemi su di voi: la sola forma di conversazione che conoscono è il piagnisteo. Vi telefonano la sera tardi o mentre state cenando, parlano per ore e ascoltano di rado o mai. Vi vogliono bene perché siete sempre presenti, ma non riescono a capire che quando hanno scaricato su di voi tutte le preoccupazioni e le lamentele, non vi resta altro che l'esaurimento nervoso.

Amici narcisisti

I conoscenti vi scambiano sempre per fratelli o sorelle perché vi assomigliate, tendete a vestirvi nello stesso modo e addirittura vi muovete come allo specchio quando siete in giro a fare shopping. Questa sorta di clonazione – scegliere un amico o un'amica il più possibile simile a voi e diventare ambasciatori l'uno dell'altro – ci dice che amate voi stessi sopra ogni altra cosa e avete un'eccessiva considerazione di voi stessi.

Amici per osmosi

Ecco un bell'esempio di leccapiedi che vi è amico solo per il vostro profilo, il successo e il potere che esercitate. Spesso sono persone impotenti o timide che ritagliano la loro piccola base di potere semplicemente ronzandovi intorno. Per quanto egoistici possano sembrare, gli amici per osmosi vi assicurano fedeltà per proteggere i loro benefici, anzi spesso sono molto più fedeli dei "veri" amici.

A proposito di affetto, cosa possiamo scoprire riguardo ai nostri amici... dai loro migliori amici? Stiamo parlando dei loro migliori amici in assoluto (eccezion fatta, forse, per voi) ossia i loro animali domestici.

I cuccioli degli amici

Le analisi psicologiche sui rapporti con gli animali da compagnia si sprecano. L'animale potrebbe sembrare un soggetto relativamente semplice, ma il rapporto che si instaura tra l'animale e il suo padrone è estremamente interessante. È l'animaletto con cui i vostri hanno scelto di trascorrere parte della loro vita. Se pensavate che i legami tra voi e il vostro amico fossero forti, immaginatevelo mentre vi segue tutto contento con una paletta e un sacchettino di plastica. Quella creatura con il collare è molto di più che il compagno scelto dal vostro amico, è una piccola trasposizione del loro ego: la versione in miniatura del loro cuore, della loro anima e della loro personalità... il tutto avvolto in un fagottino di pelo.

Gatti

Va bene, sappiamo tutti cosa sono le gattare e sappiamo anche che le donne anziane all'improvviso sentono le necessità di essere circondate da eserciti di gatti, ma cosa dire delle ragazze che contano almeno un micino tra i loro migliori amici?

L'amante dei gatti è stata rappresentata in modo strepitoso da Holly Golightly, la protagonista di *Colazione da Tiffany*: splendida e sexy, ma fedele e affidabile quanto un gatto randagio.

Queste persone amano i gatti perché sono fieri, altezzosi e indipendenti. Un minuto prima fanno le fusa tra le vostre gambe e subito dopo si dedicano a una sadica e letale caccia al topo. Il vostro amico è divertente e affettuoso, ma raramente fedele. È qualcuno con cui trascorrere una piacevole serata, ma non sempre è la spalla ideale su cui piangere in caso di problemi.

Per i padroni dei gatti di razza queste caratteristiche devono essere moltiplicate per dieci. I gatti siamesi sono rumorosi, eleganti e richiedono attenzione, ma di rado offrono la stessa lealtà e lo stesso affetto. Potete guardare e ammirare, ma c'è qualcosa di diabolico nel loro aspetto, come se potessero staccarvi le dita a morsi durante la notte se solo ne avessero voglia. Il vostro amico è appariscente e chic, ma estremamente superficiale. Ed evitate il confronto, perché quegli artigli possono uccidere!

Conigli

Se la vostra amica ha un coniglio e ha più di dodici anni, sta facendo una dichiarazione pubblica di pazzia che voi ignorate a vostro rischio e pericolo, specialmente se il coniglio vive in appartamento. Chi possiede un coniglio è gentile, cordiale e forse ha anche il cuore spezzato. Le sue scelte sentimentali sono sbagliatissime perché si basa sulle apparenze. Vuole solo essere amata e coccolata, non ha capacità strategiche. La maggior parte dei ragazzi che vedono il coniglio al primo appuntamento scapperanno il più lontano possibile, anche a costo di correre sui vetri rotti a piedi nudi. Magari non si appiccica come una cozza ma... perché rischiare?

Cani

Tutti i padroni di cani avranno un alto senso pratico e di responsabilità, perché spesso i cani richiedono più cure dei bambini, ma potrebbero avere manie di controllo, dal momento che non si sono limitati ad acquistare un animaletto peloso ma hanno deciso di assumere il ruolo del capobranco.

Gli amici con un cane hanno acquistato amore incondizionato, quindi provate a immaginare quale grado della scala Richter sia occupato dalla loro mania di controllo. Per loro è estremamente importante che il cane gli corra incontro estatico, anche se sono usciti un attimo a comprare il giornale. Il cane è una vera e propria iniezione di egocentrismo, un segno che i vostri amici hanno bisogno di costanti rassicurazioni da tutte le relazioni, specialmente quella che hanno con voi.

Inoltre, c'è cane e cane...

Cani di taglia piccola. Questi cagnolini portati elegantemente a spasso in braccio o nella borsa sono il segno che i vostri amici sono egoisti, in cerca di attenzione e sfiorano il sadismo, dal momento che i minicani sono spesso un accessorio di moda da "indossare" per richiamare l'attenzione e l'approvazione e raddoppiare il fattore seduzione. Le donne di questo tipo sono prive di senso pratico, ma molto divertenti e vi soffieranno il vostro uomo ancora prima che ve ne accorgiate.

Cani di taglia grande. Sono veri cani che richiedono cure serie. I vostri amici saranno quindi leali e affidabili e faranno tutto il possibile per aiutarvi in caso di necessità.

Uccelli

Dar loro dei sadici non basta, perché non solo tengono delle splendide creature chiuse in gabbia con l'unica compagnia di uno specchio, ma le liberano quando andate a trovarli, così possono lasciare i loro doni sulla vostra testa come bombardieri in un raid aereo. I vostri amici manifestano una grave carenza di empatia. Se ne avessero anche solo una briciola, si accorgerebbero di quanto sia crudele tenere degli uccelli agli arresti domiciliari.

Serpenti e rettili

Il fatto che cercano di trasformare un animale domestico in un animale selvatico, dandogli un nome e personalità, vi dovrebbe suggerire qualcosa di loro. Creature di questo tipo fanno paura e attribuiscono ai padroni un certo potere, quando ve li appoggiamo attorno al collo e ve li fanno toccare per "sentire che sono caldi". Se volessimo sentire qualcosa di caldo, ci basterebbe appoggiare la mano sul termosifone senza rischiare di essere morsi, divorati o stritolati a morte. I vostri amici fanno paura, è un dato di fatto. Magari non li vedrete mentre danno da mangiare dei topi vivi al loro cucciolo, ma ricordatevi che è quello che fanno non appena ve ne andate.

Cavalli

Non sono proprio dei cucciolini, o forse sì? Di tutti gli animali più o meno da compagnia, i cavalli sono forse i più romantici e pseudosessuali e per la maggior parte delle ragazze l'amore per i cavalli sboccia lungo il percorso di crescita che va dai criceti ai maschi umani. È evidente che la vostra amica ha un insaziabile appetito sessuale. I cavalli hanno però bisogno di molte cure, quindi potrebbe anche trattarsi di una (casta) relazione che comporta più che altro conti salati. Sono persone allegre, sicure, forti e amici straordinari, ma solo se date loro una mano con il cavallo. In caso contrario sarete relegati alle posizioni più basse nella gerarchia delle priorità, dopo il cavallo e il sesso.

Ma, come recitava il poeta Philip Larkin, anche se gli amici e i parenti (o, più in particolare, i vostri genitori) possono "incasinarvi" il cervello, incontrerete altre persone con le quali avrete incontri ravvicinati particolarmente significativi. A differenza di quanto avviene con amici e genitori, avete modo di valutarle prima di lasciarle entrare nella vostra vita e nel vostro letto. Pensate di essere bravi ad analizzare la persona con cui uscite? È giunto il momento di passare al prossimo capitolo del libro.

2

Il gioco delle coppie

Finora abbiamo analizzato colleghi, familiari, vicini, amici e soci in affari per cercare di scoprire come sono fatti realmente. Ma in nessun'altra occasione di interazione con altre persone ci dedichiamo ad analisi così puntigliose come quando cerchiamo di valutare un possibile partner.

Passiamo tutti moltissimo tempo a chiederci cosa pensa di noi la possibile altra metà. E passiamo ore concentrati a scrivere email seducenti o ad assicurarci di avere un bell'aspetto prima di andare a un appuntamento. Una ricerca commissionata da un sito per incontri dimostra che spendiamo ben venti ore e nove minuti per ogni primo appuntamento, con cinque ore e trentasei minuti di preparativi, due ore di preparazione pre-appuntamento e tre ore e trenta minuti di analisi postappuntamento. Non è detto però che pensiamo a tutti gli aspetti che potrebbero svelare qualche indizio della nostra personalità alla possibile anima gemella. Per esempio, tutte le scelte che compiamo inviano importanti messaggi su come siamo: dallo stile di un biglietto di San Valentino all'intimo che scegliamo di indossare.

Quindi come potete essere certi di uscire con la persona giusta? Lo scoprirete leggendo questo capitolo che vi guiderà passo a passo lungo tutte le fasi, dal primo appuntamento alla relazione stabile.

Leggimi le labbra

Il modo in cui piegate la testa per baciare una persona quando la incontrate è indice della vostra emotività. Uno studio ha dimostrato che l'80% degli uomini e delle donne inclina la testa a destra e per i ricercatori questo è indice di sentimenti autentici. Le persone che invece piegano la testa a sinistra usano meno l'area cerebrale preposta all'emotività.

Per ottenere un lavoro occorre superare un colloquio, per fare sesso occorre andare a un appuntamento. (Non necessariamente, se si tratta di un rapporto occasionale o se siete orientati verso un rapporto duraturo.) Gli appuntamenti possono essere terribili proprio come la media dei colloqui di lavoro perché quello che conta è riuscire a fare un'ottima impressione a una persona relativamente sconosciuta, in relativamente poco tempo. La differenza è che ci guadagnerete del sesso e una relazione anziché un lavoro.

L'alcol spesso aiuta ma, dal momento che fa rilassare e smussa gli angoli della serata, può anche farvi dimenticare l'intenzione di apparire "normali" e permettervi di raccontare tutto dei venti gatti che avete salvato e di come siete stati allattati fino a nove anni.

Mentre cercate di riprendervi da questo orribile imbarazzo, ricordatevi che, proprio come ogni colloquio che si rispetti, dovete ricevere tante informazioni quante ne date. L'appuntamento non deve quindi ruotare intorno all'analisi che l'altra persona fa di voi. Dovete ascoltare con gli occhi oltre che con le orecchie. La vostra capacità di interpretare la persona con cui uscite è spesso molto più importante della capacità dell'altra persona di interpretarvi e valutarvi...

Il senso dell'umorismo

Nella società contemporanea, il senso dell'umorismo è visto come un modo per dimostrare che una persona è "normale" o addirittura affidabile: chiunque parla in pubblico si sentirà in dovere di risultare divertente.

Benché nella storia i burloni fossero definiti matti e il termine "buffone" abbia ancora oggi una connotazione spregiativa, nella società contemporanea la capacità di raccontare fatti, aneddoti ed esperienze in modo spiritoso può essere indicativa di status e potere. A un comico verrà conferito uno status elevato perché in una società "non aggressiva" come la nostra un attacco verbale può essere potente quanto un attacco fisico. Il senso dell'umorismo è anche indice di grande sessualità (questo potere ha consentito ad alcuni di raggiungere lo status alfa) e superiorità intellettuale (Oscar Wilde eccelleva in componimenti di una riga e gli bastava una battuta per dimostrare il suo spirito pungente). La rapidità di pensiero può denotare intelligenza, ma se siete dotati di spirito pungente e siete in grado di convertirlo in senso dell'umorismo, il vostro cervello vi farà fare grandi passi nella catena alimentare.

A voi la battuta

Una ricerca ha dimostrato che l'83% delle persone al primo appuntamento rimane colpita dal senso dell'umorismo. È un modo per allentare la pressione.

Dal punto di vista psicologico, le battute sono una forma di comunicazione avanzata. Spesso nell'umorismo emergono elementi di pseudoaggressione e tendenze bellicose represse, quindi non sorprende che le battute a volte scivolino nella crudeltà. Anche il modo in cui vi ponete può essere rivelatore. Occupate il centro della scena e inveite oppure annientate l'effetto delle vostre battute con forti esitazioni, finta smemoratezza o scuse reiterate?

Il burlone sarcastico

I burloni sarcastici hanno a che fare con potere, status e controllo. Le loro critiche fulminanti non sono un assalto frontale, ma colpi al fianco altrettanto fatali. In fondo sono dei codardi perché usano l'umorismo per dire cose che non avrebbero mai il coraggio di dire apertamente e sono ambigui perché possono smorzare le battute se si accorgono di essere diventati troppo pesanti: «Stavo scherzando» è una frase che usano fin troppo spesso. I burloni sarcastici credono inoltre di essere superiori agli altri perché la natura ambigua dei loro commenti confonde le vittime: solo il burlone è abbastanza intelligente da capirne il significato.

Non sono famosi per l'empatia e l'affidabilità, perché da tempo hanno sacrificato i valori della fiducia e dell'empatia sull'altare della comicità.

Il burlone prolisso

I burloni prolissi amano raccontare storie lunghe, spesso anche di un'ora, in gruppi numerosi e solitamente accompagnati da pinte di birra. Spesso il gruppo riconosce loro il ruolo di narratori quindi si sono cuciti addosso l'abito dell'antico cantastorie, con l'unica differenza che una storia con un *incipit* come «C'erano questi tre tizi...» avrà un pubblico migliore rispetto a quella che inizia con «C'era una volta...». È l'unico motivo che può spiegare la loro sopravvivenza perché tutti, burlone incluso, sanno che nessuno ama queste storielle e parte del gioco sta proprio nelle proposte e negli sguardi gelidi che le accompagnano. Parte del rito è rappresentata dal fatto che il burlone si deve far strada oltre le interruzioni e deve sfoggiare un animo battagliero, ma spesso passa per imbecille. Il burlone prolisso è l'interprete per eccellenza perché le sue storie richiedono tempo, perseveranza, una totale mancanza di imbarazzo e la capacità di esagerare. Le battute finali – così come i rifiuti di rito e la finta aggressività del pubblico, seguiti dall'accettazione forzata e unanime quando si avvicina la fine della storia – sono meno importanti della stessa performance. Per molti aspetti questo comico ama gli insulti, i rifiuti e anche l'accettazione finale. Molto probabilmente ha un passato di impopolarità e cerca di ricreare questo modello sociale nel corso della sua vita.

L'umorista di cattivo gusto

Si potrebbe scrivere un intero libro sulla psicologia dell'umorismo di cattivo gusto perché tutti attraversiamo almeno una fase della vita – di solito alle elementari – fatta di battute infelici. L'umorismo infelice trova la sua ragion d'essere nel fattore "proibito" e cerca di attaccare i soggetti che normalmente suscitano pietà o orrore. Gli eventi tragici di solito attraggono le battute di questa natura, e sono interpretabili come un modo per esorcizzarli. Quando un episodio è troppo grande, terrificante o tragico, una battuta aiuta a creare una barriera di sicurezza e a contenere la paura. Le persone che svolgono attività per cui sono regolarmente a contatto con le tragedie o l'orrore, come i servizi di emergenza, usano spesso questo tipo di umorismo per evitare di identificarsi con le vittime o di essere troppo coinvolte emotivamente.

Non c'è evento o tragedia troppo "grande" per l'umorista di cattivo gusto, anche se l'11 settembre e la morte di Lady Diana lo hanno zittito per parecchio tempo. Grazie a Internet, l'umorismo di cattivo gusto è vivo e prospero e, soprattutto, è diventato globale.

Questo tipo di umorismo si alimenta del gusto di scioccare: spesso, mentre recitano la loro battuta, questi "simpaticoni" fingono di avere paura e si coprono il viso. Da un lato amano sorprendere gli interlocutori, dall'altro esercitano il diritto di limitare la propria responsabilità con commenti come «Non posso raccontarti questa battuta che ho sentito... no è davvero di pessimo gusto...». Oppure potrebbero raccontarla con spavalderia, utilizzando l'umorismo di cattivo gusto per sembrare più duri e pericolosi del loro pubblico.

L'umorista autodenigratorio

Quando qualcuno rivolge tutte le battute verso se stesso applica un tecnica molto semplice per accattivarsi i favori degli interlocutori. Questi attacchi suicidi hanno l'intento di suscitare i complimenti del pubblico o quanto meno ispirare quel calore e quell'empatia che ci fanno accettare dagli altri. Spesso queste persone hanno realmente una scarsa autostima e percepiscono gli attacchi di autolesionismo come un mezzo per prevenire le aggressioni degli altri. Dicono quello che gli altri pensano, anticipandoli. Al contrario, possono nutrire una grande stima di sé e si sentono a proprio agio perché i commenti autodenigratori sembreranno ironici e metteranno in evidenza le loro favolose qualità.

I pagliacci

Sono i Mr Bean del mondo della comicità e usano la fisicità per far ridere. Per molti aspetti, queste persone si riveleranno le più piacevoli e generose, perché fanno divertire gli altri senza vantarsene e adottano una tecnica usata spesso dai genitori per far ridere i bambini piccoli. Questo tipo di comicità a base di smorfie, boccacce e "bu bu settete" è infatti la prima a cui siamo esposti. Sotto sotto, incute paura perché le smorfie riproducono spesso immagini sgradevoli o facce di mostri, e le risate provocate si ricollegano spesso alla paura. Non a caso, ridiamo quando ci troviamo in situazioni spaventose ma prive di pericolo reale come le montagne russe o il tunnel degli orrori. Per molti aspetti, i buffoni deformano la propria immagine per spaventare un po' e poi ritornare alla normalità e allentare la tensione nel pubblico. Per provocare la stessa reazione, il buffone si esibirà anche in vere e proprie scenette come far finta di cadere o farsi male.

La battuta di spirito

Commenti brevi e divertenti utilizzati con un tempismo perfetto sono usati dalle persone che sperano di sollevare l'umore e alleggerire la tensione, spesso nell'ambiente di lavoro. Queste persone hanno eretto difese molto solide, ma possono anche essere affascinanti e carismatiche perché il tempismo della loro battuta rivelerà spesso sicurezza e stima di sé. L'originalità del loro umorismo li tiene a distanza dal resto del gruppo, ma proprio a causa di questo umorismo ricevono approvazione e rispetto.

Lo spacciatore di doppisensi

Il doppiosenso è considerato una delle forme di spirito più basse, ispirato a un senso dell'umorismo da film di serie b e basato per lo più su una percezione infantile del sesso come malizioso o volgare. Nelle sue battute, lo spacciatore di doppisensi usa raramente la strategia o l'interpretazione e il suo numero classico consiste semplicemente in sorrisetti, risatine e battute del tipo "Ooh" o "bum bum!" dopo che qualcuno menziona casualmente parole come "scopare", "uccello" o "vengo". Ingenua e immatura, questa persona è priva di astuzia, spirito e intelletto ma, come tutti i bambini disobbedienti, può anche avere la capacità di incantare.

Scherzi da prete

Di tutti i tipi di umorismo, questo è il più strategico e forse anche il più aggressivo. Gli scherzi fatti bene richiedono pianificazione o addirittura oggetti di scena e solitamente mirano a ridicolizzare la vittima. Queste persone sono rapaci che scelgono e perseguitano la preda prima di umiliarla, spesso in pubblico. La pianificazione è spesso molto più divertente dell'esecuzione, nel senso che chi fa gli scherzi è spesso un egoista, il cui unico scopo è spassarsela. Vedere gli altri in uno stato che va dalla lieve confusione al degrado totale dev'essere ampiamente rivelatore. Ridere di una persona che scivola su una buccia di banana è scusabile, ma piazzare la buccia a bella posta rende più furbi che opportunisti. È un comportamento tipico dei mascalzoni del mondo della comicità. Machiavellici, ambigui e spesso vendicativi, usano il loro senso dell'umorismo per esercitare potere e controllo. Tutto ruota intorno all'anticipazione: osservare la vittima svolgere le sue attività quotidiane senza sapere che sta per sedersi su un cuscino per peti è una parte importante del rito. Il piacere che queste persone provano nel creare scompiglio nella quotidianità è una peculiarità che mostreranno in molti altri aspetti della loro vita.

Fatti divertenti

Essere divertenti spesso non vuol dire essere sicuri di sé. Spesso i comici professionisti sono in realtà più timidi della maggior parte delle persone.

Se l'umorismo serve per creare legami ed è sostanzialmente rivelatore, vogliamo parlare degli aspetti più fisici della persona con cui uscite? "L'abito fa il monaco" è una frase ancora attuale e niente mette in evidenza le gambe e il cavallo quanto un bel paio di jeans...

I jeans

I jeans sono l'uniforme sociale moderna essendo indossati in tutti gli angoli del pianeta da persone di ogni classe, sesso ed età. Sono nati nella città francese di Nîmes e, grazie ai marinai, sono stati portati negli Stati Uniti dove Levi Strauss li ha trasformati in quell'enorme fenomeno commerciale che conosciamo oggi. Si calcola che ogni anno vengano venduti 2,5 miliardi di jeans in tutto il mondo.

Vista la loro ampia diffusione, potreste pensare che rivelino ben poco della persona che li indossa, ma in realtà la forma e il taglio dei jeans forniscono indizi chiave sul carattere di una persona. A differenza del passato (negli anni Sessanta sarebbe stato impensabile sfoggiare qualcosa di diverso dai pantaloni a zampa d'elefante), ora c'è molta più varietà e le scelte fatte tra una vasta gamma di opzioni rivelano molti indizi sulla personalità.

Slim fit

Questi jeans dritti ed estremamente stretti sono la scelta dei bellimbusti e dei dandy, persone che non hanno paura di rischiare quando si tratta di sottolineare la loro forma. La comodità è sacrificata sull'altare della moda. Chi indossa jeans slim fit rischia grosso perché possono addirittura bloccare la circolazione del sangue, ma farà di tutto per dimostrare di essere all'avanguardia, quindi aspettatevi persone più superficiali di una bambola. Riducendo la larghezza e accentuando la lunghezza delle gambe rivelano un approccio alle relazioni simile a quello del ragno: silenziosi e viscidi, possono anche rivelarsi aggressivi, se non addirittura letali. Minimizzando le gambe (e, per gli uomini, evidenziando l'area del cavallo), queste persone lasciano intendere che "fanno l'amore e non la guerra", ma possono essere letali con le parole anche senza sfoderare i pugni.

A zampa d'elefante

Chi sceglie i jeans a zampa d'elefante ha ancora quel senso molto hippy di irresponsabilità, soprattutto se si tratta di neofiti di questo modello perché non li abbinano alle scarpe con la zeppa, quindi li trascinano nello sporco, nel fango e nelle pozzanghere tanto che dopo una mezz'oretta di cammino molto probabilmente saranno lisi sull'orlo. Chi li indossa è felice di essere sporco e ama adottare un'aria capricciosa del tutto artificiale. Evidenziando l'area dei piedi e minimizzando l'altezza della coscia, queste persone saranno amanti spericolati, con quel tocco di ribellione testarda se si sentono soffocate.

A gamba larga

Chi indossa i jeans a gamba larga non ha molte pretese e ha una vita un po' piatta: mangia, beve e parla senza nessuna strategia o consapevolezza. La totale mancanza di considerazione per la sessualità che coinvolge la metà inferiore del loro corpo suggerisce una carica sessuale vaga e occasionale e il disinteresse quasi totale ad apparire seducenti.

Classici

Sono persone affidabili e iniziano le relazioni con lo scopo di farle durare, ma hanno sufficienti capacità assertive per andarsene se non funziona. Dotate di senso pratico e solitamente responsabili, queste persone non lasciano le cose a metà e hanno una grande avversione verso i superficiali e gli inaffidabili. Possono essere persone abitudinarie con forti legami familiari e valori radicati. Brave nelle cose manuali, amano sporcarsi le mani invece di filosofeggiare.

Senza forma

Di solito li indossano persone di una certa età che amano rivestire gambe e sedere del prestigio dei jeans, ma hanno passato da tempo l'età in cui riuscivano a tollerare il fastidio di modelli più trendy e aderenti. I loro figli ridono di questo look con il sedere a sacco, ma chi li indossa è semplicemente felice di portare quello che viene definito un capo "giovane".

Se indossare il tipo sbagliato di jeans può non fare la differenza, analizzate le semplici attività quotidiane perché sveleranno tutto sull'approccio verso funzioni ancora più basilari, come per esempio il sesso. Freud non ha espresso alcuna opinione riguardo ai jeans, ma siamo sicuri che si sarà sicuramente divertito ad analizzare il modo in cui mangiamo...

Il comportamento a tavola (lui)

È impossibile ignorare il collegamento tra i piaceri sensuali della gola e il sesso, a maggior ragione se si tratta di osservare un maschio intento a infilare qualcosa in un orifizio. Per le donne, l'analisi è abbastanza semplice: se mangia volentieri e con gusto, molto probabilmente avrà lo stesso entusiasmo anche a letto, mentre se è schizzinosa e difficile molto probabilmente non ci darà dentro come un coniglio. Se invece si abboffa fino all'ultimo, non ha intenzione di fare sesso, perché il sesso a stomaco troppo pieno si registra solo dopo che una donna è sposata da più di un anno.

Per gli uomini (e in forma minore per le donne) quindi, il cibo e il sesso sono due desideri fondamentali e connessi alla nostra evoluzione, e uniscono la necessità al piacere. Il modo in cui lui unisce gratificazione e tecnica è molto indicativo di come si comporterà a letto. Vi sorprende quindi che i primi appuntamenti spesso implichino una cena in un localino intimo, con un piccolo tavolo per due che vi farà stare faccia a faccia controllando ogni boccone? Ebbene, questo è il modo moderno di valutare la compatibilità sessuale. Ci sono persone che si lanciano prima sul boccone migliore, mentre altre lo lasciano per ultimo; alcune ingoiano il cibo, mentre altre lo stuzzicano giocherellando come un gatto con il topo.

Se avete mai riflettuto sul motivo per cui siete rimaste schifate dalla voracità con cui si ingozza o vi siete eccitate dalla maestria con cui maneggia le ostriche, ecco alcune spiegazioni...

L'estimatore della gratificazione istantanea

Gli estimatori della gratificazione istantanea sono ingordi e carenti dal punto di vista tecnico e applicheranno lo stesso schema alla loro vita sessuale. Attaccano il cibo mangiando in fretta e senza alcuna strategia apparente. Vogliono quello che vedono e mentre mangiano guardano cosa ordinare dopo o cosa potreste avanzare sul piatto.

Queste persone saranno appagate da una sveltina, ma se siete fortunate potreste fare il bis. Preferiscono la quantità alla qualità e per quanto riguarda la tecnica, la prima regola è spegnere la luce. Possono fare degli apprezzamenti esagerati e saranno facilmente appagati dalle vostre tecniche e dal vostro stile. Hanno la tendenza a essere opportunisti, ma sono amanti fedeli, perché le altre donne hanno la tendenza a respingerli regolarmente. Quanto più animaleschi a tavola, tanto più animaleschi a letto: diretti, veloci e sbadati.

Il selettore

Se si fa strada nel piatto con cautela e borbotta, siamo di fronte a un amante difficile, con una scarsa carica sessuale. Se è schifato dalle verdure troppo cotte, sarà ugualmente schifato da brufoli, odori e peli superflui: aspettatevi di dedicare molta cura al vostro corpo per avere in cambio molto poco.

Il maniaco delle allergie

Se inizia a enumerare una lunga lista di intolleranze alimentari, potete prendere il selettore (vedi sopra) e quadruplicare la sua mancanza di interesse e il suo scarso entusiasmo per il sesso. La sua ipocondria lo seguirà in camera da letto, così come anche il suo assoluto egocentrismo. Molto probabilmente avrà problemi a impegnarsi emotivamente o a lasciarsi andare, quindi aspettatevi una tecnica molto ben coreografata, ma con scarse sorprese o fuochi d'artificio.

Il ghiottone

Imburra e mangia il pane prima che sia servita la prima portata e ne chiede altro prima della seconda. Sceglie cibi costosi come filetto o pesce ma li accompagna con patatine anziché con un'insalata. I ghiottoni sono il non plus ultra in termini di partner sessuali disinibiti. Ci danno dentro con impeto lasciando letti spaccati e stanze d'albergo distrutte. Amano il cibo proprio come amano la vita e il sesso. Aspettatevi una seduzione energica e rumorosa, ma per niente sofisticata.

Il buongustaio

Quest'uomo sa come muoversi ed è contento di insegnarvi qualcosa in fatto di cibo. Il suo modo di mangiare è attento ed esperto e gusta ogni boccone con intensità.

I buongustai sono gli amanti più seducenti ed esperti, che aggiungono tecniche ed esperienze note a numeri totalmente nuovi. Si riveleranno affascinanti e premurosi, forse anche maturi, ma aspettatevi una lunga lista di amanti passate e forse anche presenti.

Il pianificatore

Mangia seguendo un ordine piuttosto attento e coreografato, facendo poca confusione e finendo tutto ciò che ha nel piatto. Tenderà a organizzare il cibo, spostandolo per formare mucchietti o segmenti prima di mangiarlo. Il pianificatore è un pensatore strategico e metodico che finisce sempre ciò che ha iniziato, anche se l'entusiasmo lo abbandona a metà. Se siete in cerca di una relazione duratura, potrebbe rivelarsi una scelta ragionevolmente buona. Potrebbe però essere un maniaco del controllo visto che ama le cose "giuste", ovviamente dal suo punto di vista. Se il fatto di raddrizzare le posate, mettere in ordine e disporre il cibo in mucchietti scivola nel rituale, potrebbe essere anche ossessivo-compulsivo, ma potrà rivelarsi una buona scelta se dovete pulire o mettere a posto casa. Che cosa c'è che non va?

L'intrattenitore

A quest'uomo piace giocare con il cibo ed esibirsi a tavola: fa giochi di prestigio con le posate, fa ruotare i bicchieri, agita le bottiglie di champagne e usa i sottobicchieri come frisbee. Si lancerà le noccioline in bocca, schiaccerà le palline di pane e userà il tovagliolo per creare origami. L'intrattenitore è pieno di ansie, ma ama essere al centro dell'attenzione. Tutto questo esibizionismo gli fa salire la pressione e può rivelarsi formidabile a letto, se non a tratti un po' ansioso. Il fatto di giocare con il cibo è in parte comportamento alfa e in parte desiderio infantile di piacere.

Il samaritano

Questo tipo ama condividere il cibo, ordina piatti per due e dolci con due forchettine, vi offre patatine, carne e frutti di mare per farveli assaggiare. È un ragazzo che ama la famiglia, ha un cuore grande ed è molto generoso. Rappresenta il cacciatore tradizionale che procura il cibo che tutto il branco potrà condividere e gustare e la condivisione rinforza il suo status. Arriva anche a sedurre con il cibo, perché porgere una patatina con le dita o un boccone sulla forchetta affinché l'altra persona possa mordicchiarlo è il più freudiano dei comportamenti a tavola. In camera da letto aspettatevi un incontro di menti oltre che di corpi.

Il contacalorie

Eviterà i carboidrati, ordinerà un pranzo a basso contenuto di grassi e controllerà per vedere se il mirtillo nel cocktail di vodka può essere incluso in uno dei suoi "cinque al giorno". Benché sia giusto mangiare in modo salutare e tenere d'occhio il peso, gli uomini che ossessionati da ciò non si rivelano grandi amanti, perché se hai paura del cibo, hai paura anche del sesso. Potrete sperare in una buona performance in camera da letto solo dopo che gli avrete svelato quante calorie si bruciano durante l'orgasmo. Noioso e narcisistico.

Il comportamento al ristorante si concentra su determinati riti che implicano il consumo prolungato del cibo insieme all'uso delle posate, ma viviamo in un'epoca che soddisfa anche chi ama mangiare con le mani e preferisce metodi più animaleschi per divorare la preda. Il cibo da asporto si avvicina molto di più alla psiche del cacciatore-predatore, quindi sventrare a mani nude una pizza e rivisitare il mattino seguente gli avanzi nel frigorifero rivelerà ancora più dettagli di lui o di lei, in termine di istinti evolutivi fondamentali.

Il cibo da asporto preferito

Occorre innanzitutto premettere che chi frequenta regolarmente i fast food ama la gratificazione istantanea, soprattutto se aspetta davanti al microonde finché non suona il timer. Ma non tutti i cibi da asporto sono caratterizzati dalla rapidità di consumo. Alcuni potrebbero anche rivelarsi una buona scelta per una relazione lunga e appagante, soprattutto se vi piace il ragazzo delle consegne a domicilio...

Pizza

Con la sua rotondità e le chiazze rosse o rosa, ci ricorda la faccia brufolosa di un adolescente. Chi ama la pizza afferma inconsciamente di essere a suo agio con la mentalità da studente.

L'amante della pizza però rivela una piccola vena di senso del potere determinata dalla preferenza per la consegna a domicilio. Oltre ad amare la pizza, adora anche le regole che governano il servizio. («I tuoi tre secondi e mezzo di ritardo mi danno il diritto a una pizza gratis. Non mi interessa se sei caduto con lo scooter e ti sei rotto la clavicola.»)

Inoltre la dimensione della pizza evoca altri segnali di potere, competitività e supremazia: non a caso viene consegnata in un cartone che è tenuto alto come se fosse un piatto da servire a un re.

C'è un accenno di condivisione e socievolezza, ma è per lo più fittizio perché, a differenza di tutte le pubblicità che propongono la divisione in "una fetta a testa", il desiderio di chi sceglie la pizza è sbafarsela tutta intera. Non solo, c'è anche un certo gusto per gli avanzi freddi per assicurarsi (in vero stile da branco) di non lasciare nulla per il giorno seguente. Queste persone avranno buoni e solidi valori di famiglia, ma fate attenzione agli interessi personali che sono sempre in agguato. Chiedete di farvi assaggiare la loro pizza e osservate il linguaggio del corpo. Potranno fingere di non avere problemi a condividere, ma in realtà esprimono rabbia e risentimento.

Hamburger

I consumatori di hamburger amano muoversi in gruppo, ma quando si tratta di mangiare fuori sono contenti di integrarsi con la maggioranza della popolazione. Non sono alla ricerca della comodità fisica (i locali dove si consumano hamburger sono noti per la loro scomodità), ma sono gratificati dal "comfort" emotivo. Ordinando spesso le stesse cose da quello che è solitamente un menu standard, compensano la mancanza di fiducia e autostima. Sono abbastanza allegri in superficie, ma in realtà odiano i cambiamenti e non hanno la minima idea di cosa siano il romanticismo, la creatività, il gioco delle parti o la strategia. "Quello che vedi è quello che ottieni", quindi non sprecate il vostro tempo alla ricerca di lati nascosti.

Kebab

Conosciamo tutti la formula del kebab: si esce, ci si ubriaca, si è assaliti dalla fame, si mangia un kebab e lo si vomita sul marciapiede. Le persone che mangiano regolarmente kebab apprezzano i rituali, anche se non ne ricavano un beneficio diretto. Sanno dove porterà la serata e conoscono bene i rischi del loro comportamento, ma il sistema di circuiti cerebrali che ha a che fare con il cambiamento di abitudini è in qualche modo sconnesso. Passano la vita sbandando da un bisogno fondamentale a un altro o da un desiderio a un altro senza reale pianificazione e senza obiettivi a lungo termine. Il loto motto è: "Si fa così". Per uscire con persone di questo tipo dovrete essere molto tolleranti e non fare commenti.

Cibi esotici speziati

Per queste persone ci sono momenti nella vita in cui andrà bene solo il meglio e per loro "il meglio" sono gli estremi. A letto compensano la mancanza di tecnica con l'entusiasmo e l'energia, perché superano ogni ostacolo per ottenere ciò che vogliono. Il loro unico problema è la noia: una volta raggiunto l'obiettivo, il giorno dopo finiscono spesso per rimpiangere la scelta fatta.

Cucina cinese/thai

I sapori più delicati e l'uso delle bacchette rivelano che queste persone amano il lusso e una gratificazione ritardata a letto. Adorano assaporare il piacere invece di godere in fretta, amano pianificare e badare ai dettagli. Amano correre rischi (in alcuni piatti si nasconde del peperoncino) e a volte possono essere ambigui o manipolatori.

Cucina messicana

Questo cibo è servito con un sottofondo di musica alta, colori vivaci e sbornie a base di tequila. Gli appassionati di locali messicani sono socievoli e divertenti, lavorano sodo e giocano duro. Sono persone sicure di sé ed estroverse, ma anche un po' esibizioniste.

La portata principale risponde ai bisogni della fame, ma il dolce, il budino o qualsiasi altro dessert arriva quando la fame è stata placata e rappresenta una gratificazione. Se lui o lei inizia a divorare con gli occhi il carrello dei dolci...

Il dolce preferito

Avete finito di mangiare, siete sazi, ma il cameriere porta un menu più piccolo e ve lo piazza proprio sotto il naso. La scelta del dessert svelerà molto di più di voi di quanto non abbia fatto l'antipasto o la portata principale. È il momento in cui vi lasciate andare all'appagamento dopo avere soddisfatto la fame. È un piacere segreto che rimanda alla infanzia. C'è qualcosa di estremamente sensuale anche nel dolce. Osservate le battute e i riti del linguaggio del corpo che sono una parte essenziale del processo. Innanzitutto ci sono dei segnali discreti e l'allettamento luciferino da parte del cameriere che vi porge la lista dei dolci. Sentite il bisogno di fargli sapere che siete adulti e siete sazi e dite «la ringrazio, meglio di no», rinunciando al millefoglie. Il cameriere cercherà di insistere. Se allontanate la lista, ve la ridarà o vi dirà semplicemente «la lascio qui, nel caso cambiaste idea». Ma questa volta la vostra espressione inizia a dare segni di cedimento. Con un gemito e una smorfia, prendete in mano il menu e lo passate in rassegna con lo sguardo, non si sa mai. Quando il cameriere ritorna accennando a un sorriso, i suoi segnali di accondiscendenza verranno corrisposti. Alzate timidamente lo sguardo, fate una smorfia di disapprovazione e sbattete le ciglia. Avete soffocato la precedente risoluzione adulta e, proprio come dei bambini, scaricate a qualcun altro la responsabilità della decisione. Ordinate il dolce, il cameriere vi porta due cucchiaini e prima di rendervene conto vi ritrovate in pieno orgasmo da dessert mentre spingete in gola bocconi di mousse al cioccolato mugolando come Meg Ryan in *Harry ti presento Sally*.

Il tiramisù

Ha il sapore delle comodità dell'infanzia perché il tiramisù era il piatto di punta della vostra giovinezza e ancora lo vedete come ricompensa nell'età adulta. Era un regalo da parte di vostra madre, quindi è indice del bisogno di approvazione materna. Gli amanti del tiramisù sono anche dei sostenitori della gratificazione ritardata in camera da letto. Sotto tutta quella crema al mascarpone giace il pan di Spagna imbevuto nel caffé, quindi saranno felici di scavare a fondo per ottenere la vera ricompensa da una relazione.

Cheesecake

È una torta un po' dolce e un po' salata, che rimanda a una personalità sofisticata e poco appariscente, ma indica anche una persona di successo la cui apparente disinvoltura nasconde un alto livello di competitività. È una torta non troppo dolce, quindi implica che queste persone amano la struttura e l'ordine.

Gelato o sorbetto

Volendo rinfrescare la bocca alla fine del pasto, questa persona dimostra di avere quasi una sorta di disgusto verso il sesso "sporco", magari lo farà anche, ma subito dopo dovrà pulirsi. Se si tratta di sorbetto (in particolare al limone) o di gelato alla vaniglia, questa persona prova enormi sensi di colpa all'idea di lasciarsi andare e divertirsi. Se ordina altri gusti di gelato, potrebbe avere meno inibizioni.

Frutta fresca

È il dessert del primo della classe. Questi ipocriti salutisti amano far sentire in colpa la persona con cui mangiano, quando affonda la forchetta in strati di crema e meringa, mentre loro hanno davanti una fetta di anguria. È più una questione di controllo che di vera fame. Usano la loro capacità di dire di no come un segno di autocontrollo e di status.

Mousse al cioccolato

Gli amanti del cioccolato si battono per ogni atomo di piacere che la vita concede loro. Mentre gli altri amano i piaceri infantili dati da un boccone di panna, gli amanti del dolce al cioccolato hanno bisogno di panna, zucchero, cocco, grassi, caffeina e tutta la carica di endorfine che il buon cioccolato può offrire e non importa se gli altri li vedono mentre assecondano il piacere. Chi sceglie la mousse al cioccolato probabilmente è incline alle dipendenze e coglie il proprio piacere come e quando ne ha l'occasione, senza badare alle conseguenze a lungo termine. Felici? Eccome! Ma solo se alzano il gomito con gli amici. I mangiatori di cioccolato solitari sono tutta un'altra storia. Se ne stanno nel loro monolocale e trangugiano dolci al cioccolato servendosi di un mestolo, sono dei maniaci depressivi che ricordano ancora con le lacrime agli occhi di essere stati scaricati via SMS nel 2001.

Carrello dei formaggi

Ordinare l'assortimento di formaggi è un po' come iniziare nuovamente il pasto, dal momento che l'offerta è spesso raffinata e richiede lo stesso grado di competenze e capacità decisionali delle portate principali. Mentre la maggior parte delle persone è felice di rilassare la mente e il corpo e di venire sedotta da un dessert zuccheroso, gli amanti del formaggio hanno ancora pienamente sotto controllo il loro destino e riempiranno il cameriere di domande sugli ingredienti, la stagionatura e la provenienza, contestando il contorno di grissini e focaccine. Si tratta di persone in costante stato di allerta che non si lasciano mai realmente andare e vorrebbero controllare il mondo. Se volete conoscere il loro atteggiamento nei confronti del sesso, vi basterà guardare il modo in cui agitano il gambo di sedano floscio prima di morderlo.

Una delle prime strategie nel gioco della seduzione consiste nel mangiare insieme per sedursi l'un l'altra. Ma, dopo la fase del «Ti va di salire per un caffè?», procediamo verso altri tratti che possono aiutarci a capire se il nuovo partner può meritare il nostro affetto nel lungo periodo.

La playlist dell'iPod

Parlare dei gusti musicali può rappresentare un intenso rituale affettivo, soprattutto all'inizio di una relazione. Se vi piace quello che piace all'altra persona, avete buone possibilità di andare avanti. Ma siete in grado di capire qualcosa in più? C'è un modo per capire come sono realmente fatti gli altri, sapendo che sono fan di James Brown o appassionati di heavy metal?

Se volete farvi un'idea del carattere di una persona, sbirciate il suo lettore mp3. I moderni strumenti per ascoltare la musica (persino il Papa ne ha uno) sono una finestra sull'anima.

L'iPod è davvero un "io" Pod. L'iPod, o il lettore mp3, rappresenta un piccolo mondo intimo e personale. Un iPod vi dà la possibilità di prendere le distanze da un mondo di messaggi confusi e rutilanti e di crearvi un rifugio perfetto. Con l'iPod non siete costretti a interagire con il mondo esterno, se non lo volete. Questo significa che, a differenza della scelta di andare a vedere un concerto o ascoltare un CD a casa di amici o della persona amata, la playlist dell'iPod rivela molto della personalità più nascosta di un individuo.

Ma cosa traspare di voi o del vostro partner potenziale?

Pop

Felice, senza pretese e divertente, questa persona canticchierà il successo del momento senza il timore di sembrare convenzionale o banale. Sincera, ma non intellettuale (a meno che ovviamente non faccia dell'ironia sul fatto di amare i Take That).

Classica

Qualcuno i cui forti sentimenti di autostima possono rasentare la superiorità e la compiacenza. Gli amanti della musica classica hanno già uno stile di vita pacato o hanno bisogno della musica classica per raggiungere un'oasi di quiete nel caos. Anche classici emozionanti come Wagner presenteranno solo una forma misurata di eccitazione, a differenza dei ritmi più scatenati di generi musicali più moderni che tendono a essere composti per far ballare e scatenare le persone.

La maggior parte della musica classica... è un classico, e i suoi amanti rifuggono dai cambiamenti. Inoltre, la loro curiosità intellettuale permette di comprendere e "conquistare" rapidamente un brano, senza la scocciatura di impararne di nuovi ogni due per tre. Ambiscono quindi a essere i signori del maniero, senza scosse né sorprese e apprezzano il valore di ciò che è familiare.

Indie

Gli amanti della musica indie sono gratificati dall'idea di appartenere a un gruppo esclusivo, nonostante il fatto che questo genere musicale venda un'infinità di dischi e ai concerti si radunino masse di persone. Apprezzando la musica indie, godono sia dei benefici della solitudine, sia della comodità di un vasto gruppo, e questo li rende davvero poco ribelli. Odiano essere dati per scontati o essere spinti a impegnarsi, ma il loro enorme desiderio infantile di piacere ed essere amati significa che alla fine tornano sempre, con in mano il loro berretto di lana.

Rock 'n' roll

Gli amanti del rock 'n' roll hanno un background storico di ribellione. Dato che dagli anni Cinquanta questo genere non ha più dominato le scene, sono persone leali, ma a tratti testarde e con un desiderio schiacciante di dimostrare a se stesse che hanno ragione su tutto. Se negli anni hanno giocato con il punk, potranno avere una vena realmente aggressiva, ma i puristi non dovrebbero creare scompiglio e spesso staranno sulle loro, solitamente in attesa che al campeggio si liberi una piazzola vista mare.

Heavy metal

Le persone che amano l'heavy metal solitamente amano anche Second Life, spesso fanno un lavoro monotono e noioso e usano l'immagine da ribelli rockettari dell'alter ego per trovare un rimedio alla noia. Sia uomini che donne probabilmente hanno il mito del machismo, ma nonostante le apparenze rudi, nascondono spesso un animo sensibile, tanto che le prese in giro o le critiche potranno costringerli in ginocchio.

Rap

In questo caso abbiamo a che fare con un esibizionista, ma la fatica che fa per ricevere attenzioni può essere sprecata perché abiti e look lo confondono con il gruppo. In sostanza, per l'amante del rap il desiderio di approvazione e di identità con il gruppo ha la meglio sull'affermazione personale. Il fatto che pochi rapper cantino davvero significa che l'amante del genere ha pretese di gloria: sa che se c'è un microfono in cui sputare e riesce a imitare con la voce i suoni della batteria può sognare di sfondare, nonostante sia stonato come la classica campana.

Disco

Sexy, indulgenti, ma potenzialmente pericolosi, sono persone da gratificazione istantanea, che pensano sempre alla quantità invece che alla qualità. Probabilmente hanno uno stile di vita usa e getta e la loro principale preoccupazione sono le vacanze.

Jazz

Vivono nel regno dell'arroganza, sono elitari e intelligentissimi. Sanno riconoscere una melodia in un caos di note. Gli amanti del jazz sono persone da gratificazione ritardata e soffriranno per la loro arte. Il jazz è un tipo di musica che bisogna imparare ad apprezzare e la superiorità di queste persone è data dal fatto che si sono impegnate per imparare oppure sono solo dei bravi attori e sanno recitare bene. E molto probabilmente avranno anche una certa età.

Soul

Suadenti e cordiali, con una leggera tendenza alla depressione, queste persone scelgono la qualità e la classe invece di seguire le mode e i grandi successi. Amano uscire e sono socievoli, preferiscono addirittura le uscite di gruppo, anziché andare a caccia da soli.

Opera

Una garanzia delle persone che amano l'opera è senza dubbio la capacità di guardare oltre la comicità involontaria perché non ridono a crepapelle quando una donna di duecento chili si strugge d'amore e muore di fame in una soffitta. Sono un po' pazze, sempre alla ricerca di picchi di creatività bizzarra e si atteggiano per avere successo. Probabilmente sono anche ricche perché i biglietti per l'opera di solito sono molto cari.

Musical

Romantiche, barocche, estroverse, e contrastate. Queste persone vogliono che i loro successi sessuali siano frequenti, intensi e fantasiosi.

Avete curiosato nella playlist dell'iPod mentre l'altra persona preparava il caffè e non ve la siete data a gambe nonostante il cofanetto triplo de *I suoni del flauto di Pan*. La mossa successiva è andare in bagno e ficcare il naso nel luogo più significativo di tutta la casa...

L'armadietto del bagno

In uno sketch inglese di anni fa, un personaggio ficcava il naso nell'armadietto del bagno del suo ospite, sostenendo che fosse il modo migliore per scoprire tutto di una persona. E aveva pienamente ragione. Quando si tratta di indagare la psiche della persona con cui uscite, l'armadietto del bagno presenta due vantaggi fondamentali: primo, è l'indagine più intima che potete fare per ottenere le referenze su una persona e sul suo stato di salute; secondo, è custodito dentro il bagno quindi potete svolgere la vostra indagine con la porta chiusa a chiave. Ma ricordatevi che l'esame dell'armadietto richiede un po' di tempo, quindi evitate di scusarvi per andare al bagno altrimenti darete all'altra persona l'idea di quello che state facendo trascorsi i primi cinque minuti. Spiegate in anticipo il motivo della vostra assenza dicendo che andate a rifarvi il trucco (i ragazzi di solito non hanno la minima idea di cosa questo comporti) o che avete bisogno di controllare le lenti a contatto (se siete colti in flagrante potete sempre dire che stavate cercando una soluzione per le lenti o del collirio).

Il fanatico olistico

Sembra di essere in un'erboristeria cinese, o quanto meno di trovarsi nell'angolo degli ipocondriaci del negozio di alimenti naturali. Ci sono preparati alle erbe, oli per massaggi, unguenti lenitivi oltre a strumenti e utensili che avete visto solo tra le mani di un maniscalco.

Che cosa indica. Sono persone calme e con i piedi per terra, con una sottilissima vena di ipocondria isterica e manie di egocentrismo. Traboccano di valori e principi, ma mancano di fiducia e hanno problemi con l'autorità. Approfondiscono lo studio della salute fino a sfiorare l'ossessione, quindi la ricerca di "cure" per i mali della vita potrebbe rasentare il narcisismo oppure, nel migliore dei casi, un'eccessiva preoccupazione per il loro benessere. E sì, c'è una punta di stregoneria in questi casi, per cui andate alla ricerca di cristalli e libri sul Feng Shui se non amate le questioni spirituali.

Il maniaco salutista

Ci sono tutti i più moderni toccasana, inclusi abbronzanti spray, costose vitamine e kit per sbiancare i denti. Tutto è molto all'avanguardia e costoso.

Che cosa indica. Sono fanatici salutisti alla moda, quindi combineranno programmi di disintossicazione con l'abitudine di fumare dodici sigarette al giorno o regimi di fitness con bevute colossali. Queste persone guardano allo stile più che alla sostanza e quindi saranno una vivace miscela di contraddizioni e convinzioni incerte. Sono persone con cui condividere un divertimento superficiale, ma poco fedeli e leali in una relazione. Sono fissati con l'immagine e se volete avere un secondo appuntamento dovrete fare una buona impressione sui loro amici.

L'accaparratore di medicine

Troverete un tale assortimento di pastiglie, medicinali e creme perché l'accaparratore non butta niente, neanche i farmaci. Insieme a unguenti contro le punture delle api, inalatori e creme antisettiche troverete anche vecchie garze, siringhe e cerotti.

Che cosa indica. Sono persone prudenti, caute e molto pessimiste. Tutto il brutto che gli è toccato nella loro vita è stato chiuso nel bagaglio emotivo che si portano dietro. Se sono usciti nel 1996 con una persona che li ha traditi, cercheranno anche il minimo segnale di allarme nel timore che possiate comportarvi allo stesso modo. L'incetta di farmaci serve a tenere lontano lo stress e dare un senso di continuità per sopportare il cambiamento incessante. Queste persone credono nel fato e nella fortuna più che nell'azione e nel controllo. Sanno per certo che quando butteranno via il vecchio inalatore avranno un attacco di asma.

L'accaparratore di sesso

Queste persone avranno un buon numero di medicinali e prodotti per la cura della persona, ma, nascosti tra creme idratanti, deodoranti e pinzette, troverete oggetti che normalmente ci si aspetterebbe di trovare nell'armadietto del sesso opposto.

Che cosa indica. Controllate la posizione di questi oggetti e stimate da quanto tempo possono trovarsi sugli scaffali. Se sono abbastanza freschi, parzialmente usati e nascosti con aria colpevole dietro ai prodotti della persona con cui uscite, potete star certi che hanno già parlato di matrimonio o forse si sono anche già sposati (vi state chiedendo perché una persona sposata vuole rischiare di invitarvi a casa? Cercate creme abbronzanti, idratanti o deodoranti: forse la dolce metà sarà in viaggio di lavoro). Se i prodotti sembrano poco allettanti e vecchi, il vostro partner potenziale conserva il ricordo dell'ultimo addio. Ciò significa che queste persone potranno innamorarsi a oltranza, ma non essere in grado di tirare avanti una volta che è finita. Difficilmente riescono a voltare pagina e vi ritroverete a ereditare più fantasmi della protagonista di *Rebecca, la prima moglie.* Se trovate una serie di prodotti abbastanza nuovi per lo più per la cura del corpo, si tratta di un traditore seriale. Se i prodotti sono ancora nelle loro confezioni originali e ancora intatti, fate attenzione. Chi comprerebbe a una persona con cui esce per il primo appuntamento la stessa gamma di prodotti per la notte "perché non si sa mai"? Avete di fronte un maniaco, quindi non lasciate che si metta tra voi e l'uscita.

L'opportunista

Questo armadietto dei medicinali è invaso da prodotti e oggetti legati al sesso: lubrificanti intimi, preservativi, vibratori e quant'altro e dalla loro disposizione potete dedurne la frequenza d'uso.

Che cosa indica. Queste persone chiaramente vedono il sesso come una priorità assoluta, ma si divertiranno davvero? Il loro armadietto fa pensare che la camera da letto sia un po' come una zona di guerra. Prendono sul serio il sesso, ma non le loro emozioni. Stanno cercando una relazione? Il loro unico desiderio di continuità riguarda il sesso. Dopo aver passato in rassegna tutte le posizioni e valutato se potete aggiungere qualcosa al loro repertorio, potrebbero lasciarvi su due piedi. Un vero amante o un romantico avrebbero nascosto tutto questo armamentario.

Il pessimista del sesso

Questo armadietto contiene una spaventosa scorta di attrezzature pseudosessuali come contenitori enormi di assorbenti interni, creme per le emorroidi, medicinali per la candida e test di gravidanza, oltre a prodotti per la cura del corpo come kit per la ceretta, decoloranti per la zona bikini, creme per i piedi e spray fungicida.

Che cosa indica. Tutti questi riferimenti al pericolo e alla vera e propria iella suggeriscono un approccio entusiastico verso le relazioni, sensibilità o timidezza? Questa donna è così fissata sulle sue ferite di guerra da aver sviluppato un certo stoicismo venato da pessimismo: aspettatevi notti di amore e passione seguite da litri di succo di mirtillo e da un appuntamento dal medico di famiglia, (non si sa mai). È coraggiosa, ma realistica e vede il sesso come un atto finalizzato alla riproduzione più che al piacere.

Il naturalista

È l'armadietto più disgustoso con barattoli aperti e oggetti in bella vista. Potrete trovare peli nel barattolo di vaselina, rimasugli di crema che escono dai tubetti, avanzi e tracce di dentifricio sulla confezione del filo interdentale, collutorio parzialmente evaporato e flaconi di deodorante vuoti capovolti per far uscire le ultime gocce.

Che cosa indica. Queste persone amano la gratificazione istantanea, non sanno elaborare strategie a lungo termine e non perdono tempo a riflettere sulla reale connessione tra il loro comportamento e le conseguenze che ne derivano. Dedicano tempo ed energie alla carriera o anche alla vita sentimentale, ma può essere che non ne abbiano una vera e propria. La trascuratezza può essere una trappola per persone amorevoli, ben intenzionate ad accostarsi a questa vita alternativa per darle una ripulita. Se vi affascina l'idea di trasformare il vostro partner proseguite la relazione, ma ricordate che difficilmente avrete successo.

L'amante delle marche

Il suo armadietto del bagno è l'equivalente di una patinata rivista di moda: pieno di profumi costosi, prodotti e cosmetici di stilisti famosi, tutti abbinati e disposti in modo da sfoggiare la marca.

Che cosa indica. Questi perfezionisti anali hanno standard elevati e forse livelli di stress altrettanto elevati. Amano la vita e fanno di tutto per ottenere l'approvazione, ma questo desiderio di conformità non fa di loro dei facili avversari. Ricercano l'approvazione degli altri ma non sono ben disposti verso il prossimo; un rapporto con loro (e i loro standard elevati) può essere complicato.

La barriera contro le inondazioni

Questo armadietto è pieno di prodotti connessi in qualche modo con il contenimento delle forze della natura: prodotti forti per la depilazione, tinte contro i capelli bianchi, lenti a contatto colorate, tagliapeli per naso, prodotti dietetici di ogni tipo, salvaslip e spray per tutto il corpo.

Che cosa indica. Queste persone hanno una scarsa autostima e comprano tutti questi prodotti per evitare di vedersi come sono in realtà. Benché un po' di alterazione della propria immagine sia naturale, questi prodotti rivelano la loro convinzione di essere inaccettabili per come si è e il loro impegno per evitare di essere se stessi. Si sentono attori sul palcoscenico, ma sono timidi e tutt'altro che estroversi. Incoraggiateli, lusingateli, persuadeteli e rassicurateli e troverete partner fedeli per la vita. Ma basterà una critica sottintesa per farli ripiombare nell'angoscia.

Il tirchio parsimonioso

Questo armadietto è pieno zeppo di campioncini gratuiti, compresi kit per la cura del corpo delle compagnie aeree, saponi, shampo e bagnoschiuma degli alberghi e bustine di crema idratante che si trovano nelle riviste patinate.

Che cosa indica. Avarizia.

L'armadietto del bagno contiene molti rimandi alla sessualità, ma il contenuto del guardaroba e il modo in cui si presenta dicono molto di più di come questa persona vorrebbe essere giudicata dalla società...

Il guardaroba

Il guardaroba rappresenta il modo in cui percepiamo noi stessi e anche una rapida occhiata all'abbigliamento può essere più che rivelatrice al primo o secondo appuntamento. I nostri indumenti mostrano tendenze tribali e di status e il modo in cui scegliamo di appenderli e sistemarli mostra come siamo realmente in termini di immagine "ideale", di personalità e autostima. Il modo in cui li trattiamo rappresenta un po' il modo in cui segretamente trattiamo noi stessi. E il modo in cui giacche, vestiti e scarpe sono appesi, piegati e riposti sugli scaffali fornirà anche qualche indizio sul nostro approccio alle relazioni.

Il guardaroba militare

Questo guardaroba ha un aspetto disciplinato e sembra seguire regole ferree di organizzazione degli spazi e disposizione dei capi. Le grucce sono appese alla stessa distanza l'una dall'altra, i maglioni e le magliette sono piegati e impilati in modo da sembrare identici e le scarpe sono lucidate e ben appaiate.

Che cosa indica. Trovarsi davanti a un guardaroba disposto in questo modo può dare un brivido di paura non del tutto ingiustificato. Queste persone sono facilmente ossessionate da tendenze al perfezionismo che potrebbero emergere a causa dello stress da lavoro. Oppure hanno lavorato da Benetton o da Gap e non riescono a togliersi di dosso la mania dell'ordine. Oppure sono dei serial killer. Quello che potete desumere è che camminano su un filo molto sottile e hanno bisogno di ordine tra gli indumenti per far sì che la loro vita non scivoli nel disastro, come potrebbe facilmente accadere. La manica di una camicia che sporge troppo potrebbe far sgretolare l'intero castello di sabbia della perfezione e del controllo. Non provate mai a spostare i loro vestiti nel tentativo di attirare l'attenzione o suscitare una risata seducente. Non vi troveranno mai divertenti, posso assicurarvelo. Piuttosto potrebbero sbranarvi o cucinare il vostro fegato trifolato con i cavolini di Bruxelles e accompagnato da un buon Chianti. Ma nessuna risata.

Il maniaco del cambio di stagione

Anche se non ossessivo-compulsivo, il maniaco del cambio di stagione ha crisi regolari di pulizia di primavera/autunno per cui mette il guardaroba leggero ed estivo in sacchetti di plastica neri e tira fuori i vestiti invernali e viceversa, in modo che l'occhio non si debba mai posare sul capo sbagliato nella stagione sbagliata.

Che cosa indica. Queste persone seguono una certa logica, anche se vi è difficile capire cosa ci sia di male nel mischiare i vestiti. Una maglia termica non può convivere con un paio di pantaloni di lino? Il problema delle persone fissate con il cambio di stagione è la tendenza a categorizzare. Avranno un lavoro, del tempo libero, un matrimonio e degli amanti maliziosi, ma tutto sarà perfettamente diviso in scompartimenti mentali. Sono persone anche abbastanza ottimiste: archiviando la stagione passata e tirando fuori la nuova, dimostrano di avere grandi aspettative per un futuro migliore.

Mucchi di roba sul letto

Esiste sicuramente un guardaroba, ma finché c'è un letto su cui lanciare i vestiti, perché perdere tempo con le grucce?

Che cosa indica. Sarebbe ovvio dire che queste persone sono caotiche, disordinate e spontanee, ma il fulcro della loro personalità si trova proprio nella totale confusione cognitiva su chi sono o come vorrebbero essere viste dagli altri. Le persone (sia uomini che donne) che tengono mucchi di vestiti sul letto sono pigre, e non sono neanche in grado di mantenere ciò che dicono o di prendere decisioni su se stesse. Leggono avidamente l'oroscopo con lo scopo di trovare una guida per capire chi sono e come si comporteranno durante la giornata. Li amerete per la loro distrazione e la loro vena di divertimento (la vita è troppo breve per usare le forme per le scarpe), oppure potrete anche valutare l'idea di trasferirvi da loro e spiegare il significato dell'ordine e del cesto del bucato, ma alla fine vi sfiniranno con l'incapacità di prendere decisioni, la mancanza di pianificazione nella vita e il modo di manipolarvi facendo presa sui loro atteggiamenti da bambini teneri e indifesi. Nota freudiana: vi siete mai chiesti perché hanno l'abitudine di sparpagliare le cose sul letto? Letto = sesso; letto + mucchi di vestiti = niente sesso, o quanto meno impulsi sessuali vicini allo zero. Vivace e giocherellona, ma difficile da inquadrare se è una donna; vanitoso, ma noioso a letto se è un uomo.

L'amante delle etichette

Ebbene sì, ci sono persone che etichettano i vestiti e forse sono anche più di quante possiate immaginare.

Che cosa indica. C'è una vena materna ed estremamente pratica nelle persone che usano le etichette e, se è una donna, molto probabilmente ha dei figli. Per questa donna, quello che funziona bene nello spogliatoio dell'asilo, ha un valore pratico nel guardaroba di casa e non le importa se gli ospiti se ne vanno disgustati quando vedono quanto può essere triste. Lei non si dà per vinta: è una sorta di colonna portante che si piega a fatiche da tempo di guerra e coltiva le verdure da sé anche se avrebbe la possibilità economica di andarsele a comprare negli ortofrutta più esclusivi. Può rivelarsi una partner sessuale fantastica, se amate far fatica e una sessualità sana.

Se invece è un uomo potrebbe avere un principio di Alzheimer o avere bisogno di tenersi costantemente sotto controllo perché ha una tendenza a esagerare con alcol, droghe, sesso o semplicemente con la sciatteria.

Avviso: ci scusiamo in anticipo perché nella sezione successiva del libro asseconderemo degli stereotipi sessuali. Forse esistono uomini che accumulano le scarpe come se fossero in attesa del ritorno del cast di un famoso musical e, se così fosse, dovrebbero sentirsi parte in causa nell'analisi che segue. Sappiamo che c'è qualcosa di femminile nell'abitudine a comprare molte più scarpe di quante se ne possono indossare in una vita, anche se credete nella reincarnazione. Riteniamo inoltre che ci sia una forte motivazione evolutiva alla base di questa tendenza e che da qualche parte ci sia un dipinto murale ancora da scoprire che raffigura grandi caverne piene di calzature di pelle di mammut. Ma finché questi dipinti non verranno scoperti, crediamo che nella vita di una donna le scarpe siano un sostituto dei figli o del sesso o che, forse, il sesso e i figli siamo semplicemente un sostituto delle scarpe.

La fan delle scarpe

Quando analizzate il guardaroba di una donna, potrebbe rivelarsi utile comprendere il rapporto tra scarpe e vestiti. La donna che ama le prime ritiene le calzature più importanti dei secondi e spenderà e le esibirà di conseguenza. Se poi è una vera maniaca delle scarpe, potrebbe anche averle esposte in giro per casa come oggetti di arredamento, anziché tenerle in ordine nelle loro scatole. (Le scatole sono molto importanti per queste donne, che conservano gelosamente l'oggetto del loro amore.) Le scarpe non sono semplici calzature, sono il simbolo dello status e del successo, quindi è fondamentale conservarle nel modo corretto. Una persona qualunque le disporrà sugli scaffali o appaiate sul pavimento, ma una vera amante delle scarpe avrà passato in rassegna tutte le opzioni, dai supporti di plastica sospesi fino alle scatole con la Polaroid all'esterno, come tante minibare.

La donna con le scarpe in disordine

Se le scarpe sono tenute male, ammassate in montagne senza un ordine particolare e una suddivisione in paia, avete davanti una persona squallida, senza stima né rispetto di sé. Potrete rimanere affascinati dalla sua mancanza di ordine, perché vi ricorda il vostro stesso disordine nel guardaroba, ma ricordatevi che si tratta di una donna che, ogni giorno, per tutta la sua vita, o anche due volte al giorno, dovrà mettersi in ginocchio e rovistare come un cane rabbioso tra i mucchi di scarpe sporche per trovarne due uguali. Questo non fa di lei una persona spontanea, ma solo preoccupante. Rivela il desiderio di sopportare dolore a lungo termine e angoscia dovuta alla mancanza di pianificazione. E questa un giorno potrebbe diventare la madre dei vostri figli. Vergognatevi anche solo per averlo pensato.

La donna con le scarpe "sull'attenti"

Le scarpe di questa donna sono allineate come soldatini. Ogni paio è pronto a fare il suo dovere sotto il vestito scelto. Sono lucidate e in buone condizioni, ma ci potrebbe essere anche un lato oscuro nella sua vita, come un sacco della spazzatura nascosto da qualche parte che contiene calzature fuori stagione.

Il suo è un approccio pratico, ma anche artistico alla vita ed è molto brava in fatto di arredamento della casa e di abbinamento tra tende e copriletto. Pianifica la giornata, ma non in modo compulsivo. È una compagna di vita e una buona alleata in caso di emergenze di ogni tipo. Se ha un secondo bidone dei rifiuti, c'è un'altra buona notizia: le donne che non riescono a buttare via le scarpe sono spesso troppo sdolcinate per buttare via gli uomini. Se avete mai pensato di essere il tipo di uomo che sposa la donna ideale, allora smettetela di avere delle avventure, perché questa è la donna giusta per voi. Il peggio che vi può succedere è di ritrovarvi con dei vestiti tagliuzzati per vendetta, ma sarà pronta ad accettarvi di nuovo, se vi scuserete con dolcezza, perché in questo modo la vita ritornerà a scorrere nei suoi binari.

La donna stile Imelda Marcos

Imelda Marcos una volta disse che non aveva tremila paia di scarpe, ma solo mille e sessanta! Allo stesso modo, la donna stile Imelda Marcos riempie di scarpe le stanze anziché gli armadi. Anche se siete stati avvisati, la vostra prima tendenza sarà di svenire quando vedrete il numero di scarpe che possiede. Una donna che dice di avere duecento paia di scarpe non mente né esagera e dovete tenere presente che un'affermazione di questo tipo non è un'iperbole. Le donne sono molto precise nella conta delle loro scarpe e non esagerano né scherzano mai. Per loro è un po' come la lunghezza del pene: non c'è motivo di mentire perché prima o poi si viene scoperti. Le scarpe sono come i trofei che i cacciatori amano collezionare e ogni paio ha la sua storia. Mai fingere interesse a meno che non vogliate trascorrere un'interminabile mezz'ora a sentire storie di corse pazze ai saldi di Prada.

Questa donna ha un potente istinto omicida e ottiene ciò che vuole. Forte, spietata, attenta e determinata, vi porterà nel suo letto, ma si salvi chi può se la vostra prestazione non si rivela più che superlativa. Probabilmente è abbastanza robusta (le donne robuste che lottano per entrare nella taglia "giusta" di solito riallineano il punto focale del guardaroba sui piedi) e forte come sembra, quindi è meglio evitare di giocare a braccio di ferro, a meno che non vogliate passare il sabato sera al pronto soccorso.

La donna con i sacchetti appesi

Le sue scarpe vivono in uno di quei sacchetti da armadio che si possono appendere, con scompartimenti di plastica da cui le scarpe facilmente scivolano fuori. I sacchetti appesi sono spesso acquistati da donne che provano un senso di sollievo per aver finalmente ordinato le scarpe. Ciò significa che hanno un approccio pratico alla vita. Ma fate attenzione, perché se sostengono di avere così tante scarpe da non sapere dove metterle, stanno mentendo. Possono sembrare ossessionate dalle scarpe, ma in realtà quelle che vedete in questi tristi sacchetti di plastica appesi sono realmente le uniche che possiedono. Prima che ve ne andiate a festeggiare le sue doti di parsimonia, ricordatevi che le donne normali, cioè quelle che fanno sesso e si ubriacano di tanto in tanto, possiedono molte scarpe, quindi quella che avete davanti deve avere per forza dei problemi.

La donna da scatola di scarpe

Quando aprite il guardaroba non vedete neanche un paio di scarpe, solo distese di scatole bianche che vi fanno pensare ai lettini di un orfanotrofio in Romania: puliti, pratici, sterili. Questa donna ha un legame molto forte con le sue scarpe, un legame più mistico che da trofeo di caccia. La mancanza di esposizione (a parte la fotografia sulla scatola) vi dovrebbe dire che questa donna è competitiva, realizzata e spesso selvaggia, ma odia condividere o vantarsi, quindi l'unica persona che sta cercando di impressionare è se stessa. È anche un po' maniaca dell'ordine e va in ansia al minimo accenno di confusione. Se vi verrà concesso sbirciare nelle sacre arche dell'Alleanza (le scatole delle scarpe), dovrete avere una reazione come se vi avessero mostrato un bebè in fasce. Sussurrate, sorridete e fate i complimenti, ma non provate mai a toccare. Molte di queste scarpe non saranno mai state indossate, molte avranno ancora il cartellino con il prezzo, ma se vi permettete di fare una battuta su questo, di chiedere perché non le hanno mai messe o di insinuare che hanno solo sprecato dei soldi, non rientrerete mai più nel suo cuore o nella sua vita.

Per le donne, le scarpe hanno un'aura mistica che la maggioranza degli uomini non capisce a fondo. Benché a molti uomini piacciano le scarpe e tanti di loro amino acquistarle, solo pochi avranno la stessa complessa miscela di euforia e depressione quando si tratta di comprarle o possederle. In un recente caso giudiziario che ha coinvolto una celebrità statunitense, l'accusa sostenne la tesi dell'omicidio – smentendo la tesi del suicidio proposta dalla difesa – perché la vittima si era appena comprata un paio di scarpe. Fortunatamente il verdetto si basò più su altri aspetti, perché in effetti compriamo scarpe per tirarci su il morale, ma entriamo ancora di più in depressione quando non fanno l'effetto sperato.

Le scarpe si cambiano, si rompono, passano di moda, quindi la loro "transitorietà" si adatta a cambiamenti di stile e di gusto. Ma c'è qualcosa che rivela i tratti della vostra personalità che rimane con voi per sempre. È il vostro corpo, se decidete di usarlo come cartellone pubblicitario riempiendolo di tatuaggi...

I tatuaggi di lui

Attribuendo una nuova dimensione al significato del termine "linguaggio del corpo", il tatuaggio è un modo per trasformare il corpo in un cartellone pubblicitario, con il desiderio di fondo di indurre la gente a credere a quello che legge, piuttosto che a quello che potrebbero suggerire gli altri segnali non verbali che lanciate. In realtà, questo processo non inganna nessuno, se non le stesse persone tatuate, quindi potete appuntarvi la parola "illuso" alla lunga lista di qualità che il vostro uomo rivelerà se ha sottoposto il suo corpo a qualche incisione indelebile.

Si tratta in genere di ragazzi spontanei e ad alto rischio in termini di fiducia e impegno sul lungo periodo. Per loro ciò che conta è il presente, la vita alla giornata e non si preoccupa del futuro: se lo facesse, capire subito come sarà ridicolo quell'enorme uccello del paradiso su un corpo coperto di rughe.

Tatuaggi sul viso

La prima cosa da tenere in considerazione è che sarà regolarmente senza lavoro: gli uomini che vogliono un lavoro confi nano la body art al di sotto del girocollo in modo che le loro dichiarazioni di sentimenti edipici possano rimanere nascoste sotto il vestito da colloquio.

Tatuaggi sulle mani

Come sopra, per le stesse ragioni.

"Mamma"

Riderete e penserete che ha un grande senso dell'ironia, ma tenete presente che ama sua madre, magari in un modo che potrebbe essere definito ossessivo oppure l'ha uccisa, le ha messo il vestito buono e l'ha piazzata in soffitta proprio come in *Psycho*.

Piccoli tatuaggi classici

È un tipo preconfezionato, ma, in termini di relazione, potrebbe essere una benedizione: infatti, gli uomini che disegnano personalmente il loro tatuaggio passeggiano sul viale della vanità. Non è un tipo audace di per sé, ma ama pensare di esserlo ogni tanto, quindi aspettatevi pochi romanticismi e sesso timido e monotono intervallato da momenti emozionanti quando se lo ricorda o quando glielo ricordate voi.

Enormi simboli etnici

Sono il non plus ultra della body art e sono visibili dallo spazio un po' come la Muraglia cinese, ma solo quando si spoglia. Se ne deduce che è incline a farlo, altrimenti non potrebbe ammortizzare l'investimento. Due aspetti di quest'uomo sono subito evidenti: innanzitutto ha un disperato bisogno di attenzioni e in secondo luogo si considera una persona profonda e incompresa. Molto lontano dall'essere semplici forme, l'uso di parole in qualche idioma incomprensibile (anche a lui!) indica che questa persona ha dei messaggi molto profondi da comunicare. È convinto che questo tatuaggio lo faccia sembrare più intelligente, mentre dimostra quanto in realtà sia superficiale e stupido.

Il vostro nome

Oh mio Dio! Deve essere vero amore, se si è fatto tatuare il vostro nome sul petto. Ma fate attenzione, perché avete di fronte un uomo per cui fare qualcosa di stupido che comporta dolore è una forma di impegno molto più attraente che accendere un mutuo, fare una proposta di matrimonio o addirittura mettere un preservativo. Molto probabilmente lo ha fatto quando era ubriaco, cosa che spiegherebbe perché è scritto nel modo sbagliato (e non può neanche fare causa al tatuatore, perché è lui che l'ha scritto proprio così). Chissà di quali eccessi è capace quando è ubriaco. Potete anche provare a chiedergli se conosce il nome di una clinica che toglie i tatuaggi con il laser e valutare la velocità di risposta. Se è sotto i trenta secondi, potete essere certe del fatto che ha avuto i nomi delle donne di mezzo mondo tatuati sulle chiappe. E, a proposito, i soprannomi non contano. Poteva anche chiamarle tutte "Pasticcino".

I nomi dei figli

Che tenero papà! Ma prima che iniziate a immaginarlo come una combinazione di tutte le qualità del perfetto genitore, cercate di valutare che cosa voglia davvero comunicare. Primo, perché dovrebbe aver bisogno della body art per far sapere a tutti quanto ama i suoi figli? Dovrebbe essere naturale per un padre amare i propri figli, no? Di solito è così, quindi perché ha bisogno di dichiararlo? Secondo, perché pubblicizzare qualcosa che tutti, compresi i suoi figli, dovrebbero essere in grado di cogliere dalle sue azioni? Il sospetto è che le persone che lo dicono in questo modo di solito non si preoccupano di dimostrarlo. Forse è un po' come il vostro capo che vi manda un'email per dirvi quanto vi stima, piuttosto che dirvelo faccia a faccia o darvi un aumento. Potrebbe essere quel tipo di padre che mostra con orgoglio il tatuaggio per far vedere ai figli che può sacrificarsi per loro. E vale la pena di chiedersi se è il tipo di uomo che non sopporta essere oscurato. Volete rivivere l'agonia del parto solo per sentirlo annoiare tutti i vostri amici raccontando quanto dolore si prova facendo un tatuaggio? Pensateci bene: quest'uomo può essere più egocentrico di quanto appare.

I tatuaggi di lei

Tatuaggi ibridi

Il suo corpo mostra un assortimento eclettico di tatuaggi, messi insieme senza apparente poesia, coerenza e idea del risultato finale. Se state cercando una ragazza costante e affidabile con la capacità di mettere su famiglia o per lo meno di rimanere fino al mattino seguente, potrebbe essere meglio lasciar perdere. Chiaramente cambia opinione come cambia il vento ed è molto spontanea, ma in modo irritante, piuttosto che affascinante. È preoccupante farsi tatuare qualcosa di permanente sul proprio corpo senza prima pensarci bene. La prima volta passi, forse, ma tutte le altre sono tipiche di una persona sbadata, per non dire quasi tossica.

Tatuaggi sopra al sedere

Una volta era sufficiente fare vedere il perizoma sopra la cintura per provocare lo svenimento degli uomini e la disapprovazione delle donne per l'audacia sessuale; ora invece tocca al tatuaggio sopra il sedere creare un effetto ancora più spinto. Motivo per cui è diventato l'arma preferita delle celebrità che hanno bisogno di avere un'immagine dura. Mettetelo su una persona qualsiasi e potrete essere certi che sarà una ragazza dalle dubbie intenzioni sessuali. Non pensate che sia un segnale di seduzione indelebile per attrarre i gentiluomini. Sarà piuttosto qualcosa di tribale per allontanare le altre e avvertirle che lei è una dura, capito?

Tatuaggi preziosi

Questa ragazza ha un tatuaggio, massimo due, e sono disegni innocui come stelle o cuoricini. Le piace pensare di essere audace come poche, ma in realtà è più una perfezionista con il bisogno di attirare l'attenzione che una vecchia alcolizzata. Abbastanza piacevole da essere presentata ai genitori.

Tatuaggi da marinaio

Ironici o simbolici? Magari si tratta di dettami della moda, ma sono sempre più richiesti dalle ragazze. Il punto è che la ragazza con questi tatuaggi sta dicendo che non le interessa quello che gli altri pensano di lei, e che dà solo quello che vuole. Quindi riempite la pipa di tabacco e iniziate a canticchiare qualche canzone da marinai oppure lasciate il posto a un vero uomo.

Messaggi sessuali

Questa ragazza sfoggia il tipo di tatuaggi che riuscite a vedere solo quando state facendo sesso e fungono un po' da navigatore: serpenti che puntano verso le sue parti intime o scale che scendono verso il suo sedere. Chiaramente ama i bellimbusti troppo ottusi per trovare la strada senza una mappa. Intollerante, esigente e sprezzante nei confronti di un pessimo amante. Ci sono volontari?

Nomi di uomini

Guardate la lista e poi esaminatela scrupolosamente. Ci sono segni di trapianto di pelle? Lettere aggiunte per cambiare un nome in un altro? Nomi scritti nel modo sbagliato? Questo tipo di ragazza è una vera rottura di scatole: si innamorerà perdutamente di voi fino all'arrivo di un altro uomo. Inoltre dovrete anche cercare di capire il motivo per cui abbia voluto rovinarsi in quel modo per dimostrare il suo amore. Se può dirlo solo attraverso un tatuaggio, vuol dire che non sa dimostrarlo con le parole o i fatti. È il tipo di ragazza da "Ti amo, ok?". Per niente romantica.

Una volta arrivati ai tatuaggi, sarete molto vicini alla biancheria. Gli "involucri" delle parti più intime, mutande e mutandine, saranno anche piccoli capi di abbigliamento, ma le loro implicazioni sono enormi. Quale donna non ha segretamente incrociato le dita e trattenuto il respiro sperando e pregando che si togliesse i calzini e che un perizoma di lurex non sbucasse da sotto i pantaloni militari?

Le mutande di lui

La maggior parte degli uomini finge nonchalance quando compra le mutande, ma sotto la superficie si nascondono ansia e isterismo. Altrimenti come spiegarsi perché così tanti uomini rimangono fedeli allo stesso stile e allo stesso colore per tutta la vita, mentre altri scelgono le stesse mutande che mettevano da ragazzini, ossia gli slip con l'apertura sul davanti? I modelli di mutande da uomo sono così pochi che la vista del cartellone pubblicitario con David Beckham (non ci vuole molto a capire che erano degli pseudoslip con l'apertura davanti) fa quasi piangere per il sollievo: gli uomini possono dormire sonni tranquilli sapendo che le loro mutande sono "normali".

Dal momento che sono un'anticipazione del pene, e che il fattore di vulnerabilità è comparabile, di solito vengono mostrate per ultime e possono spesso suscitare risatine, disgusto, derisione o spingere la donna alla fuga. Esistono molte più mutande "sbagliate" a disposizione di un uomo (perizoma, calzoncini o boxer con gli eroi dei cartoni animati) che mutande "giuste". Le donne hanno invece più scelta e solo i tristi mutandoni o forse un paio di slip con stampato il giorno sbagliato della settimana potrebbero (ipotesi remota) far scappare un uomo.

Boxer

I boxer sono i vicini della porta accanto del mondo dell'intimo maschile: sicuri, per niente sexy, presumibilmente scomodi dentro un paio di jeans stretti, ma (presumibilmente) perfetti per la concentrazione degli spermatozoi. Il tipo da boxer ama tenere il piede in due staffe e pensa davvero che potrebbe essere investito da un autobus o essere costretto a mostrare la biancheria intima davanti a una candid camera.

Non è molto intelligente e neanche molto sexy, ma è l'uomo giusto in caso di emergenza o se state cercando un compagno con cui sposarvi e fare figli. Se sono di seta, avete davanti un bizzarro mix di semplicità e boria. Se sono semplici o di cotone a righe, è un bambino nel corpo di uomo e se sono decorati con stampe a fumetti, dovete porgere le vostre scuse e andarvene perché ridere di fronte alla biancheria intima di un uomo mina il processo di seduzione. Deve essere consapevole di non essere proprio un dio del sesso.

Mutande bianche con l'apertura davanti

Sono le mutande ultratrendy da scegliere per cuccare, quindi questo tipo è furbo oltre che un gran seduttore con una buona capacità di persuadere e influenzare. Il bianco vi farà intuire che è pulito, che può anche implicare che sia in buona salute (da notare l'uso della parola "implica": in realtà le mutande bianche significano solo un buon detersivo, non bocconcini sessuali senza germi) e la connessione con un Beckham dall'aspetto invitante suggerisce fitness oltre che sensibilità alla moda. Questo tipo potrebbe anche avere le mutande di un ragazzino di nove anni, ma rimane un grande, seppur vanitoso, seduttore.

Perizoma

L'ultima grande novità, il perizoma, di solito viene indossato da uomini che vogliono sembrare come il migliore degli amanti, ma in realtà sono ampiamente entrati in andropausa (la menopausa maschile), e vogliono riconquistare la perduta giovinezza. Fanno addominali ed esercizi sulla panca nel tentativo di ricreare l'effetto tartaruga, ma sfortunatamente hanno sempre ciccia e addome ben sviluppati. Sono convinti che le donne siano attratte dal potere e dal denaro (potrebbero anche avere ragione) e che l'intimo sexy sarà visto come un bonus extra (ma in questo caso si sbagliano).

Calzoncini aderenti

L'uomo che indossa i calzoncini aderenti ha le cosce ben scolpite, quindi è sexy, intelligente e un po' macho; se invece le cosce sono mingherline, è un idiota con le gambe delle mutande che svolazzano. La gamba allungata lascia intendere un pene più lungo mentre il taglio stretto accentua le dimensioni producendo l'effetto piacevole, ma malizioso, di un uomo che sa fare bene il suo dovere e non ha bisogno di vantarsene.

Mutande anni Settanta

Sì, stiamo proprio parlando di quelle con l'apertura davanti con quegli orrendi colori e disegni anni Settanta. Solo un ragazzo cresciuto dopo il tramonto delle serie poliziesche in voga in quegli anni potrebbe avere del potenziale sessuale nascosto sotto mutande come queste. Se è un po' più grande, queste mutande saranno originali, il che non vuol dire divertenti o igieniche. Se invece è giovane, è ironico, attraente e troppo astuto per il suo bene: sarà uno studente universitario che si crede un grande esperto a letto, tanto da non aver più bisogno di pubblicizzare il suo sex appeal.

Le mutande di lei

Intimo rosso da femme fatale

La donna in questione dovrebbe sapere che incarna un cliché sessuale, e questo vuol dire che ha grande successo con gli uomini; ama pensare di poter scioccare dimostrando che è pronta non appena si abbassano le luci e parte una musica suadente in sottofondo. Indossando l'intimo rosso dimostra che non siete stati gli unici a pensare alla possibilità di fare sesso e questo forse la fa sentire più forte, maliziosa e sicura di sé a letto. Vi sta dicendo che non è un avversario facile, anche se la frase «perché non ti fermi a dormire?» svela che forse in realtà lo è. Vede senza dubbio il sesso come un'occasione che coglierà con energia ed entusiasmo, per lo meno le prime volte. Una donna che indossa questo tipo di biancheria intima può essere una dominatrice nata, che ama soddisfare uomini adulti e/o uomini per cui il sesso con la moglie è diventato un po' una routine. Il rosso è indubbiamente il colore della passione, ma attenzione: è anche segno di aggressività e conflitto.

Mutande comode

Le donne alla Bridget Jones potrebbero arrivare felici all'appuntamento nelle loro mutande comode, ma solo se non avevano intenzione di fare sesso con voi, quindi sentitevi a un livello molto in basso della catena alimentare quando arriva a sedurvi. In altre parole, nessuna donna al mondo si presenterebbe a un appuntamento con Brad Pitt indossando un paio di mutande del genere. Se l'avete convinta a fare sesso, probabilmente usciva con un tipo troppo infantile oppure ha appena visto il suo ex con un'altra e ha deciso di prendersi la rivincita. Ogni donna ha un paio di questi slip da qualche parte, ma se scoprite che ne ha il cassetto pieno, potreste avere davanti una persona autentica, onesta, profonda e generosa... e che considera la comodità uno dei valori più importanti. Ama trascorrere le serate abbracciati davanti alla televisione e, anche se non vi potrete mai aspettare una ceretta inguinale o un corpo super abbronzato, a letto vi farete delle belle risate.

Perizoma sexy

Le ragazze che lo esibiscono fuori dai pantaloni possono sembrare gattine sexy, ma il loro è innanzitutto un gesto di affermazione e controllo. Scoprendo l'intimo infatti vi sfidano a guardare, e quindi possono darvi dei depravati. Alle donne da perizoma piace il sesso, ma solo alle loro condizioni e, nonostante possano sembrare sofferenti per la scelta (il perizoma è come un filo interdentale tra le natiche) non faranno poi troppi sforzi per toglierlo. Le donne da perizoma amano andare alle feste con i loro compagni e avranno la tendenza a prendere regolarmente in giro gli uomini. Sono attraenti, ma dure. Il loro ultimo pensiero è accasarsi, a meno che non siate un calciatore affermato.

Mutandine ornate da fiocchi e pizzi

Questi slip un po' rétro sembrano fuori moda ed evocano una tradizionalista vaporosa, allegra e sdolcinata che ama che gli uomini prendano il controllo. Tuttavia, le donne che indossano questi slip possono anche avere un complesso di superiorità. Rétro può denotare furbizia e ironia e dovrete stare all'erta con queste ragazze. Fiocchi e pizzi non sono indossati solo da tipe mozzafiato entusiaste di imitare le modelle più belle: possono anche essere scelti da intellettuali postmoderne che si divertono a usare un look da ragazzine per attirare gli uomini nel loro gioco di seduzione. Astute ed eccentriche: a vostro rischio e pericolo.

Mutandine buffe

Quando la comicità entra nel mondo dell'intimo si sta probabilmente parlando di insicurezza repressa e timidezza borderline perché fare una finta risatina quando rimanete in mutande di solito è solo un meccanismo di difesa: lei, invece, ride di se stessa prima che lo facciate voi. Questa ragazza potrebbe sembrare spensierata, ma in realtà sarà piuttosto sensibile alle critiche e facile ai cambi di umore.

Coulotte

Assomigliano a shorts strettissimi a vita bassa e solitamente sono indossati da ragazze molto magre e un po' androgine ma molto sicure della propria sessualità e altrettanto disinvolte a letto. Non sono le solite gattine sexy, ma non scoraggiatevi, queste ragazze hanno delle doti nascoste.

Il potere delle mutande

Secondo un sondaggio, un terzo delle donne e il 28% degli uomini afferma di non andare mai a un appuntamento senza le mutande portafortuna.

Quando il primo appuntamento è passato e siete usciti insieme una seconda e poi anche una terza volta, vuol dire che state precipitando in una relazione più velocemente di un aereo in picchiata. L'amore è una forma di pazzia, sebbene molto piacevole (anche se a volte doloroso): le vostre capacità di critica svaniscono fino a farvi credere che l'altra persona sia più attraente di Brad Pitt o di Angelina Jolie e più divertente del migliore dei comici e che l'abitudine di far schioccare le dita sia qualcosa di tenero. Ma prima di questa fase di intorpidimento, prendetevi del tempo per valutare anche quello che di solito è il più innocuo dei comportamenti.

I suoi gesti romantici

Un gesto romantico è una botta di egocentrismo. Alimenta il senso di adorazione di se stessi almeno quanto il sentimento che si prova per l'altra persona, se non addirittura di più. Amiamo usare questi gesti per misurare la nostra attrattiva attraverso il nobile atto del dare. In ogni caso chi dà riceve, e quindi spesso questi gesti nascondono un secondo fine. Il gesto romantico può essere uno stratagemma per salvare la faccia, tralasciando tutti gli sforzi reali che avremmo dovuto mettere in atto. I romantici spesso sono "innamorati dell'amore" e i loro gesti eccessivi molto probabilmente sono appannaggio di persone che non sono mai state davvero innamorate in tutta la loro vita. Vedrete spesso un ragazzo con un mazzo di fiori che esce dalla macchina con un sorriso compiaciuto sul viso. Ai suoi occhi, come agli occhi del mondo intero, è un amante romantico. Ricordatevi però che questi gesti sono facilmente trasferibili: se non gli rispondete al citofono, finirà per regalare i fiori a sua madre.

Fiori a domicilio

Dimostrano una forma disinvolta di passione e permettono all'uomo in questione di dimostrare di avere il potere di delegare, inviando il corriere a fare la corte al suo posto. In realtà è un atteggiamento strano, perché finirete per ringraziare e sorridere a un altro uomo, mentre stringete i fiori al petto. Inoltre, dovrete chiamarlo per ringraziarlo, e la vostra telefonata lo fa eccitare molto più che la vista del vostro viso che si illumina di gioia.

È la forma più distaccata di romanticismo: dopo una breve telefonata da parte sua (o della sua segretaria), un fiorista creerà un mazzo di fiori e un ragazzo salirà sul furgoncino e ve lo consegnerà. È una delega di amore e sesso ed è molto indicativa del suo atteggiamento verso la vita. È più che possibile che abbia scelto i fiori solo in base al prezzo. Ed è anche possibile che li abbia mandati per fare pace dopo una litigata e per scusarsi per il suo comportamento. Recitare il numero di carta di credito è un po' un atto di espiazione. Spietato, dispotico e distaccato.

Fiori in autogrill

La vita gli ha dato alla testa, no? L'uomo che guarda i fiori in vendita in autogrill e crede che tutte le donne cadranno ai suoi piedi tranne forse una nonnina anziana, parzialmente cieca e incontinente, è davvero ingannevole e dimostra una mancanza di decoro nella vita. Per quanto innamorate possiate essere, non eccedete mai in lodi per un gesto "romantico" di questo tipo, altrimenti la volta successiva si presenterà con un sacco di carbonella e un deodorante per auto a forma di albero. È un ottimista insensibile e crede che le donne lo ameranno per il suo fascino da mascalzone e il suo senso di irresponsabilità. Se questi fiori gli valgono una notte di sesso è un vero e proprio adone, oppure sta uscendo con la donna più disperata del mondo.

Cena al ristorante

È un tradizionalista senza ombra di creatività e ama le cose classiche. È anche un po' maniaco del controllo, perché sa che difficilmente un'uscita di questo tipo non si concluderà con il sesso. Non si deve sapere in giro che questo gesto "romantico" è un regalo per tutti e due, che entrambi potrete apprezzare. Inoltre se ama il suo senso dell'ironia, quasi sicuramente sarà abbastanza egocentrico. C'è qualcosa del primate in questo ragazzo che rivela le proprie capacità di cacciatore-predatore.

Molto probabilmente sarà vanitoso, perché la cena comporta il fatto di guardarsi spesso in faccia, anche se cancella ogni competizione prendendosi tutti gli sguardi per sé. Chiaramente confida molto nelle sue capacità verbali, visto che la cena sarà accompagnata da molte chiacchiere. Nota tattica: ricordatevi che valuterà attentamente il modo in cui mangiate per capire cosa aspettarsi in camera da letto.

Cena a casa

Santo cielo! Basta con i flûte per due, le candele galleggianti, i risottini e le mousse di cioccolato con il sottofondo di Chris Rea, il profumo per ambienti e la bottiglia di vino d'annata! Il tutto condito con la convinzione di essere un dio nel gioco della seduzione. Molto probabilmente ha passato il pomeriggio a depilarsi il petto e strapparsi i peli del naso, e ora attende che la vittima faccia ritorno a casa dopo una dura giornata trascorsa a fare solitari sul computer dell'ufficio. Sa che si tratta di un gesto romantico e non vede l'ora di godersi la serata – non tanto dal pensiero della sorpresa che state per ricevere quanto dal fatto che la cena sarà seguita dal sesso. E voi dovrete mascherare l'espressione di orrore represso mentre impallidite per aver capito che, anziché trascorrere una serata tranquilla guardando Ballando sotto le stelle, dovrete raccogliere le forze per una notte di falsa dissolutezza. È troppo tirchio per invitarvi a cena fuori oppure non sa cosa siano le gioie del sesso che nasce spontaneo.

Diamanti

È astuto, intelligente, manipolatore e di successo. Sa cosa vuole e come ottenerlo e, anche se i colleghi lo temono per la sua spietatezza e schiettezza da scaricatore di porto, non avrà il benché minimo problema a trovare una partner. Molto probabilmente, fuori dalla porta ci sarà una fila di pretendenti da far invidia a *X Factor*. Non ama i giochi o gli inganni e non ha problemi ad ammettere che il suo portafogli è parte integrante del suo fascino. Avrà anche una certa vena di possessività. Quando la sua ragazza indossa i diamanti che le ha regalato, il messaggio al mondo equivale al comportamento del cane che marca il territorio: "giù le mani!".

Poesie scritte di proprio pugno

È davvero un innocente, ingenuo ottimista che parla con il cuore in mano e ve lo donerà, anche se sicuramente verrà spezzato E succederà. Spesso e volentieri. Nell'era degli SMS, in cui il messaggio romantico tipo è "Toglt gli slp st arrvnd", i suoi sonetti lo fanno spiccare come un raro sentimentale. Vi ricordate cosa è successo all'ultimo ragazzo che ha dichiarato il suo amore in una poesia per posta elettronica? È finito su Internet con commenti del tipo "Mi viene il vomito" e "Povero scemo". Ma neanche questo lo scoraggerà. È un uomo determinato e sa che là fuori da qualche parte c'è la ragazza giusta per lui. Spezzategli il cuore, se è questo che volete, perché è fatto per essere spezzato. Sadismo e desiderio gli sono molto familiari.

Weekend fuori porta

Una caratteristica di questo ragazzo è che non ha problemi ad arrivare al sodo. Non importa quanto sia romantica la stanza o pittoresca la vista, sappiamo bene che l'unico obiettivo è fare ciò che si era preposto, e anche il più spesso possibile nel tempo a disposizione. È un opportunista mascherato da romantico. Mentre mettete in valigia camicie da notte di seta e tutta una serie di abiti firmati, lui sta buttando in una borsa di plastica uno spazzolino, un vibratore e una scatola di preservativi "paghi uno, prendi due", mentre al telefono si assicura che la stanza sia insonorizzata, a prova di bomba e senza affaccio.

Il gesto grandioso

Usa gli altoparlanti dello stadio, aeroplani con striscioni, mongolfiere o anche scritte sui ponti delle autostrade per impressionare voi e, cosa ancora più importante, il resto del mondo. Perché essere riservati nel fare il grande annuncio? Per lui il sesso e l'amore servono solo per divertirsi e il gesto romantico in fondo è qualcosa da raccontare agli amici al pub, che abbia funzionato o meno. Quando aveva scritto con la bomboletta spray "Angela, vuoi sposarmi?" sul cavalcavia dell'autostrada, era solo in cerca di nuovi brividi, non voleva la vostra mano. Non lascia niente a metà e gli amici lo conoscono come un estroverso che ama le feste. Questo ragazzo avrà un cuore tenero da qualche parte, e con i suoi gesti ostentati e stravaganti come questo, è sicuro di tenerlo ben nascosto. Ha paura di soffrire e questo è il motivo per cui sentite il terrore scorrergli nelle vene mentre è seduto di fronte e a voi e vi sussurra che vi ama.

Quando la seduzione è cosa fatta, si passa ai due step successivi: fare sesso e dormire. Il sesso può addirittura risultare una faccenda priva di complicazioni rispetto a quello che segue: dormire insieme è il massimo degli esercizi affettivi e anche il modo per farla subito finita se siete tipi da "Zitto e dormi", mentre il vostro partner è più da amore eterno...

Posizioni del sonno

Il modo in cui dormiamo, da soli o in coppia, dice molto di noi. Il sonno è il regno del subconscio quindi la nostra personalità può vagare libera sotto le coperte. Potreste pensare che dormiamo in posizioni casuali e in effetti ci giriamo molto: in media tra le quaranta e le sessanta volte a notte. Ma ognuno ha le sue posizioni preferite tra le lenzuola e gli psicologi ritengono che la posizione che assumiamo poco prima di svegliarci sia la più significativa perché è quella in cui stiamo più comodi. Ecco la nostra guida per spiegare il significato delle posizioni più classiche identificate dagli psicologi...

Posizione fetale

È la posizione che avevamo nel grembo materno, con le gambe e le braccia strette al corpo. Questa e la semifetale sono le posizioni più comuni. Le persone che dormono in posizione fetale sono timide e si sentono vulnerabili. La posizione rannicchiata, che tende a proteggere il cuore, dimostra che vogliono tenersi tutto dentro e non si aprono facilmente. Andranno coi piedi di piombo prima di impegnarsi in un nuovo rapporto, ma quando lo fanno hanno relazioni molto profonde. Probabilmente sono persone emotive e dalla personalità artistica.

Sul fianco, con le braccia tese in avanti e le gambe leggermente piegate

Le braccia tese denotano una natura aperta. Sono indice di persone pronte ad adattarsi al cambiamento e capaci di scendere a compromessi. Sono socievoli e osservano gli altri per definire se stessi. Sono persone tranquille che eviteranno il conflitto, ma si sentiranno facilmente ferite. Se le braccia sono abbassate lungo il fianco, possono mancare di creatività ed essere un tantino ingenue. Sono felici di confondersi con l'ambiente.

Viso piegato con le braccia sopra la testa

Si tratta di persone estroverse e di successo che non hanno idea di cosa voglia dire litigare. Abbastanza nervose nel profondo, non reagiscono bene alle critiche e potrebbero voler controllare la relazione. Tengono molto a essere puntuali, in particolare sul lavoro.

Supini, con le braccia lungo i fianchi

Questa posizione rivela un alto livello di rigidità mentale e una sicurezza di sé che sfiora l'arroganza. È tipica di chi ama essere ammirato e di persone soddisfatte della loro immagine a cui piace esibire la ricchezza o l'essere alla moda. Porsi al centro dell'attenzione è insito nella loro natura. C'è una vena di egoismo in tutto questo e dovrete amarle per ciò che sono più che per i complimenti di cui vi riempiono.

Analizzando la posizione che adottate nel sonno come coppia, si può scoprire molto anche della vostra relazione.

Dare la schiena al proprio partner

Un recente studio ha rivelato che la posizione più comune adottata dalle coppie è dormire schiena a schiena, ma senza sfiorarsi.

Posizioni del sonno in coppia

La testa di lei sul petto di lui

È tipico dell'inizio di una relazione, quando la passione è così intensa da pensare che i vostri corpi sembrano fatti apposta per stare a contatto uno con l'altro, per il benessere che provate quando dormite o vi abbracciate. Il suo petto ossuto vi sembra un cuscino e non fate neanche caso ai peli che vi fanno il solletico sul viso o alla barba incolta che vi fa il peeling sulla fronte. È un comportamento tipico da maschio alfa, con la donna ubbidiente che si sente al sicuro vicino al cuore del suo uomo.

La testa di lui sul petto di lei

Posizione adottata solo per una gratificazione sessuale e/o pseudoinfantile. Le cose sono due: o lui sta usando le vostre tette come un materasso ad acqua, oppure ama la sensazione dell'allattamento. In entrambi i casi non è certo l'uomo più adulto in circolazione.

Schiena contro schiena

Non è poi così infelice come sembra, se almeno le spine dorsali sono vicine e c'è un po' di contatto. Questa posizione evoca una coppia in cui entrambe le persone si prestano attenzione e si proteggono reciprocamente nei confronti del mondo, guardandosi letteralmente le spalle.

Schiena contro schiena, ma distanti

È molto meno incoraggiante, soprattutto se state in quell'amaca che si crea nel punto in cui il lenzuolo si infila lateralmente nel materasso. Questo indica infatti che state cercando di stare il più lontano possibile dal partner.

A stella

Entrambi monopolizzate lo spazio del letto quindi potreste anche avere dei problemi di status nella vita reale. Avete mai misurato la vostra parte del letto? Lo farete, credeteci. Pensare che il vostro partner non condivide lo spazio in modo leale rivela una vena competitiva e polemica nella vostra relazione.

Faccia a faccia

Raggomitolati come due gattini, con le mani unite e le teste vicine. Questa posizione rivela una fiducia infantile e valori condivisi. Volete che il vostro partner sia la prima cosa che vedete quando aprite gli occhi e accetterete anche l'alito un po' pesante del mattino: è amore incondizionato.

A cucchiaio

È la più sensuale tra le posizioni, perché quasi tutte le parti del corpo legate alla sessualità sono a contatto per l'intera notte. Significa quindi che amate essere in sintonia con i bisogni sessuali reciproci. Questa posizione denota anche un ruolo protettivo dell'uomo che stringe la sua piccola dea del sesso nel suo corpo e la protegge per tutta la notte, o almeno finché lei non deve andare in bagno.

Avendo passato molti anni ad analizzare l'atteggiamento delle coppie famose, sarebbe scorretto, se non addirittura impossibile, scrivere questo libro senza stabilire le stesse regole per le persone comuni che non si atteggiano sul tappeto rosso davanti a una schiera di fotografi.

La gestualità della coppia

Quando uscite con il vostro partner, avrete sicuramente un modo tutto vostro di toccarvi e guardarvi mentre camminate per strada. Questi gesti possono avere uno sviluppo evolutivo perché sia voi che la vostra relazione maturate. Ma non necessariamente. Ci sono infatti coppie anziane che si tengono ancora per mano come ragazzini. Che cambino oppure no, questi riti rivelano molto dello stato emotivo della vostra relazione.

Tenersi per mano

È un rito adolescenziale che rivela un approccio giovane se si ritrova nel corso di una lunga relazione. È pratico, semplice e divertente, anche se stringersi la mano è un modo efficace di scambiarsi informazioni abbastanza intime con segnali come stringere forte o tirare. Inoltre riflette lo stato d'animo delle persone attraverso livelli di tensione, calore o addirittura sudore.

Le coppie che amano andare in giro mano nella mano si sentono in diritto di esprimere il proprio individualismo, dal momento che questa abitudine non offre molte possibilità di un incontro di corpi. La mano che è sopra di solito denota chi detiene il potere e prende le decisioni all'interno della coppia. Le dita intrecciate suggeriscono legami ancora più stretti.

Braccia intorno alla vita

Questo gesto molto meno pratico (ostacola anche il movimento) crea un livello empatico di intimità attraverso il contatto con il busto e rivela che per questa coppia l'intimità sessuale è molto più importante della socievolezza.

Braccio sulle spalle

In questo abbraccio "mobile", il braccio sulla spalla è quello del partner dominante e protettivo e l'intensità della risposta "coccolosa" da parte dell'altro indica la sua disponibilità ad accettare i ruoli reciproci o la possibilità dell'emergere di conflitti futuri.

Braccio o mano intorno alla nuca

Lontano dall'essere affettuoso, questo gesto ha più il sapore dello scontro, dato che potrebbe risultare quasi minaccioso per la "vittima". La stretta alla nuca indica senso del possesso ed è un modo per marcare il proprio territorio. Le implicazioni della "presa" suggeriscono sperimentazione in campo sessuale – cos'altro si può aspettare da due adulti che giocano a fare la lotta?

Stretta del bicipite

Quando una ragazza tiene stretto il bicipite del suo partner sta evocando un approccio antiquato nei confronti della relazione, stile "Tu Tarzan, io Jane". Questo gesto sottolinea la virilità dell'uomo e la sua forza e lo fa sembrare come una sorta di trofeo.

Distanza

Quando una coppia cammina tenendo una certa distanza, potete dedurre che la relazione sia finita da un pezzo. Se la distanza è evidenziata dal fatto di portare una borsa, un telefono o le chiavi della macchina o dal fatto di tenere una mano in tasca, significa che c'è il desiderio di aumentare ancora di più la distanza attraverso l'uso di barriere.

Ora che avete messo a nudo il partner analizzando lo stato del suo bagno o la pizza che ha ordinato, potete tornare a riflettere su di voi e usare la terza parte del libro per affrontare la gestione della vostra immagine. Come *volete* che gli altri vi vedano? Che tipo di persona volete essere al primo appuntamento? E che tipo di promozione volete al lavoro? La terza parte del libro spiega come creare un'immagine di successo. Qualche piccolo ma efficace cambiamento nelle scelte e nei comportamenti farà la differenza nel modo in cui siete percepiti dalle persone che vi circondano.

Parte terza

COME RITOCCARE LE VOSTRE ABITUDINI PER OTTENERE CIÒ CHE VOLETE

1
Farsi apprezzare

Quanto sono importanti le prime impressioni suscitate negli altri? Malcolm Gladwell, autore di successo, descrive la formazione delle prime impressioni, ossia la nostra capacità di comprendere situazioni e informazioni complesse in un lampo, con il termine "*thin-slicing*" (letteralmente, "tagliare a fettine sottili"), mentre il professor Frank Bernieri dell'università dell'Oregon afferma: «Le prime impressioni sono l'elemento motore fondamentale nelle nostre relazioni... La prima impressione è la prima analisi effettuata su un altro essere umano».

Dopo aver filmato una serie di colloqui di lavoro, i suoi studenti hanno scoperto di poter prevedere se al candidato sarebbe stato offerto il posto dopo i primi quindici secondi del video, basandosi sulle strette di mano e su come il candidato si presentava e si comportava inizialmente. Riteniamo di poter valutare una persona in un secondo tempo con una maggiore obiettività, ma di fatto è più probabile che cercheremo conferme alle nostre prime impressioni. È utile che vi rendiate conto dell'esistenza di questo pregiudizio e che lo sfruttiate invece di contrastarlo, imparando a far stare gli altri al vostro gioco modificando i vostri comportamenti invece di cadere nella trappola della presunta autenticità. In ogni caso non si tratta di barare, ma di potenziare quello che c'è già.

La vera identità

E se quanto abbiamo detto fin qui non vi spinge ad apportare qualche ritocco, tenete presente le teorie del sé elaborate da Carl Jung. Il "vero" sé potrebbe coincidere con un lato oscuro o un sé "ombra" che è opportuno nascondere agli occhi altrui perché potrebbe essere volgare, intollerante e aggressivo, soprattutto quando siete stressati o minacciati. Se tutta la vostra carineria e le vostre buone maniere sono solo una facciata che vi aiuta a sopravvivere in mezzo agli altri, quanto può servirvi essere "voi stessi" in un importante colloquio di lavoro o per colpire un nuovo partner nei primi appuntamenti?

Ritoccare l'immagine può rendervi più popolari? Negli anni Trenta fu pubblicato un libro che divenne un bestseller: *Come trattare gli altri e farseli amici.* Più di settant'anni dopo vende ancora milioni di copie perché spiega come si diventa popolari e i lettori hanno capito che si tratta di abilità che si possono imparare. Perché fare gli orsi e passare ogni sabato sera a casa quando basta applicare poche tecniche per diventare socievoli? Oggi se ne discute parecchio, pensando che popolarità o impopolarità siano solo una questione di fortuna o sfortuna. Vogliamo tutti avere successo, eppure il successo tendenzialmente porta all'isolamento. Citate una celebrità o una persona famosa che non abbia sofferto della "sindrome dell'alto papavero" (detto di persona che supera metaforicamente la massa di tutta la testa e che viene altrettanto metaforicamente decapitata ossia ridimensionata). Non c'è da stupirsi quindi che gli psicologi si siano messi alla ricerca della ricetta della simpatia. Ci aspettiamo di piacere agli altri e ci stupiamo del contrario. Quando i genitori soffocano i figli di affetto, attenzioni o amore incondizionato, spesso impediscono loro di conquistarseli attivamente e scoprire come piacere agli altri. Perché sprecare tempo a imparare come ottenere qualcosa che non ci manca?

Passare alla pratica

Dopo aver completato l'analisi dei vostri comportamenti e aver imparato come scoprire qualcosa di più su un potenziale partner dando una sbirciatina nel cassetto dei calzini o nell'armadietto del bagno, è giunto il momento di cambiare qualcosina in voi. Prima di obiettare che l'importante è essere se stessi, dovreste prendere in considerazione quelli che in un famoso film Tom Cruise chiamava "danni collaterali". La vostra vita si è dipanata sinora come una bella favola dal lieto fine, con una carriera folgorante e un successo dopo l'altro sul fronte sentimentale? A nostro avviso no, altrimenti perché avreste comprato questo libro? La vostra vita, come quella di tutti, è men che perfetta e ai vostri comportamenti abituali farebbe bene una bella revisione. Soprattutto se non siete più giovanissimi, perché in questo caso, lungo l'irregolare cammino della vita, potreste aver acquisito gusti e abitudini che è ora di cambiare o di cui dovreste liberarvi, se non volete ridurvi a vivere come eremiti.

Se avete letto questo libro con un senso di crescente terrore e siete giunti alla conclusione che in voi ci sono talmente tante cose che non vanno che non vale la pena neppure di cominciare a cambiare, non temete: vogliamo prendervi per mano e facilitarvi le cose. Cambiare il modo in cui gli altri ci vedono non è complicato e non è la tredicesima fatica di Ercole. Anzi, anche i ritocchi più insignificanti possono avere effetti travolgenti.

Regola numero 1: individuate gli obiettivi

È incredibile quante persone cambiano la loro immagine o i propri comportamenti senza sapere quali effetti intendono ottenere. Ai parrucchieri capita spessissimo di sentirsi dire «Fai quello che vuoi, voglio solo sentirmi diversa» da eserciti di donne che sperano che un nuovo taglio di capelli possa aiutarle a cambiare rotta. Sapere che cosa volete ottenere dalla vostra immagine o come vorreste essere percepiti dagli altri è fondamentale. Immaginatevi nei panni di uno sceneggiatore e pensate al vostro corpo e ai vostri comportamenti come alle battute del copione. E ricordate che spesso in tutto il copione sono una o due parole a determinare il tipo di messaggio che gli spettatori coglieranno.

Il cosiddetto "effetto attribuzione" definisce il modo in cui giudichiamo gli altri in base a comportamenti che possono essere anche del tutto casuali. Siamo spinti a farci un'idea complessiva degli altri in brevissimo tempo e saremo pesantemente influenzati da singoli eventi. Basta uno sguardo corrucciato, un sospiro, uno sbadiglio o un tic nervoso per farci credere di aver colto la personalità degli altri e il loro schema di comportamento futuro, soprattutto se si tratta di colleghi o dipendenti.

Se non abbiamo aspettative elevate nei confronti di questa persona, le nostre attribuzioni saranno negative e ci basteranno delle inezie per valutare negativamente una situazione qualsiasi e trovare conferma alle nostre ipotesi. Al contrario, possiamo usare le attribuzioni positive e arrivare a trasformare un evento negativo nel suo contrario pur di soddisfare le nostre esigenze e i nostri desideri. Capita spesso agli innamorati di "indossare occhiali rosa" nel giudicare il nuovo partner, traducendo segnali negativi in messaggi positivi. Il partner innamorato tende a interpretare i sistematici ritardi o le mancate telefonate come segni di eccentricità più che di indifferenza e quando l'altro non si fa sentire dopo la prima notte passata insieme, l'innamorato o l'innamorata potrebbe convincersi che il partner si è spaventato di fronte all'intensità delle sue emozioni, mentre in realtà non si è divertito per niente.

STATICI O DINAMICI

I segnali che inviate agli altri, soprattutto mediante il linguaggio del corpo, le scelte abituali e gli schemi di comportamento possono essere "statici" – il modo in cui vi comportate normalmente – e "dinamici" – atti o emozioni più immediati che possono apparire anche insoliti. I cambiamenti improvvisi e drammatici nel comportamento vengono considerati alterazioni irrazionali dei segnali dinamici e le persone che vi circondano sono portate a pensare che quanto prima rientrerete nei ranghi. Apportando cambiamenti più graduali e naturali, gli altri cominceranno a vedervi sotto una luce diversa.

Regola numero 2: elaborate le strategie con l'aiuto dell'algebra cognitiva

Non dimenticate che le interpretazioni altrui si basano sulle sequenze di comportamenti che si verificano in un dato momento e che vengono confrontati tra loro. L'algebra cognitiva è dunque un processo consistente nella somma di tutte le informazioni che è possibile dedurre da certi tratti o comportamenti, alla quale vengono sottratti i segnali contraddittori, per arrivare a una valutazione complessiva della persona. Chi vi vede entrare a passo di marcia in un negozio di alimenti biologici per poi uscire e accendervi una sigaretta dovrà costruire un'equazione con fattori minimi, spesso subliminali, per capire se siete pazzi per il bio o semplicemente pazzi. Avete un aspetto sano? I vostri indumenti sono adatti all'attività fisica? La sigaretta è uscita da un pacchetto che tenevate in tasca e l'avete accesa con il vostro accendino o l'avete scroccata a qualcuno e l'avete accesa con un fiammifero, quindi probabilmente state davvero cercando di smettere?

Dovete essere consapevoli dei segnali che inviate per imparare a riequilibrarli o a rivederli. Se ci riuscite, i cambiamenti introdotti verranno percepiti come coerenti e autentici, e non come mosse di un subdolo piano.

Regola numero 3: osservate i quattro punti chiave di impatto

Ecco quattro punti di partenza per un cambiamento efficace:

- VENDERVI A VOI STESSI

  I messaggi che elaborate nella vostra testa influiranno sulla vostra immagine, quindi è importante che cominciate a vendervi a voi stessi. Credete in voi stessi? Vi sentite sicuri di voi stessi? Se la risposta è no, i vostri pensieri negativi filtreranno all'esterno attraverso il linguaggio del corpo e il comportamento.

- IMPATTO INTERPERSONALE

  È il modo in cui comunicate con gli altri. Riuscite a trasmettere i vostri messaggi verbalmente e visivamente?

- IMPATTO NELLE PRESTAZIONI

  Ci sono momenti, nella vita, in cui è necessario impegnarsi nella gestione dell'immagine e dell'impatto: colloqui di lavoro, appuntamenti, presentazioni o discorsi in pubblico, discussioni a tu per tu su argomenti spinosi e così via.

Il vostro modo di porvi è funzionale o entra in conflitto con il messaggio che state cercando di trasmettere?

- IMPATTO AMBIENTALE

Parliamo ora di come vi comportate in circostanze diverse e con persone diverse.
Quando cominciate a pianificare il cambiamento basandovi sull'algebra cognitiva, dovete confrontare il vostro impatto (o immagine) attuale con gli obiettivi che vi siete posti. In termini matematici, significa partire dalla soluzione, ovvero dall'immagine ideale, e ricostruire l'equazione per scoprire come si ottiene il risultato. In altre parole, significa studiare i comportamenti attuali per vedere in che modo influiscono sulla soluzione.

Ecco come si procede:

Obiettivo: nella riunione della prossima settimana voglio fare una buona impressione, voglio apparire concentrata, positiva e sicura di me.

- Ora come ora, gli altri mi vedono come una persona tranquilla e riluttante a prendere posizione.
- Infatti, quando partecipo a una riunione sono nervosa, mi siedo senza dire una parola, scelgo il posto più lontano possibile, incrocio gambe e braccia e parlo solo quando vengo interrogata.
- Devo tenere a bada tutte quelle vocine negative nella mia testa che mi dicono di stare zitta, che le mie idee non valgono niente e che tanto nessuno fa caso a me.
- Devo trovare il modo di fare buona impressione, come camminare con un passo più rilassato e sedermi in prima fila.
- Devo abbandonare altri "segnali visivi" come mordicchiare una vecchia penna, scarabocchiare o indossare colori che mi fanno passare inosservata.
- Se riuscissi a cambiare queste cose senza apparire radicalmente diversa, conserverei la mia autenticità ma gli altri potrebbero guardarmi in modo diverso.

Sono un impostore?

Trovati gli strumenti per migliorarsi scatta inevitabile l'obiezione: rivedere la mia immagine e l'impatto che ho sugli altri non fa di me un impostore? In questo modo non comprometto la mia integrità?

In realtà, la gestione delle impressioni equivale a imparare o rifinire qualsiasi altra abilità. Se voleste lavorare come autista, seguireste un corso avanzato di guida e se aveste bisogno di lavorare all'estero, imparereste un'altra lingua. Quindi perché non volete fare qualche passo indietro per scoprire quale immagine proiettate sugli altri, soprattutto su partner, clienti e capi potenziali, per poi rivedere o approfondire le vostre abilità e avere più chance di successo? Alla nascita non usavate lo stesso linguaggio del corpo che utilizzate ora e non avevate gli stessi gusti in fatto di cibo, vino, musica o arredamento. Questi ultimi sono tutti comportamenti appresi, quindi che male c'è se l'impararne qualcun altro che vi possa essere utile per farvi strada nella vita?

Il presidente degli Stati Uniti Barack Obama ha svolto un eccellente lavoro sulla propria immagine. Da persona quasi sconosciuta agli elettori, ha conquistato una vasta schiera di ammiratori, se non addirittura adoratori, nel giro di poco più di un anno. Ci è riuscito "essendo se stesso"? Sicuramente l'elemento autenticità è servito, ma sarebbe da sciocchi credere che abbia scoperto per puro caso di sapersi muovere con disinvoltura su un palco e rivolgersi a milioni di persone in modo convincente e coinvolgente. O che abbia un talento innato per l'eloquenza e la persuasione.

Obama ha creato il mix ideale dei tratti destinati al successo: non è un imbroglione ed è noto per la sua cultura e la sua intelligenza, quindi si sa che non finge. Ma la storia della politica è costellata di molte altre menti brillanti, che non sono mai riuscite a fare breccia sugli elettori allo stesso modo.

Obama sa di poter contare su tre punti di impatto psicologico che "collaborano" a suo vantaggio:

- Proietta l'immagine del leader, ossia una persona che ha il controllo della situazione. Quando parla, solleva la testa, stringe gli occhi e punta lo sguardo verso la media distanza: appare come l'uomo della Provvidenza. In fotografia, appariva come un presidente ben prima di mettere piede alla Casa Bianca. È elegante senza esagerare ed è abbastanza attraente da poter sfruttare a suo vantaggio il pregiudizio che associa un bell'aspetto a una bella personalità.

- Proietta un'immagine paterna. A livello subliminale, desideriamo sempre che i nostri leader, i capi o gli allenatori assumano un ruolo quasi paterno, nella nostra vita, anche se per brevi periodi. In questo modo ci è più semplice accettare la loro autorità e ci sentiamo al sicuro – un indubbio vantaggio per un leader in un momento difficile. Obama è un uomo relativamente giovane eppure il suo atteggiamento verso le figlie lo trasforma in un padre ideale, vecchio e giovane allo stesso tempo.
- Proietta l'immagine dell'amante. Una particolare forma di sex appeal esercita un richiamo quasi universale sugli elettori. Molti politici hanno tentato di battere questa strada, senza successo, esagerando con baci e contatti fisici con i partner, per poi rivelarsi degli adulteri. Altri hanno tentato goffamente di apparire quasi consumati dall'amore, neanche avessero incontrato il partner solo un attimo prima. Gli Obama appaiono piuttosto scontati nella rappresentazione dell'amore, del rispetto e dell'attrazione reciproca, ottenendo comunque un discreto successo. Lui riesce a guardarla negli occhi mentre è sul palco e lei gli risponde con sguardi colmi di simpatia e autentico orgoglio.

Fare in modo che parole, pensieri e immagine corrispondano è un'arte che si chiama "creare congruenza" e un meccanismo ben oliato produce l'autenticità.

La buona notizia è che anche voi potete creare un'immagine congruente, anche quando siete sotto pressione, in occasioni particolarmente importanti come un appuntamento, un colloquio di lavoro, il primo incontro.

L'inventario

Quando avrete una prima idea di come volete essere percepiti da una persona in particolare o da chi vi circonda in generale, dovrete fare un rapido inventario. In altre parole, dovrete osservarvi o, in altre parole ancora, dedicarvi a una riflessione sincera e obiettiva.

Secondo voi, che cosa pensano gli altri di voi, in questo momento? E secondo voi qual è la prima impressione che suscitate negli altri?

Per trovare le risposte a queste due domande cruciali, dovrete liberarvi di due modalità di pensiero dannose:

1. propositi
2. giustificazioni.

I propositi sono le cose che intendete cambiare o sistemare, come lucidare le scarpe/mettere in ordine la stanza/perdere qualche chilo/pulire la macchina/essere puntuali a un appuntamento.

Le giustificazioni sono invece le scuse che trovate quando non vi siete comportati bene o non avete fatto registrare delle buone "prestazioni". Facciamo un esempio: «Avrei voluto parlare, ma ero troppo in imbarazzo», «Con le persone che conosco bene mi sento a mio agio, ma...» «Non immaginavo che avrebbero voluto fare un salto a casa mia per un caffè» oppure «Come facevo a sapere che quel tizio in ascensore a cui ho detto peste e corna dell'azienda avrebbe poi condotto il mio colloquio di lavoro?».

Il problema con questo tipo di pensieri è che esistono solo nella vostra testa. Gli altri non li vedono e non li sentono.

Non potrete mettere in discussione le percezioni che gli altri hanno di voi. Se date l'impressione di essere persone noiose, vanitose, stupide, pigre, paurose, ossessive, superficiali, snob, inaffidabili tocca a voi dare un'impressione migliore, anche se sapete che nessuno di quegli aggettivi vi descrive in alcun modo.

2

Come cambiare il modo in cui vi vedono gli altri

Dopo aver definito gli obiettivi da raggiungere e aver esaminato la vostra immagine attuale e i motivi per cui gli altri vi percepiscono in un certo modo, potete cominciare ad apportare quelli che definiamo ritocchi critici. Le "modifiche alle scelte" influiranno sull'impatto che avete quotidianamente sugli altri, facendo in modo che il vostro capo, i colleghi, i clienti e i partner potenziali vi percepiscano come desiderate. Con un approccio casuale ai punti di impatto chiave, lasciate il vostro futuro nelle mani del caso. Se avete sempre avuto successo, gonfiate un bel materassino e abbandonatevi pure alle correnti del fato. Ma se pensate di poter fare meglio, di ottenere risultati migliori sul lavoro o occupazioni migliori, di diventare popolari e accalappiare un partner, prendete il destino nelle vostre mani e concentratevi sugli obiettivi. Del resto, vi mettereste mai al volante girando a caso per le strade nella speranza di arrivare prima o poi a destinazione? Certo che no: prima di tutto scegliete la meta, quindi studiate il percorso e usate persino un navigatore per essere certi di raggiungerla nel modo più efficiente possibile. Allora perché non applicare lo stesso metodo alla vostra vita? Ecco quindi il vostro navigatore dell'immagine, che vi aiuterà a raggiungere le mete che vi siete prefissi.

Quasi tutti arrivano al lavoro senza sapere esattamente come entreranno in ufficio e quale impatto il loro arrivo avrà sui colleghi. Chi studia il comportamento degli animali, sa che la prima impressione è fondamentale per sopravvivere ed essere accettati. Dal modo in cui un animale si avvicina a un branco o a un gruppo può dipendere la sua sopravvivenza. Le manovre di avvicinamento a colleghi o clienti sul lavoro non sarà altrettanto vitale, ma anche se sono persone con le quali lavorate regolarmente o quotidianamente, il vostro ingresso e l'umore che manifestate avranno un effetto formidabile a lungo termine. Nelle pagine seguenti, troverete una guida utile alla gestione del vostro impatto sul lavoro.

Dopo una giornata pesante...

Secondo uno studio, i fanatici del lavoro potrebbero essere gli amanti migliori. Jonathan Schwartz, docente di Psicologia, ha studiato la vita sessuale di cento coppie sessualmente attive nell'arco di un anno e ha scoperto che le compagne di uomini molto impegnati sul lavoro erano più soddisfatte.

Non c'è dubbio: l'arena in cui ogni giorno dobbiamo fare in modo che gli altri abbiano la giusta impressione di noi è il luogo di lavoro. Ma non serve mettersi spalline imbottite o spendere un capitale dal parrucchiere: potete limitarvi a cambiare penna.

Ritratti a penna

Si dice che "il diavolo è nei dettagli": niente di più vero se pensiamo al momento in cui sfiliamo la penna dalla tasca o dalla borsa durante una riunione di lavoro, per annotare l'ordine di un cliente o anche solo un numero di cellulare. Scordatevi tutti gli sforzi consapevoli di curare la vostra immagine con l'abbigliamento, i sorrisi e il dopobarba: basta quel piccolo oggetto appuntito per rivelare la vostra vera classe sociale e il vostro livello di benessere e di autostima. Nella nostra vita, le penne vanno e vengono a una velocità impressionante, ma tutte quelle che compriamo, conserviamo e usiamo sono piccoli prodotti della nostra immagine ai quali ci leghiamo se non col sangue con l'inchiostro e dicono a tutti esattamente che tipo di persone siamo. Preparatevi a giustificarle («Quella bella me l'hanno rubata», «L'ho presa in albergo», «Non l'ho mai vista prima» e così via), ma rendetevi conto che anche se vi ha seguito fino a casa come un randagio indesiderato, è pur sempre la vostra penna e, come una figlia, ha gli stessi tratti del genitore. Avreste sempre potuto gettarla via. Invece avete adottato lei, tanto quanto lei ha adottato voi. Il fatto che le avete trovato spazio sulla scrivania, nella borsa o in tasca significa che non potete negare il rapporto simbiotico che si è instaurato tra voi.

La penna è sia uno strumento di scrittura sia un'arma simbolica. Nella maggior parte degli uffici, viene usata molto più come arma che non per scrivere. Sul posto di lavoro, tutto ciò che viene maneggiato viene automaticamente identificato come motore primo nell'arena dell'eufemismo gestuale: in altre parole, tutto quello che fate con la penna, la tazza o il foglio di carta viene spesso considerato una rappresentazione di ciò che fareste in realtà al vostro interlocutore. Quando afferriamo una penna... Non possiamo più nascondere le nostre emozioni.

Penna biro

Nel mondo delle penne, corrisponde al "piatto del giorno", così dolorosamente qualunque, piatta e funzionale, da resistere a ogni tentativo di attribuirle un po' di stile o di gusto: esattamente come chi ne possiede una. Le biro si vendono in confezioni da venti o più e sono dotate di antifurto – chi se le piglia? Non danneggiano né valorizzano la vostra calligrafia, ma sono letali per le vostre ambizioni se si affacciano, allineate come tanti soldatini anoressici, dal taschino della camicia.

Le biro – così come le grucce di fil di ferro o le forchette di plastica – hanno origini incerte ma se quando ce le ritroviamo tra le mani non facciamo niente per liberarcene dimostriamo un intimo legame con un oggetto così indiscutibilmente qualsiasi. Possedere una biro significa essere spilorci, anali, pratici e straordinariamente noiosi. Sfilatene una dalla tasca solo se avete già acquisito uno status da "leggenda dello stile ultracool". In questo caso, il vostro gesto potrebbe essere interpretato come una performance di arte contemporanea. Artisti come Gilbert&George potrebbero maneggiare impunemente una biro, così come attori intellettuali fin nel midollo. Se usate una biro, dev'essere nuova di zecca e avere ancora il cappuccio. Portatevela dietro in un portapenne illogicamente costoso oppure – ancora meglio – in una scatoletta.

Penna mordicchiata

Mordicchiare una penna è indice di frustrazione, ma raramente si tratta di frustrazione sessuale, quindi non pensate di essere una bomba a orologeria in camera da letto. Noiosi ma stressati, ecco come descrivervi in pillole. Abbandonate questa abitudine: non usate mai, e non osate mai neppure toccare una biro mordicchiata. Consideratele i paria nell'universo della cancelleria.

Penna firmata

Un acquisto perfetto, che preme tutti i tasti giusti, soprattutto se, quanto a immagine, il resto è più casuale e caotico. Una penna di design, bella da vedere, che scrive bene e ha persino un buon profumo vi qualifica come persone di successo, che si gratificano regolarmente. Da un certo punto di vista indica anche un basso livello di autostima, perché per dimostrare quanto valete e quale sia il vostro posto nel mondo vi serve una penna costosissima, ma sapete tenerlo ben nascosto, quindi la facciata è salva. Questa penna dice che vi piace mostrare il vostro status e il vostro valore senza strafare e che il frutto del vostro lavoro e del vostro pensiero ha una notevole qualità.

Penna dell'albergo

Ops... Avete passato una notte in albergo e la penna che avete preso dalla scrivania per trascrivere un messaggio urgente in qualche modo è riuscita a seguirvi fino a casa. Sappiate che le implicazioni di questa "svista" sono molto più importanti e anche un po' sinistre. Le persone che saccheggiano le penne dalle stanze d'albergo sono avidi cacciatori, bramosi di portarsi a casa un "trofeo" in ogni occasione, per quanto piccolo o simbolico. Il viaggio, la "spedizione", merita un souvenir. Vi siete intascati anche il blocchetto, poi ci avete ripensato e l'avete lasciato dov'era? La penna dell'albergo vi fa apparire avventati e totalmente privi di strategia, persone che procedono a tentoni nella vita, con un sorrisetto di scuse sempre pronto e una certa disposizione alla cleptomania. L'uomo o la donna con la penna dell'albergo sono considerate persone poco affidabili. Buttatela.

Penna colorata

Tra tutti i modi un po' infantili per distinguersi e apparire "speciali", l'uso di inchiostri colorati è senz'altro il più stupido. Le penne colorate vi identificano come persone che adorano firmare assegni, documenti e lettere con l'inchiostro verde o viola per poi fare spallucce e sorridere come per dire "vedi come sono?". Siete aspiranti eccentrici, vi piace apparire un po' pazzi, divertenti e totalmente diversi da tutti i vostri colleghi, ma questa penna dimostra che la vostra eccentricità è solo superficiale e forzata. I colleghi vedono benissimo che nel profondo siete ancora guidati dai ricordi della scuola, dove il rosso e il blu si usavano per assegnare voti e premi. Queste penne dicono che nella vita avete fatto ben poca strada, ma che vi piace contrassegnare i vostri passettini con una "tacca" mentale. Inoltre, di fronte a provocazioni o critiche, reagite difendendovi o con un aria triste oppure ostile. Usate queste penne solo se dovete davvero attirare l'attenzione nel vostro lavoro, come dire al bagnino: «Ehi, sto annegando, non ti sto facendo ciao ciao con la manina». Non dimenticate comunque che l'inchiostro viola non è gradito.

Penna buffa

Naturalmente non c'è che l'imbarazzo della scelta e spesso sono considerate l'omaggio perfetto, quindi se possedete una penna rosa con luci lampeggianti, una megabiro infiocchettata o decorata con figure di gattini o personaggi dei fumetti, è possibile che ve l'abbiano appioppata amici o conoscenti. Averla accettata e quindi usata significa che avete coscientemente deciso che vi *piace* l'immagine di voi che queste penne proiettano. Quindi, sotto quella superficie gessata e inflessibile di austeri professionisti che mostrate al lavoro, si nasconde un coniglietto morbidoso o un autentico pagliaccio. Questo giocare a nascondino lascia trapelare qualcosa di ciò che tenete ben nascosto. Pensate che questo faccia di voi un personaggio a tutto tondo, ma secondo noi vi rende inquietanti. State lontano da quella penna. Sbarazzatevene.

Stilografica

La stilografica è un po' il re canuto delle penne, perché vi dipinge come una persona che vuole tenere a bada la marea incombente della banalità. Il vostro è un mondo di qualità e classe, ma anche di polpastrelli macchiati e grafia da Jack lo Squartatore. Il peso della stilografica dice che per il resto vi piace viaggiare leggeri e che il vostro ego è così debordante da essere convinti che tutto quello che scrivete meriti un cerimoniale, che ha inizio sfilando il cappuccio della penna e termina agitando il foglio per evitare sbavature. Per voi la qualità delle prestazioni è tutto e siete felici di lavorare sodo dietro le quinte per raggiungere il livello di eccellenza a cui puntate. (Avete mai visto come si ricarica una stilografica? Non è un bello spettacolo).

Se la penna è lo strumento o l'arma per eccellenza, il carattere tipografico è il tocco che definisce le vostre comunicazioni stampate. Quante volte negate ogni responsabilità nella scelta del carattere, sostenendo che l'avete ereditato e non vi siete mai presi il disturbo di cambiarlo? Ma l'immagine è ciò che gli altri percepiscono, quindi se il carattere è troppo barocco o antiquato non bastano le scuse per cancellare i segnali che trasmette...

Ci vuole carattere

Già nel 1550 i grafologi si guadagnavano di che vivere analizzando la grafia dei clienti. Ritenevano che stili, strutture e tratti potessero essere ricollegati a determinati aspetti della personalità. Oggi non si scrive quasi più a mano, ma dobbiamo comunque scegliere uno stile. Talvolta, i caratteri ci vengono imposti dai programmi o dalle applicazioni che usiamo. Ma quando si tratta di corrispondenza personale o di email di lavoro, quasi tutti noi abbiamo un carattere preferito, anche se non sappiamo come si chiama. Scriviamo email, spediamo un curriculum e lettere tutti i giorni e sappiamo che finiranno sotto gli occhi di altri. Gli psicologi ritengono che il carattere usato faccia la differenza nel modo in cui gli altri vi percepiscono, prima ancora di incontrarvi di persona: in poche parole, si tratta di una scelta importante. Secondo uno studio del 2001 intitolato *The psychology of fonts* ("La psicologia dei caratteri tipografici"), dietro il carattere scelto emergono alcuni tratti della personalità e l'autore dello studio, Aric Sigman, ritiene che un carattere possa influire in misura significativa sul modo di pensare.

Sembra che i caratteri abbiano una loro personalità. Le vostre scelte possono quindi far trasparire almeno in parte la vostra indole, e cambiando carattere potete far giungere al vostro interlocutore il messaggio giusto. Potete quindi scegliere un carattere per il curriculum da inviare a una banca e un altro per il curriculum destinato a un'emittente televisiva. Ecco alcuni dei caratteri più diffusi e il messaggio che, a nostro avviso, inviano ai destinatari.

Times New Roman

Usando questo carattere così diffuso pensate di dimostrare la vostra influenza e l'importanza del messaggio. Probabilmente le vostre scelte si orientano sui classici anche in altri campi, ma le parole che usate sono importanti: secondo voi, la sostanza è più importante della forma. Vi considerate degni di fiducia e rispettabili, formali ed equilibrati. Una scelta calzante per un avvocato o per il presentatore di un telegiornale. Se vi trovate più in basso lungo la catena alimentare/intellettuale, è il carattere che fa per voi, perché questo equivalente di un impermeabile Burberry aggiungerà un certo peso alla vostra parola scritta. (almeno si spera!)

Arial

È il tipo di carattere che lascia i lettori nel dubbio. Pur essendo semplice e lineare, non vi qualifica come persone banali. Chi lo sceglie si concentra sul messaggio e non sulla scrittura in sé. Così come le persone che non badano al superfluo o all'immagine. Volete mostrarvi per quello che siete, il che è utile nel mondo del lavoro. Chi legge un documento in arial, non si aspetta sotterfugi e vi considera persone accomodanti e disponibili.

Courier

Caratteri lineari e di piccole dimensioni come questi richiamano alla mente l'età dell'oro. Potrebbero essere i preferiti di qualche burbero vecchietto (o vecchietta). È il carattere scelto da chi non apprezza l'era del computer e preferirebbe tornare a bere whisky appollaiato su una vecchia macchina per scrivere. Che mancanza di immaginazione... Chi vi legge potrebbe dedurne che siete testardi e poco aperti ai cambiamenti.

Helvetica

Pare che sia il carattere più diffuso al mondo. È un carattere moderno e rassicurante, rotondo ma senza svolazzi. Scegliendolo, dichiarate di non volervi distinguere, ma dimostrate anche di essere persone più che affidabili, al limite della prevedibilità. Questo carattere dimostra che siete contenti di essere un numero nel database aziendale e non vi piace agitare le acque, ma sapete guardare al futuro e adattarvi al cambiamento.

Comic Sans

Un carattere che attira l'attenzione anche se è un po' sciocco. Secondo uno studio condotto dall'Università di Wichita, chi usa caratteri ornati nelle email rischia di essere preso meno seriamente dai destinatari dei messaggi. Niente da dire se lo si usa in un sito web spiritoso, ma poco adatto a un curriculum. Questo carattere è legato al mondo della fantasia. Potreste essere dei geni, ma vi servirebbe un capo disposto a darvi mano libera. Probabilmente pensate di essere spiritosi, ma chi vi legge potrebbe non gradire. I vostri interlocutori infatti potrebbero pensare che siete degli originali a tutti i costi. Questo carattere appare eccessivamente informale, quindi usatelo quando scrivete agli amici che conoscono bene le vostre piccole manie.

Georgia

Le sue forme arrotondate rimandano a uno stile tra rock e hippy ma rigorosamente firmato. È lo stile tipico di una persona che ama la moda e il design e detesta i compromessi, mentre la sua rotondità suggerisce sensualità ed estroversione e una propensione all'avventura anche in materia di sesso.

Impact

Caratteri moderni come questo sono per lo più associati alla mascolinità. Il nome stesso "impact" rimanda all'assertività o addirittura all'aggressività, così come l'uso delle lettere maiuscole fa capire che state urlando o siete infuriati. L'uso di questo carattere potrebbe farvi passare per maleducati o prepotenti, come se voleste imporre la lettura delle vostre email, facendo indispettire gli interlocutori.

Calibri

Sempre da una ricerca condotta dall'Università di Wichita, Calibri era il carattere più diffuso nelle email, messaggi istantanei e presentazioni in powerpoint. È anche molto usato nei siti web. Sicuro, ma un po' anoressico.

Quando criticate il carattere tipografico usato da una persona, dubitate del suo gusto, ma se criticate la cravatta di un uomo, state in realtà offendendo la suo mascolinità: ecco perché molti uomini sposati attribuiscono la scelta della cravatta alle loro mogli...

La cravatta

Come è nata la cravatta? Secondo gli storici, l'uomo cominciò a portare strisce di tessuto rosso annodate al collo per sembrare più macho, perché il rosso era il colore del sangue versato in battaglia: ecco perché il bordeaux è uno dei colori più classici nella cravatteria. La cravatta serve chiaramente ad attirare l'attenzione e ravvivare il *business suit*, normalmente sobrio e austero. La dice lunga sulla personalità di chi la indossa e spesso è l'unico modo per esprimere eccentricità, carisma, gusto personale e narcisismo. Attribuendone l'acquisto alle mogli, molti uomini si adattano a essere esibiti come proiezione delle loro partner invece di avere il coraggio di scegliere di persona.

Ovviamente dobbiamo ricordare il ruolo freudiano della cravatta, cui abbiamo accennato nella sezione dedicata ai gesti involontari. La cravatta ha assunto la forma di una freccia, che non solo è puntata verso il cavallo, ma arriva a sfiorarlo. La parola d'ordine qui è "misura", perché lunghezza e larghezza della cravatta sono tanto rivelatrici quanto il disegno o il tessuto.

Sottile, tinta unita, colore scuro

Una scelta decisamente "cool" che vi qualifica come visitatore occasionale del mondo dell'abbigliamento da lavoro classico. Questa cravatta parla di umori variabili e di un certo grado di irritabilità, soprattutto se l'avete scelta nera perché siete fan sfegatati del film *le iene*. Forse sarete trendy, ma di certo non generosi. Questa è infatti la cravatta di una persona tirchia e poco incline a esprimere le proprie emozioni. Quest'aura di mistero potrebbe essere un vantaggio nel mondo del lavoro, ma se collaborate con un'azienda "seriosa", fate attenzione. Rifiutandovi di unirvi al coro cravattaro, potreste addirittura spaventare i colleghi, che potrebbero isolarvi o manifestare aggressività nei vostri confronti. Sceglietela se volete assomigliare a un cane sciolto o addirittura intimidire gli interlocutori. Evitatela se volete integrarvi. Le cravatte di larghezza media e in tinta unita sono più adatte agli incontri con i clienti o se volete mostrare di far parte della squadra.

Regimental

Un classico. È una cravatta di sicurezza, scelta da chi vuole conformarsi ed essere accettato. La si compra per sembrare adulti, ma in realtà fa "scolaro", perché nonostante desideriate sembrare un capitano d'industria ed emanare potere e status da tutti i pori, non opponete resistenza quando qualcuno prende posizione contro di voi. Sotto pressione reagite in modo infantile, buttandovi sul cibo, facendo il broncio o battute sciocche. Scegliete questa cravatta se volete sembrare "a posto" in termini di conformità, ma ricordatevi dei segnali di appartenenza ed evitate di indossarne una con le righe "sbagliate" o qualcosa che vi associ a una scuola che non avete frequentato.

Motivo "cashmere"

È la stampa classica del gentleman, un motivo a disegni piccoli e quasi impercettibili che riesce a creare un effetto pressoché anonimo. Stando a questa cravatta, avete preso vostro padre a modello e avete gusti e valori all'antica. Il motivo "cashmere" ha un che di auto-assolutorio, quindi non cedete alle pressioni e amate sostenere le vostre posizioni richiamandovi a leggi e regolamenti, anche se a volte mostrate un'aria di quieta ribellione, fumando sigarette insolite o comprando cd di musica jazz. Se desiderate costruirvi un look rétro da "buon vicino" e non passare per dei fenomeni, questa è la cravatta che fa per voi. Se cercate di apparire creativi e all'avanguardia, scegliete fantasie più geometriche o colori vivaci.

Animali o personaggi dei fumetti

Un simbolo fallico comico? Se portate una cravatta di questo tipo, credete di potervi portare a letto una donna facendola ridere, ma a quanto pare nessuno vi ha detto che dovrebbe ridere con voi e non di voi. Dietro questo desiderio di esibire il vostro senso dell'umorismo potrebbero esserci motivi più oscuri. Lo humour è una strategia di attacco, per quanto mascherata. Quindi avete difficoltà nell'esprimere una critica diretta o giudicare il lavoro altrui e preferite usare il sarcasmo o le battute. Se la vittima protesta, vi tirate indietro sostenendo che "era solo uno scherzo". Sarebbe bello poter dire che esiste, da qualche parte, una cravatta che smentisca questa diagnosi da "caso pietoso", ma purtroppo non c'è. Conservate i modelli più sgargianti per le feste nelle quali potete spacciarvi per nostalgico degli anni Ottanta e bruciate le altre.

Pois

I pois hanno un vero potenziale comico e vi identificano come persone ottimiste e in cerca di attenzioni. I cerchi rimandano a una personalità allegra, anche se piuttosto egocentrica. Adorate la vostra capacità di farvi notare o di esibirvi e odiate le critiche o gli attacchi di chi vi accusa di essere allergici alla pianificazione e di fidarvi un po' troppo del vostro naso. Per risollevare il morale e creare energia positiva nel team, scegliete pois più grandi, ma evitateli del tutto se dovete presentarvi davanti a una commissione disciplinare o presentare risultati semestrali insoddisfacenti o parlare al funerale dell'amministratore delegato.

Raso

Una cravatta così luminosa suggerisce una forte vena di vanità e un certo fascino, incline all'egocentrismo. Se portate cravatte di raso al lavoro, piacerete ma non ispirerete grande fiducia, non fate gioco di squadra ma siete abbastanza competitivi da formare alleanze per ottenere vantaggi personali. Siete potenzialmente dei perfezionisti, perché con questo tessuto non potete nascondere pieghe o macchie. Siete sicuri di voi stessi e abili strateghi.

Fiori

I tessuti a fiori dicono che siete persone schiette, calde ma a volte anche immensamente noiose. Non avete intenzioni bellicose sul lavoro e fate il possibile per evitare conflitti o dissapori. I fiori fanno pensare al capofamiglia che fa colazione col müesli o a un fan degli anni Sessanta con un tocco di ironia nell'approccio con gli altri. Se siete persone molto competitive e machiavelliche, questa cravatta potrebbe farvi passare inosservati agli occhi dei colleghi, che non penseranno mai a voi come a un opportunista mascherato. In caso contrario, state alla larga.

Mentre l'unico tocco di colore nell'abbigliamento formale da uomo è limitato alla cravatta, il colore ricopre un ruolo importante nella definizione dello status e dell'immagine delle donne.

I colori preferiti

I colori hanno una propria valenza psicologica, che può influire su di noi, non solo sul posto di lavoro. Ecco come vengono percepiti.

Rosso

È il classico di chi vuole attirare l'attenzione, correndo il rischio di apparire pericolosi. Il rosso invia segnali di fiducia in se stessi e positività, ma è anche il colore dell'aggressività. Scegliendolo, volete manifestare le vostre intenzioni bellicose o quanto meno non volete passare inosservate.

Grigio

L'antracite è un classico da ufficio, che parla di serietà ed esperienza, con un accenno velato al benessere economico. Sfumature più chiare suggeriscono debolezza e indecisione. Chi sceglie il grigio chiaro appare infatti più fragile di quanto non sia e finisce per confondersi con lo sfondo.

Nero

È il colore "cool" per eccellenza, peccato però che la tintura nera e i tessuti a buon mercato non vadano d'accordo, quindi grida ai quattro venti che fate shopping ai grandi magazzini. Il nero implica individualismo e mistero, vi fa sembrare sicuri e decisi senza per questo essere prepotenti. È una scelta-non scelta, un'alternativa a portata di mano che rivela solo quello che volete senza per questo farvi sembrare marionette.

Beige

Nonostante gli alti e bassi delle sue fortune nella moda, rischia sempre di essere considerato un campione di piattezza, soprattutto se la vostra carnagione è un po' smunta. Il beige può addirittura suggerire depressione e negatività e le persone dotate di una buona dose di *joie de vivre* difficilmente lo scelgono.

Marrone

È il colore dell'integrità perché rimanda alla schiettezza della terra. Parla di una persona semplice, che non ama farsi notare e con un lato sobrio e un po' burbero che fa capolino sotto la gentilezza esteriore.

Giallo

È considerato il colore della spontaneità, della creatività e dell'ottimismo, quindi è un buon colore da indossare nei brainstorming. Se indossate questo colore, tutti penseranno che siete persone allegre e questo potrebbe bastare per mantenere alto l'umore.

Blu navy

Per definizione, è il colore della brava ragazza che non fa polemiche; sicuro e rassicurante, ricorda le divise scolastiche e non dà spazio ai sottintesi.

Blu

Il blu è un colore universalmente accettabile per il suo effetto calmante, tanto è vero che piace praticamente a tutti. Chi si veste di blu dà l'impressione di un essere razionale, ragionevole ed empatico. Con il blu si va sempre sul sicuro, anche se non è una scelta audace. Ottimo per riunioni coi clienti o colloqui di lavoro, dove è importante la flessibilità dell'immagine.

Viola

Il viola è carico di note di blu, e ha lo stesso effetto calmante e un'analoga associazione alla razionalità, ma è molto più vivace e nella tradizione è stato associato a status, potere e persino alla morte. È un colore che dona molto ma è anche rischioso: se ai vostri interlocutori viene in mente una certa marca di cioccolato potrebbero prendervi in simpatia, ma se vi associano a sovrani ammantati di ermellino potrebbero prendere le distanze da una simile esibizione di status.

Considerati singolarmente, i colori inviano un certo messaggio, ma difficilmente ci vestiamo in tinta unita, quindi la vostra algebra cognitiva si applica a combinazioni di colori, così come ai vostri comportamenti e al linguaggio del corpo...

La camicia

Nel dubbio, scegliete il bianco, il mantra dei luoghi di lavoro. Le camice bianche immacolate vi donano, perché riflettono la luce sul vostro viso togliendovi qualche mese, se non proprio qualche anno; inoltre, un uomo che porta la camicia bianca è evidentemente pulito e sano e sa cosa significa la parola "igiene personale", quindi si merita fiducia e persino un po' di affetto. Ma ricordatevi che bianco vuol dire bianco, quindi eliminate tutte le camicie che hanno una patina grigia o portano il ricordo di un incontro ravvicinato con altri colori e indossate solo camicie perfettamente pulite e stirate. Quando il colletto comincia a piegarsi o le cuciture si lamentano, sembrate uomini che vorrebbero passare per brave persone, pulite, ottimiste e di successo ma in realtà hanno interrotto la loro ascesa trionfale: in sostanza, siete un po' dei ciarlatani.

Il colletto della camicia deve essere proporzionato alla larghezza del rever e della cravatta e rispettare i canoni di quella vecchia tiranna che è la "moda". Cercate sempre di mostrare che avete il controllo della vostra vita e del vostro destino, eliminando tutte le camicie con il colletto troppo stretto, troppo corto o con le punte slabbrate. Non portate mai la cravatta se il primo bottone della camicia è slacciato, se non volete passare per una persona troppo tirchia per comprarsi una camicia della misura giusta o che è ingrassata improvvisamente come l'Incredibile Hulk o si trascura. Sono ritratti che sul lavoro non sono vincenti.

Investite nell'acquisto delle bacchette di rinforzo che tengono il colletto sempre perfettamente a posto.

Chambray azzurro

Al secondo posto nella classifica delle camicie da ufficio, ha il pregio di mascherare la sbronza della sera prima e farvi sembrare freschi come rose. Di un uomo con camicia azzurra e cravatta rosso scuro o bordeaux ci si può fidare, fino a che non si scopre il buco di sei miliardi di dollari nei conti dell'azienda.

Rosa

Una scelta insolita. L'uomo in rosa ha qualcosa da dire: «Sono talmente sicuro della mia sensualità da potermi vestire di rosa senza che qualcuno dubiti che sono etero». Perché anche nel XXI secolo ci sono ancora uomini adulti che storcono il naso o si rifiutano categoricamente di portare una camicia rosa.

A righe

Sono un classico, purché le righe non siano tanto larghe da scivolare nel clownesco o nello stile beach boys. Le righe vi conferiscono un'aria decisa e provocatoria, ma possono anche essere irritanti: una camicia a righe con una cravatta regimental o con altra fantasia possono trasformarvi in un caleidoscopio ambulante. Usatela responsabilmente per evitare epidemie di cefalea.

A quadretti

Dato il richiamo alla carta millimetrata, fanno pensare che la vostra testa sia piena di noiosi dati statistici e altre bazzecole da insegnante di matematica. I quadretti vi faranno sembrare noiosi.

A manica corta

Mamma mia! Sembrate addetti della manutenzione degli anni Settanta: manca solo il fermacravatta. E se fa caldo? Meglio soffrire le pene dell'inferno piuttosto che tornare ai tempi dei pantaloni di nylon. In fondo non pensiamo che qualche centimetro di manica in più possano davvero provocare "sofferenza".

Camicia hawaiana

Un classico per comici sovrappeso o di mezza età o dj consapevoli del rischio che età / grasso li trasformino in cretini, e credono che una camicia ripugnante li riporti nel mondo dei "ggiovani". Lasciate perdere. Sempre. Anche se siete in vacanza alle Hawaii.

Non sono indumenti né accessori in senso stretto: i biglietti da visita si acquattano nelle tasche della giacca cercando di adattarsi allo stile sartoriale. In questo campo, la moda è meno volubile, ma solo marginalmente...

I biglietti da visita

Lo scambio di biglietti da visita è un gesto elegante e formale che può costruire o distruggere la vostra immagine sul lavoro. A livello "mondiale" vengono usati in maniera differente: i giapponesi hanno il culto dei biglietti da visita, considerati segno di status e carattere; gli americani li distribuiscono a destra e a manca senza alcun riguardo per gerarchie o reddito; gli inglesi li offrono quasi furtivamente, estraendoli dall'angolo più recondito della tasca interna e scusandosi per le macchie e l'angolo ripiegato.

I biglietti da visita migliori sono stampati su carta di buona qualità (bianca) e riportano il vostro nome e recapito in caratteri chiari e semplici. Dovrebbero spiegare anche qual è il vostro ruolo in azienda, evitando eufemismi quali "assistente alle vendite" o "addetto alla comunicazione": forse vi vergognate del vostro lavoro?

Fotografie

Inserire una foto nel biglietto da visita è una pessima idea: le fototessera vi fanno passare per un serial killer mentre i ritratti più curati sono indice di vanità e affettazione. Pensate che nessuno ricorderà la vostra faccia? I biglietti da visita in genere si scambiano di persona, quindi cercate altri modi per assicurarvi che gli altri si ricordino di voi fin dal primo incontro.

In rilievo

I biglietti da visita in rilievo erano il massimo ai tempi di turnover aziendale meno forsennato. Oggi appaiono tendenzialmente eccessivi e un po' antiquati.

Disegni

Il logo aziendale non può mancare sul biglietto da visita, ma è meglio evitare altri fronzoli. Fumetti, disegni di animali o altre immagini "evocative" o simboliche come colonne greche, automobili o bilance implicano un bisogno disperato di farsi notare.

Biglietti da visita fronte/retro

Avete notato che sul vostro biglietto da visita c'è uno spazio vuoto e pensate che sia un'opportunità da sfruttare? Sbagliato. Dareste solo l'impressione di essere tirchi e verbosi. Non esagerate.

Biglietti da visita a buon mercato

Perché prendersi la briga di farsi stampare dei biglietti da visita che ribadiscono che negli affari avete un braccino decisamente corto? C'erano una volta delle macchinette fai-da-te e, ammettiamolo, ci abbiamo provato tutti anche se dopo venti tentativi trovavamo ancora qualche macroscopico errore di ortografia, che sarebbe balzato subito agli occhi del primo potenziale cliente («Credevo che si chiamasse James. Bizzarro: sul suo biglietto è scritto Jomes»). Il controllo ortografico non basta, perché la carta e la stampa sono di qualità scadente. Lasciate perdere.

Biglietti da visita fuori misura

Che spasso! Un bel biglietto da visita che non riuscirò mai a infilare in tasca, nel portabiglietti o nel portafogli! Tre punti per la forza del messaggio e meno dieci per la seccatura. Non ci credete? Controllate i cestini per la carta, perché è lì che finiranno invariabilmente i vostri biglietti oversize.

I biglietti da visita servono per fissare e conservare il ricordo di voi sulla scrivania o nella ventiquattrore del cliente più a lungo di quanto le vostre parole possono sopravvivere nella loro testa. Alcune parole tuttavia persistono più a lungo di altre nella memoria e non sempre per un buon motivo.

I luoghi comuni

Tutti dicono di odiarli. Eppure li usano. E, poco ma sicuro, sono tutti pronti a emettere giudizi sul vostro posto nella gerarchia aziendale in base ai luoghi comuni che usate. Quindi lanciamo un "pensiero bomba" in ufficio e sveliamo i messaggi nascosti dietro gli esempi più diffusi.

"Pensare fuori dagli schemi"

Siete come quei cuccioli irritanti che continuano a saltellare e a strusciarsi contro le gambe della gente. Il vostro entusiasmo non conosce limiti e vi considerate persone creative, ma purtroppo dimostrate di essere solo degli impostori e degli ipocriti. Se foste realmente in grado di pensare in modo "diverso" e creativo, non usereste mai un luogo comune stantio quanto un boccone di focaccia vecchio di una settimana.

"Tagliare i rami secchi"

In realtà state parlando di esuberi, prepensionamenti, licenziamenti o altre riedizioni della notte dei lunghi coltelli, solo che siete troppo conigli per ammetterlo e preferite nascondervi dietro eufemismi come questo. Il vostro scopo nella vita è riuscire a piacere nonostante le vostre cattive azioni.

"A conti fatti"

Un'espressione venuta a noia persino a calciatori e commentatori sportivi, che dimostra tutta la vostra sconfinata monotonia. Siete socievoli, ma preferite passare inosservati il più possibile. L'idea di essere presi in giro vi terrorizza, ma spesso finite per comportarvi in modo ridicolo.

"Guardare avanti"

Non vogliamo certo scaricare le responsabilità o indugiare su quello che è stato! Procediamo verso il futuro! Questo commento viene usato quasi sempre da chi ha combinato un disastro di proporzioni epiche e vuole che tutti se ne dimentichino. Non guardandosi indietro, si assolvono da ogni crimine, descrivendo comportamenti al limite dell'illecito come prosciugare le casse dell'azienda come "una fase di studio". Dovrebbero studiare come si dipana la coda davanti all'ufficio di collocamento! Egoisti, irresponsabili e arroganti.

"Ai miei tempi"

Quali tempi? Questa è un'espressione molto diffusa nei periodi di recessione, dominati dalla nostalgia. È molto amata da chi vuole sbandierare la propria esperienza e la sua superiorità ma in realtà si sente solo vecchio.

"Team work"

Se c'è una frase capace di provocare istantaneamente un'allergia al consenso e alla collaborazione all'interno di una squadra, è questa, anche perché chi la usa si considera intellettualmente e moralmente superiore.

Parlare chiaro

Tamsin Constable, esperta nella semplificazione del linguaggio, afferma: «Chi usa senza motivo il gergo lavorativo, anche se involontariamente, non si preoccupa di essere compreso. Fa il suo show da grande esperto e tocca all'interlocutore, il non addetto ai lavori, trovare il senso delle sue parole. È una forma di pigrizia, di mancanza di rispetto e di discriminazione. A volte, se un cliente o un paziente non capisce fino in fondo le vostre parole, potrebbe essere addirittura pericoloso. A mio parere l'uso del gergo può essere assimilato a una forma di bullismo».

"Aggredire il problema" / "far quadrare il cerchio"
"cavalcare l'onda"

Ironia postmoderna? No, rinuncia al carisma, perché chiunque usi espressioni come queste non ha mai visto lo stile neppure in fotografia. Avrebbe potuto sforzarsi e inventare una nuova metafora, tipo "faresti prima a tagliare il brodo col coltello" oppure "ha preso il business plan e ci ha incartato il pesce". Chiunque occupi una posizione dirigenziale e venga sorpreso a usare espressioni simili dovrebbe essere rispedito a casa senza stipendio.

Nei capitoli precedenti abbiamo parlato di cibo e di abitudini alimentari, ma in termini di impatto individuale, è facile trascurare il più umile degli spuntini: il biscotto. Ma il diavolo è sempre in agguato nei dettagli, e questo vale per l'algebra cognitiva come in qualsiasi altro aspetto delle nostre vite...

Biscotti e altre dolcezze in ufficio

Nonostante le dimensioni contenute, questo umile snack è un indicatore importante nella valutazione psicologica degli individui, perché quel fagottino dolce cui ricorrete tra la colazione e il pranzo rivela una quantità insospettata di segreti sui vostri comportamenti e la vostra autostima: negli anni Ottanta gli intervistatori addirittura aspettavano che i candidati scegliessero un biscottino da sgranocchiare con la loro tazza di tè per decidere se il loro prodotto rispondeva ai gusti del target in questione..

Per molti versi, un piatto pieno di biscotti assortiti è stato uno dei primi test psicometrici, quindi ecco cosa rivelate di voi se inzuppate o mordicchiate...

Alla marmellata

Volete essere al centro dell'attenzione e siete competitivi, con una certa vena infantile. Siete persone semplici e spudoratamente spontanee.

Briciole di consolazione

Su mille professionisti intervistati durante un'indagine della catena di alberghi Holiday Inn, ben l'80% riteneva che l'esito di una riunione fosse collegato direttamente all'assortimento e alla qualità dei biscotti offerti.

Tutto cioccolato

Siete egocentrici e sapete il fatto vostro, ma riuscite ad affascinare i vostri interlocutori. Vi piace fare a modo vostro e pur di riuscirci siete capaci anche di prendere qualche via traversa.

Biscotti secchi

Smorti, vittime sacrificali, privi di creatività o di capacità di innovare. Siete dipendenti più laboriosi e meticolosi che fantasiosi o ambiziosi. Potete essere testardi o pedanti.

Alla crema

Timidi ma ottimisti e ben educati, inizialmente passate inosservati o preferite restare in disparte, ma potete crescere e assumere ruoli più indipendenti se siete lodati e motivati.

Integrali

Adatti al gioco di squadra, siete elementi validi ma non vi piace mettervi in mostra. Siete meticolosi senza essere noiosi o seccanti.

Cioccolatini incartati

Ambite al successo e siete molto sicuri di voi stessi, al limite dell'arroganza. Cercate di conquistare status e riconoscimento personale.

Biscotti farciti

Mostrate un lato anale.

Non c'è gestione delle impressioni che tenga, se non siete bravi nel vostro lavoro o fate il possibile per risultare sgradevoli ai colleghi. Vogliamo solo invitarvi a capire in che misura il vostro lavoro può far colpo sugli altri e se e quanto gli altri giudicano le vostre capacità partendo dai dettagli più minuti. Spesso sono proprio questi a rimanere impressi e a svolgere un ruolo importante anche a livello subconscio, quando si tratta di concedervi un aumento o una promozione.

3

Armi di seduzione

Per diversi motivi, la gestione delle impressioni in materia di incontri/appuntamenti/accoppiamenti ha lo stesso valore che detiene sul posto di lavoro. In passato si viveva in comunità più piccole e si viaggiava meno, quindi molto probabilmente le persone crescevano accanto a quello che sarebbe diventato il loro futuro partner. Ora abbiamo accesso al resto del mondo tramite appuntamenti via Internet o viaggi ed è ormai inconsueto, se non addirittura "strano", mettersi insieme a una persona che si conosce da più di sei mesi. Siamo pronti a rischiare nell'approccio al sesso, tant'è che troviamo perfettamente normale (anche se volgare) fare sesso al primo appuntamento, e siamo felici di cercare il partner con cui passare tutta la vita durante uno *speed dating*. Dovete quindi impostare i vostri segnali di "vendita", cioè i messaggi di immagine che inviate, alla velocità della luce in ogni occasione, perché, a meno che non incontriate il vostro partner sul luogo di lavoro (dove avete il tempo e la possibilità di conoscervi) la persona giusta potrebbe non fermarsi abbastanza a lungo per capire se siete il tipo giusto per lui e viceversa.

Quindi, supponiamo che siate alla vigilia del primo appuntamento con il potenziale partner della vostra vita. Come fate a essere sicuri di risultare brillanti, interessanti, carismatici, originali ed estremamente eccezionali in quel breve lasso di tempo che in ambiente lavorativo verrebbe definito come una "finestra di opportunità"?

E, mentre siete occupati a vendere le vostre fantastiche merci, come fate a nascondere quello che Carl Jung definiva come il sé "ombra"? Si tratta della parte oscura che tutti noi cerchiamo di tenere nascosta al pubblico, quei comportamenti sgarbati, intolleranti, aggressivi e sgradevoli che di solito emergono all'incirca tre mesi dopo essere stati scelti per un nuovo lavoro, oppure se la vostra parlantina ha avuto l'effetto sperato, oppure quando state per uscire sul sagrato della chiesa per affrontare le tanto temute foto del matrimonio.

Amore a prima vista

L'importanza di fare la giusta impressione è dimostrata da uno studio dell'Università dell'Ohio che sostiene l'esistenza dell'amore a prima vista in cui si afferma: «Studi precedenti supponevano l'esistenza di un effetto cumulativo nei primi giorni dell'incontro che aiuta a determinare come evolverà la relazione. Ma noi stiamo scoprendo che tutto ciò avviene molto più in fretta: letteralmente in pochi minuti».

Il gioco delle coppie

Sicuramente non sapete bene come avviene la scelta di un compagno, ma gli psicologi sostengono che sia dovuta a un insieme di fattori non solo legati al suo dopobarba. Parliamo di connessioni subliminali collegate ai modelli di comportamento dell'infanzia, comportamenti approvati e fattori socioeconomici, sommati a un eccitante mix di livelli corrispondenti di bellezza e attrazione e segnali di preferenza sessuale, per non parlare dell'assalto dei sensi. Quindi, dato che in qualche modo gli ricordate sua madre, avete le stesse radici popolari, siete sullo stesso livello in termini di aspetto e reddito, usate un profumo alla vaniglia (gli ricorderà il latte materno, quindi benessere e sicurezza), sapete rispondere nel modo corretto allo stesso numero di domande di *Chi vuol essere milionario?*, occupate la stessa posizione nella scala gerarchica della famiglia (secondo alcuni psicologi siamo attratti dai nostri simili, cioè figlio unico/figlio unico, secondogenito/secondogenito, eccetera), vi vestite nello stesso modo, il vostro sorriso lascia intendere che avete le stesse perversioni sessuali, lo toccate quando lui vi tocca, dovrebbero esserci buone probabilità di un secondo o terzo appuntamento.

Siete confusi? Questo semplice quiz potrebbe esservi d'aiuto.

Avete le carte giuste per ottenere un secondo appuntamento?

Anche se molti aspetti dell'attrazione sono casuali, ci sono alcuni comportamenti che di solito aumentano o riducono le vostre possibilità di andare d'accordo con un nuovo partner e di essere agganciati per un secondo o terzo appuntamento. Abbiamo considerato quello che può sembrare fortuna, caso o chimica e abbiamo analizzato i processi per aiutarvi a capire se state facendo naufragare le possibilità di avere altri appuntamenti.

1. Ti presenti all'appuntamento...
   - A Presto, in modo da poter dare un primo sguardo alla persona mentre arriva.
   - B Con qualche minuto di ritardo. Mi piace fare aspettare l'altra persona.
   - C Molto in ritardo. Più li tratti male, più ti vogliono.
   - D Cerco di essere puntuale, ma di non arrivare prima dell'altra persona.

2. L'abbigliamento che scegli è...
   - A Di solito metto in evidenza le mie parti migliori e cerco di essere sexy: vestiti aderenti con molta pelle in vista.
   - B Se non si tratta di un locale elegante, qualcosa di casual e alla moda.
   - C Mi piace fare colpo. Con colori accesi e un'acconciatura glam sarò indimenticabile.
   - D Spesso indosso qualcosa che si abbina con il suo stile come se fossimo già una coppia.

3. Ti piace uscire con una persona che...
   A Non è *troppo* bella, perché di solito è meno vanitosa e sa apprezzarmi.
   B Ha una grande personalità. Non mi interessa per niente l'aspetto fisico.
   C È fichissima. L'aspetto conta e non mi interessa se l'altra persona è più bella di me.
   D È più o meno attraente quanto me. Ci fa sembrare una coppia.

4. La persona con cui esci è un buon partito se...
   A Non è un pozzo di cultura, perché mi piace fare colpo.
   B Ha più cultura di me. Mi piace ascoltare le persone intelligenti.
   C È ricca e di successo.
   D Condivide lo stesso background e tipo di educazione.

5. I tuoi principali argomenti di discussione durante un appuntamento di solito sono...
   A Sono un adulatore. Mi piace fare i complimenti all'altra persona e alimentare la conversazione.
   B Racconto molte barzellette e sono un po' logorroico.
   C Parlo di me. Mi piace raccontare chi sono, cosa faccio e passare in rassegna tutte le persone con cui sono uscito. Amo essere sincero e diretto riguardo alle relazioni precedenti, in particolare alle esperienze dolorose.
   D Chiacchiero un po' per scoprire le cose che abbiamo in comune e poi mi concentro su queste.

6. Sesso: di solito...
   A Concludo al primo appuntamento. Se ti piace qualcuno, perché aspettare?
   B Mi piace decidere al momento.
   C Faccio sapere all'altra persona che voglio conoscerla prima, anche se mi piace flirtare.
   D Aspetto sempre il terzo o il quarto appuntamento o anche di più, se necessario.

Maggioranza di risposte A

Cercate così tanto di fare colpo sull'altra persona che forse la farete allontanare. La si può definire l'opzione passiva. In altre parole, ponete in primo piano le esigenze dell'altra persona invece di far diventare l'incontro come un evento a due. La modestia selettiva è una tecnica valida per ingraziarsi l'altro, ma la compiacenza totale potrebbe suggerire che siete disperati. Sembrando troppo entusiasti e ansiosi di piacere, potreste destare sospetti. Per quale motivo siete così desiderosi di fare una buona impressione? L'altra persona inizierà a sospettare che ci sia qualche difetto e spesso farà di tutto per scoprire di cosa si tratta. Optando per una persona ugualmente disperata (meno attraente, meno intelligente, eccetera), penserete di ottenere subito la sua approvazione, ma dimostrate solo di essere accondiscendenti e superficiali. Invece di fare colpo su qualcuno che sembra inferiore a voi nel tentativo di colpirlo, perché non lavorate sul vostro comportamento e sulle tecniche per diventare un buon partito? Vestire in modo troppo sexy respingerà l'altro ed entrando nel letto al primo appuntamento diminuite statisticamente le possibilità di avere una relazione duratura.

In generale: ansiosi e problematici.

Maggioranza di risposte B

Le vostre tecniche vi dovrebbero garantire un secondo e anche un terzo appuntamento, perché date l'impressione di essere gentili, affettuosi, amichevoli, ma abbastanza flessibili per legarvi senza creare troppi problemi. Il vostro stile di abbigliamento casual e impercettibilmente sexy è ideale. Anche se vi rimproverate perché parlate troppo e diventate nervosi, l'altra persona potrebbe facilmente trovare tutto questo adorabile, purché non sfugga al vostro controllo. Date l'impressione di essere più pratici che romantici e farete colpo più facilmente su una persona che punta al matrimonio, piuttosto che su chi è alla ricerca di fuochi d'artificio.

In generale: prudenti più che sexy.

Maggioranza di risposte C

Siete sicuri, egocentrici e giocate con l'altro, date l'impressione di essere appariscenti, sexy e dominanti. Il vostro stile aggressivo può farvi credere di controllare il destino della persona con cui uscite, ma avete mai analizzato il numero di disastri sentimentali che vi siete lasciati alle spalle, visto che i vostri ex potrebbero aver fatto una brutta fine? Il punto è che un appuntamento con voi è come un appuntamento con un rullo compressore. La vostra sicurezza molto probabilmente è finta, ma il fatto di volere e sperare che qualcuno possa notare quello che di vero, adorabile e sensibile nascondete dietro la facciata potrebbe benissimo essere un esercizio vano, a meno che non cambiate le vostre tecniche per andare oltre la prima uscita.

In generale: fate paura. Smettetela di fare acrobazie e cercate piuttosto di costruire una relazione.

Maggioranza di risposte D

Se non riuscite a strappare un secondo appuntamento, dovete controllare il vostro deodorante, perché le tecniche che adottate al primo sono a prova di bomba. Preferite le buone maniere al gioco e arrivate puntuali, adottate tecniche di rispecchiamento per creare forti legami istantanei, quindi vi vestite in un modo che vi fa sembrare una coppia ben assortita. Inoltre preferite una persona con un background economico e sociale simile al vostro – cosa che gli psicologi classificano come la formula ideale per una relazione duratura – cercate di pilotare il discorso parlando di quello che vi accomuna, e fate passare del tempo prima di passare al sesso, cosa che assicura statisticamente relazioni affettive durature.

In generale: psicologicamente sani.

L'abbigliamento scelto per l'appuntamento

Non vi siete mai chiesti perché quando uscite tutti in tiro nessuno vi fila, mentre quando vi vestite in modo semplice e casual, in jeans e maglietta, improvvisamente cogliete dei segnali di approvazione e venite abbordati?

Quando andate a caccia, il vostro impatto generale dipenderà enormemente dal linguaggio del corpo e dai segnali che inviate attraverso l'abbigliamento e la cura della persona. Ricordatevi che non c'è niente di peggio di una brutta scimmia quando si tratta di sesso. Di solito gli animali pubblicizzano il periodo fertile e poi, proprietario o pedigree permettendo, vanno al dunque.

Le vostre scelte e tecniche in materia di abbigliamento e cura per sedurre molto probabilmente inviano i messaggi sbagliati, quindi minano le vostre possibilità di successo. Per farvi un'idea, prendete David e Victoria Beckham, una coppia che lo zoologo inglese Desmond Morris definirebbe "due scimmie nude". Entrambi sono belli e a entrambi piace mettersi sempre in tiro. Immaginate adesso che David Beckham entri in un locale indossando i soliti vestiti alla moda per cui è conosciuto, per esempio un completo sgargiante, gilet, ghette, orecchini di diamante eccetera. Ora immaginatelo invece con indosso un vestito sfacciatamente sexy, una camicia di raso aderente, pantaloni attillati e occhiali da sole. Infine immaginatelo vestito casual: jeans che si adattano al corpo, una maglietta bianca e una giacca di pelle vissuta (gli uomini possono ripercorrere gli stessi scenari con Victoria Beckham come protagonista!).

Ora, sareste ben contenti di essere approcciati da Beckham in uno qualsiasi dei tre scenari, ma quale vi farebbe sentire più a vostro agio e vi darebbe più sicurezza, se foste voi a fare la prima mossa?

I vestiti ricercati e sexy aggiungono qualcosa alla nostra capacità di attrarre solo sulla carta: nella realtà è una scelta piena di difetti. Benché la maglia scollata, la gonna corta o i jeans a vita bassa possano servire per attirare l'attenzione di un potenziale partner, potrebbero addirittura scoraggiarlo quando si passa all'approccio reale. Una persona che gira con vestiti apertamente sexy attirerà molti partner potenziali che, in termini animali, lotteranno con gli altri pretendenti, anche fino alla morte. Un abbigliamento sexy può anche far pensare a uno status più elevato, facendo diventare il soggetto irraggiungibile, quindi paradossalmente troppo facile o disperato.

Molte di queste "regole" si manifesteranno in presenza di altri, in un locale, un bar o in altri luoghi affollati dove il pensiero del "gruppo" è dominante. In un luogo più intimo, la pressione causata dai potenziali rivali si sente meno, quindi l'effetto "disincentivo" può risultare meno ovvio. Tuttavia, anche le coppie solide possono sentirsi minacciate quando uno dei due fa uno sforzo particolare per mostrarsi sexy in pubblico, anche se lo fa per incoraggiare l'ammirazione e l'attrazione del compagno. L'idea della minaccia e della lotta che ne consegue può essere così angosciante, anche se a livello subliminale, che il partner spesso si stancherà di andare in giro con una persona che vuole far ingelosire gli altri uomini o le altre donne, e spesso ripeterà che sta meglio senza trucco o vestita in stile casual.

A parte il fascino del "ti posso avvicinare senza scatenare una rissa" suscitato dai vestiti casual, questi trasmettono anche messaggi positivi e solidi sulla vostra cura. La sana maglietta bianca non solo mette in mostra i muscoli, la forma del corpo e la postura, ma rivela anche che siete puliti, mentre l'assenza di strati di trucco lascia al potenziale partner la possibilità di valutare altri segni della salute e della cura del corpo come la pelle pulita, lo sguardo limpido e i capelli lucenti. In assenza di un profumo forte l'altra persona può anche ricevere segnali subliminali sulla vostra salute e l'odore naturale del vostro corpo potrà stimolare anche l'istinto: per questo motivo chi produce profumi spende soldi e tempo per trovare una fragranza che assomigli il più possibile a quella naturale del corpo umano.

Fattori di attrazione base

Riportiamo di seguito i fattori principali che un potenziale partner valuterà, o cercherà in modo più o meno consapevole, durante il primo appuntamento.

Segnali di ricchezza

Prima di cedere alla tentazione di amplificarli, ricordate le equazioni di "gestione delle impressioni". Quando uscite per un appuntamento, gli indicatori principali di ricchezza sono i gioielli, il portafogli o il portamonete e l'automobile. Prima di cominciare a curare la vostra immagine, potrebbe esservi utile ricordare che di solito preferiamo una persona che appartenga alla nostra stessa classe sociale ed economica. Quando volete fare una buona impressione dimostrando che avete fatto fortuna, ricordate le vostre radici più umili se pensate che questo possa creare un senso di legame più forte con la persona con cui uscite.

IL PORTAFOGLI/PORTAMONETE

Guardateli negli occhi quando lo estraggono (oppure no, se siete troppo tirchi per pagare la vostra parte).

IL PORTAFOGLI DI PELLE

Alle donne piace il portafogli di pelle che non sembra né troppo nuovo, né troppo usato o malandato e apprezzano anche il fatto che sia farcito da un buon numero di banconote, ma non nuove e disposte in ordine militare.

IL FERMASOLDI

I fermasoldi sembrano un po' effeminati, come se foste troppo "preziosi" con il vostro denaro.

IL PORTAMONETE DA UOMO

Dimenticatevi il portamonete con gli spiccioli, perché porta diritto ai grandi flop della storia degli appuntamenti. Se ne avete uno, soprattutto se si tratta di quei piccoli sacchettini che potrebbero aver contenuto i fagioli magici delle novelle, potreste iniziare a prendere seriamente in considerazione la castrazione, perché nessuna donna farà mai sesso con voi.

IL PORTAMONETE DELLA NONNA

L'equivalente femminile forse è il borsellino della mamma, queste cose enormi, con la chiusura a cerniera in similpelle, gli scomparti per l'abbonamento della metropolitana e i buoni pasto della mensa. Dire per niente sexy è dire poco.

IL PORTAMONETE DA RAGAZZINA

Confusionaria nel portamonete, confusionaria per natura. Se volete un uomo che provveda a voi, tirate fuori qualcosa di buffo e scintillante che avete comprato in un negozio di accessori per ragazzine. Poi passate in rassegna tutte le tessere che sono uscite in modo disordinato, ridacchiando per quelle dei locali, dei negozi, delle associazioni studentesche, fino a quando finalmente trovate una misera carta di credito e vi metterete a fissarla scrupolosamente e a lungo per controllare la data di scadenza. A questo punto, lui avrà già pagato il conto.

IL PORTAFOGLI DA DONNA

Se è sottile e androgino, di pelle scura e con una piccola selezione di carte di credito, vi state esponendo come un rivale alfa, un possibile pretendente alla sua corona di cacciatore. Lui potrà sentirsi eccitato dalla vista di una donna assertiva e dominante, oppure minacciato a causa di una bassa autostima.

GIOIELLI GRANDI E COSTOSI

Questa ostentazione di ricchezza può dare un'impressione di status elevato o di successo lavorativo che siete felici di sfoggiare. Apparite quindi persone difficili, che nascondono la bassa autostima dietro un paravento di autocompiacimento. O, più semplicemente, volete far credere che avete degli sponsor, perché i gioielli sono regali ricevuti da genitori o partner e che siete coccolate, viziate e "costose" da mantenere.

Sebbene i simili si attraggano e il vostro obiettivo potrebbe essere di sedurre il tipo di uomo che ama sperperare vagonate di soldi per voi, è meglio che sappiate che uomini di questo tipo sono più unici che rari.

GIOIELLI AUTENTICI MA POCO APPARISCENTI

Questo tipo di gioielli dà un'impressione di grande fiducia in sé, a meno che non possa essere catalogato in una di queste due sottosezioni:

1. *Gioielli "vorrei ma non posso"*. È un'abitudine che le ragazze acquisiscono tra la fine dell'adolescenza e i vent'anni, quando

iniziano a indossare anelli tipo fedi matrimoniali o di fidanzamento sulla mano destra o addirittura sul tradizionale anulare sinistro. Evidenzia un enorme desiderio di fidanzarsi e sposarsi e, una volta intuito che ce l'hanno fatta, queste ragazze andrebbero in giro col vestito da sposa per dire in modo ancora più esplicito che non vedono l'ora di fare il loro ingresso nella navata centrale di una chiesa. La cosa peggiore è che il messaggio non ha un destinatario. Di rado escono per un appuntamento, quindi il messaggio è generico e non mira a uno specifico fidanzato.

2. *Gioielli trofeo.* Le ragazze hanno la tendenza a collezionare oggetti sulle catenine come tacche sul letto. Cuori, medaglioni, nomi e iniziali, questi oggetti all'apparenza intimi mostreranno che avete un passato passionale e sessuale. Inoltre suggeriscono che non avete grandi aspettative di trovare un partner in futuro e vi aggrappate alla memoria dei precedenti. C'è qualcosa di triste nei gioielli che sembrano ricordare ragazzi precedenti. Sono morti e siete una regina della tragedia? Sono spariti e aspettate il ritorno del vostro lui? Oppure vi hanno semplicemente lasciato, nel qual caso allora, perché non vi strappate i gioielli e li riducete in polvere con il tacco degli stivali? Il vostro atteggiamento dichiara in modo ovvio ed esplicito che state sedute e sorridete al vostro potenziale partner, aspettando che vi chieda, anzi quasi sfidandolo a chiedervi la storia dei vostri ciondoli, altrimenti rischierebbe di farsi lacerare dalla gelosia per il resto della vostra storia.

GIOIELLI DI SCARSO VALORE

Carini, ma pacchiani, i gioielli di scarso valore diventano meno carini e più pacchiani a mano a mano che chi li indossa avanza negli anni. Mentre non c'è nulla di male o di strano in una ragazzina che compra bigiotteria in un negozio di accessori a buon mercato, c'è invece qualcosa di intrinsecamente triste, se non addirittura preoccupante, in una donna adulta che indossa fermagli di plastica per capelli, orecchini a pendaglio luccicanti e frou-frou o braccialetti di plastica. Se pensate che sia il tipo che va in giro a pedinare le persone famose, forse non avete tutti i torti. E se il suo ombretto è abbinato perfettamente alla collana, potete essere certi che questa non è solo un'impressione.

GIOIELLI TINTINNANTI

È un tentativo abbastanza triste di attirare l'attenzione sessuale attraverso il rumore e il tintinnio di catene e ciondoli. Non ha un impatto positivo e ottimista, ma sembra piuttosto il comportamento disperato di una donna che spera che gli uomini abbiano lo stesso riflesso condizionato del cane di Pavlov per il suono del campanellino e che i ciondoli intorno al collo servano a risvegliare l'attenzione di lui: «Ehi, devi guardare qui, scollatura e tette!!!». Gli uomini che trovano questi gioielli belli e affascinanti, devono sapere che non spariranno nemmeno a letto. Se l'idea di fare sesso con una donna che da sola somiglia a un gruppo di detenuti in catene non vi stimola più di tanto, evitate di andarci a letto, perché molte di questi gingilli potrebbero anche esserle saldati addosso.

I segnali inviati dai gioielli di un uomo

Le donne sono molto attente ai gioielli e riusciranno a leggere segnali che non avete forse la benché minima idea di trasmettere. Negli uomini, l'uso dei gioielli è meno obbligatorio, quindi rappresenta più un rito. L'orologio e la fede nuziale sono comunissimi, ma qualsiasi altro oggetto che un uomo indossa abitualmente si suppone abbia un significato preciso. Cosa viene messo in evidenza indossando quel particolare oggetto?

REGALI DEI GENITORI

Qualsiasi cosa in cui si nota lo zampino di mamma e papà, come una collana con un "18" oppure il logo di una squadra di calcio, vi farà sembrare come un bambinone della peggior specie.

SOUVENIR

Siete andati in un posto caldo, siete tornati e vi siete vestiti per andare al lavoro. Ma indossate ancora il braccialetto o la collanina, non per evidenziare il vostro lato femminile, ma per mostrare che avete un'altra vita fatta di sabbia nelle mutande e sbronze di sangria. Li indossate per dimostrare alle ragazze quando vi dona un costume Speedo e che avete degli amici, perché chi indossa le perline di solito si accompagna a piccoli gruppi tribali. Il fattore "amici" è un vantaggio perché, pur non indicandovi come partner affidabili con cui condividere la vita, dà l'impressione che non siete fuori di zucca.

GIOIELLI HEAVY METAL

Se avete acquistato ciondoli da super macho, come collane con teschi e ossa incrociate, oppure braccialetti di pelle, darete l'impressione di essere una persona che ama sfoggiare la sua mascolinità e sessualità, ma, proprio come molti idoli dell'Heavy Metal trascorrono il loro tempo sul palco a simulare atti di masturbazione, molto difficilmente una ragazza vedrà alcun beneficio in tutto questo.

L'ANELLO CON SIGILLO

Questo anello deve far pensare a un cimelio di famiglia, quindi deve essere forgiato in una sfumatura di oro più calda di quella che è comunemente in commercio e deve essere indossato sul mignolo. Se è così, darete l'impressione di essere ricchi sfondati, o almeno di essere proprietari terrieri impoveriti, cosa che può anche andare bene se alla donna con cui uscite piacciono le case fredde, piene di spifferi e con il tetto da riparare. Se invece è in oro pallido, sembrerà un acquisto recente e darà l'impressione che aspiriate a diventare ricchi o che qualcuno ve l'abbia regalato per il vostro diciottesimo compleanno.

L'ANELLO APPESO ALLA CATENINA

È l'anello di una ragazza? Se è così, sembrerete un po' come Maxim de Winter (non state a leggere *Rebecca, la prima moglie*: è un libro da donne, ma l'eroe era spaventosamente legato ai vestiti e al ritratto della moglie morta), tormentato dalla ex e ancora indeciso se piangerla o odiarla. Lasciate perdere, a meno che non stiate cercando una ragazza che adora gli uomini con un pesante bagaglio emozionale.

GIOIELLI VISTOSI

A giudicare dagli oggetti pacchiani e vistosi che indossate, vi piace girare per i locali, ridere e divertivi un mondo, ma certo il programma non contempla una serata intima guardando *Sex and the city* per la quinta volta.

I messaggi sul vostro stato di salute

Sì, tutto questo ha a che fare con gli animali da riproduzione e vale quanto il controllo dei denti del cavallo o la ricerca delle pulci nel pelo di un gatto, ma ciò che la natura ha creato, noi lo ignoriamo a nostro rischio e pericolo, anche quando non abbiamo alcun desiderio consapevole di riprodurci. I segnali dello stato di salute sono principalmente naturali, anche se sappiamo tutti che la natura aspetta solo di essere manipolata, ma assicuratevi che queste alterazioni tornino a vostro vantaggio prima di entrare in un centro di abbronzatura o iniziare una dieta vegana. I messaggi subliminali dello stato di salute di solito arrivano da:

DENTI

Ecco perché il sorriso è importante: l'altra persona può provare a farsi un'idea della vostra età e della vostra salute.

PELLE

Sappiamo tutti che i foruncoli spuntano per caso, ma per secoli i brufoli e le pustole erano visti come i primi segni di una malattia, quindi tenete la crema a portata di mano.

CAPELLI

I prodotti specifici per creare acconciature appiccicose e piatte che mascherano i naturali fattori di attrazione come la lucentezza e il profumo di pulito ormai non si contano più...

POSTURA

Preferiamo una postura eretta perché significa che tutti i muscoli sono tesi e pronti per una buona prestazione.

PROFUMO

Un profumo fresco parla di igiene e salute. L'eccesso di profumo nasconde la fragranza della pulizia e suggerisce che avete qualcosa da nascondere.

SGUARDO LIMPIDO

È il motivo per cui è utile andare a letto presto la sera prima dell'appuntamento.

Fattori mentali

Fare sfoggio delle cellule cerebrali al primo appuntamento potrebbe deprimere l'altra persona, anziché fare una buona impressione, a secondo del livello di compatibilità che viene percepito. Mentre va bene fare una certa impressione dal punto di vista fisico, le questioni intellettuali funzionano se la compatibilità tra i due è certa.

Quando siete nella fase di costruzione del rapporto, la maggior parte degli argomenti di conversazione ruoterà attorno alla valutazione reciproca degli interessi e dell'intelletto. Parlare di libri, film e programmi preferiti costituirà una parte dei preliminari intellettuali creati per individuare i livelli di compatibilità.

Come attaccare bottone

Alcuni ricercatori dell'Università di Edimburgo hanno studiato a livello mondiale quale sia la frase migliore per attaccare bottone. Duecento studentesse hanno ricevuto un questionario con quaranta battute prese da Internet, film e serie televisive come *Sex and the City* ed è stato chiesto loro di dare un voto a ognuna. Il risultato? «Fa caldo oggi, vero? È il clima migliore quando ci si allena per una maratona» che ci crediate o no, gli psicologi reputano questa frase la vincitrice perché rappresenta il modo ideale per un uomo di mostrare sia la sua intelligenza che le sue doti atletiche!

FILM PREFERITI

Se siete in dubbio, dite sempre che il vostro film preferito è *Birdy, le ali della libertà*. Questo film sembra essere sempre immune alle critiche negative e di riflesso lo sarete anche voi. Guardate anche *il miglio verde* per fare un confronto tra i due film e avviare una discussione.

Parlate della vostra passione per i classici solo se siete sicuri che l'altra persona li condivida.

Ricordatevi che al primo appuntamento ci si impegna molto più a scoprire se l'altra persona è abbastanza normale da essere affidabile, quindi evitate di parlare dei meriti di *Venerdì 13* oppure di *Henry, pioggia di sangue.*

Passando al genere sentimentale, parlate con entusiasmo solo di *Quattro matrimoni e un funerale* se siete sicure che il vostro lui sia alla ricerca di una ragazza molto frivola, oppure se pensate che possa scoraggiarsi scoprendo che fate l'avvocato. Se siete un uomo, evitate di fingere che questi film vi sono piaciuti nel tentativo di dipingervi come il compagno di vita ideale. L'eterosessuale a cui piace *Sex and the city* è un animale mitologico, un po' come l'uomo a cui piace fare shopping. Le donne dicono di amare l'idea di un tipo come questo, ma, anche se il loro cervello dicesse "sì", il loro corpo griderebbe "no".

LIBRI PREFERITI

Regole simili si applicano anche al genere di libri che dichiarate di leggere. Molti si sono immolati sull'altare della presunzione letteraria vantandosi di un libro avvolto in un sudario di polvere e si sono rivelati dei bugiardi nel momento in cui hanno cercato di imparare la trama a memoria solo perché piaceva così tanto al loro potenziale partner. I libri che avete divorato e amato potrebbero rappresentare un problema a meno che non abbiate una memoria fotografica, perché è estremamente facile leggere *Il codice da Vinci* e non ricordare il colpevole, oppure dimenticare se Rossella O'Hara e Rhett Butler alla fine si sposano o se Harry Potter alla fine riesce a uccidere Voldemort. A meno che non conosciate a fondo il libro che avete scelto, potrebbe essere saggio evitare conversazioni letterarie approfondite come la seguente.

«Il mio libro preferito è *La serie di Oxford di* Guillermo Martinez.» (Una scelta valida e sicura che unisce pretese accademiche con una buona trama.)

«Perché l'hai scelto? Me lo consigli?»

«Sì, è molto bello e originale. Unisce la teoria matematica con l'assassinio e il crimine.»

«Davvero? Spiega un po'!»

«Oddio... non lo so. L'ho letto, ma proprio non mi ricordo. Però è un buon libro.»

Inoltre gli uomini devono sapere che, a differenza dei programmi televisivi e dei film, c'è una grande discriminazione sessuale quando si parla di letteratura. Anche se spesso le ragazze vanno in estasi per eroi romantici come Heathcliff di *Cime tempestose* e Darcy di *Orgoglio e pregiudizio*, i loro visi potrebbero assumere un'espressione di disgusto davanti a uomini che dicono di averli letti. Nel complesso, preferiscono uomini cresciuti con *L'isola del tesoro* (che rivela mascolinità, avventura e temerarietà), svezzati con *il signore delle mosche* (che rivela una conoscenza approfondita della psicologia e della psiche umana) e diventati adulti con Kerouac (segno che siete fichi, dal momento che i suoi libri hanno un gusto rétro e sono ricchi di alcol, fumo e tipi all'avanguardia) o con Nick Hornby (divertente, cordiale, normale e ottimo come padre).

PROGRAMMI TELEVISIVI PREFERITI

Lasciarsi scappare il programma televisivo preferito durante il primo appuntamento può avere delle conseguenze sul lungo termine, perché ogni donna sa che, se la relazione continua, a un certo punto vi ritroverete seduti sul divano, dopo aver messo a letto i bambini, e lotterete per avere il telecomando e decidere fra un programma di approfondimento politico o uno spettacolo.

Fate attenzione a percorrere la strada del legame immediato scegliendo un programma che secondo voi piacerà all'altra persona. Anche se una donna potrebbe avere la sua serie preferita, non sempre vorrà condividerla con il suo partner sessuale, quindi dichiarare di essere un fan delle soap della fascia pomeridiana potrebbe farle alzare le sopracciglia per l'incredulità, anziché farla ridere di gioia.

Le preferenze televisive devono riflettere la vostra immagine ideale e non la vostra abilità di affezionarvi grazie ai gusti simili. Se un uomo dice che gli piacciono le serie poliziesche, salirà di un gradino nella scala del machismo, mentre se dice che gli piacciono i programmi di attualità e politica, darà l'impressione di essere intellettuale e profondo

Le ragazze possono farla franca con i reality show se non cercano di parlarne o di descriverli in dettaglio, perché in confronto potrebbe sembrare più affascinante parlare dell'asciugatura della vernice.

Dire che vi piacciono le fiction di qualità potrebbe essere una scelta adeguata, ma ricordate che al momento mancano dagli schermi e, se ce ne sono, di solito sono lunghe e prolisse, quindi darete l'impressione di essere dei pantofolai (pantofolai intellettuali, ma sempre pantofolai).

Ed evitate di entusiasmarvi per i programmi della fascia diurna: a) sono programmi leggeri e da ragazzine, e b) implica che non avete un lavoro.

Corpo

Per un'analisi approfondita dei vostri messaggi sessuali vi rimandiamo alle sezione dedicata a "letto" (pp. 91-96).

Anima

Ci sono frasi migliori per mandare a monte un primo appuntamento di «Volevo dirti che sono una strega bianca" oppure «Posso lasciarti questo opuscolo su Dio?». L'anima dovrebbe avere poco spazio durante il primo appuntamento, è meglio lasciarla a casa con una tazza di tè e dei biscotti e farla uscire quando la relazione è più matura e la fiducia e l'amore sono stati confermati. Tuttavia, le inclinazioni spirituali hanno la tendenza a emergere, anche durante quella che potrebbe sembrare una conversazione innocua.

SEGNI ZODIACALI

L'argomento di conversazione semispirituale dovrebbe essere bandito dal circuito degli appuntamenti perché si rischia di morire di noia. Potrete pensare che la domanda «Di che segno sei?» sia un buon modo di attaccare bottone e tutto quello che possiamo dire è che l'altra persona si sentirà sempre obbligata a partecipare alla conversazione, che lo voglia o no. Dietro questa domanda si nasconde il desiderio di scoprire qualcosa di più della persona con cui state pensando di trascorrere il resto della vostra vita o, nella peggiore delle ipotesi, con cui andrete a letto almeno una volta. Ma se davvero volete sapere tutto del loro intimo, forse l'esempio che segue non è il più indicato: «Quindi di che segno sei? No, no, no, lasciami indovinare... Pesci!... No? Be', allora devi essere dell'ariete?... No? Ci sono vicino?... Allora toro? ... No, lo so, lo so... Devi essere sagittario! No? Neanche cancro? No, no, certo che no... Leone? No? Bilancia? Sì! Lo sapevo, sapevo che eri una bilancia dal momento in cui ti ho visto! Sai, non sbaglio mai!»

Volevate dare l'impressione di essere empatici, pieni di interesse e profondi? Questo non è certo il modo giusto per farlo.

QUESTIONI AMBIENTALI

Rappresentano la novità etica e morale e sono un modo molto sicuro per dare l'impressione di essere responsabili, intelligenti e lungimiranti. Un consiglio: evitate di entrare nei dettagli della raccolta differenziata dei rifiuti mentre siete a tavola.

POLITICA

No.

RELIGIONE

No.

Come attaccare bottone in modo efficace

Ci sono poche cose nella vita tanto orribili quanto un tentativo maldestro di attaccare bottone. Se lo azzeccate potrete attirare il partner dei vostri sogni, ma se sbagliate (come spesso succede!) Avrete perso la vostra chance anche con la persona che avrebbe potuto essere quella giusta.

E allora perché c'è bisogno di queste frasi? Perché non si può semplicemente agganciare qualcuno con una serie di segnali non verbali che facciano concludere prima che ci si scambi anche una sola parola? In realtà, l'attrazione preliminare funziona proprio così, da cui la classica frase delle ragazze: «Ehi, guarda! Sta venendo da questa parte». Come gli altri animali, abbiamo la capacità di notare e segnalare a distanza l'approvazione per un partner potenziale, cosa che rende i preliminari verbali una sfida. Ma, a differenza degli altri animali, noi dobbiamo anche sopravvivere all'attacco verbale, quella mossa iniziale che può fare o distruggere tutto il lavoro preliminare non verbale.

Quindi che cosa rende valida una frase per attaccare bottone?

La prima regola pratica è che se possedete quello che può essere definito un fascino da mozzare il fiato, molto probabilmente qualsiasi cosa direte verrà classificata come buona. Ma per il resto di noi sarà estremamente facile passare per cretini. Troppe prove davanti allo specchio uccidono anche la migliore delle frasi perché si rifletteranno nel vostro tono, ma un'eccessiva spontaneità potrebbe significare due dita negli occhi invece che quattro salti nel letto.

Luoghi comuni

Usare frasi che sanno di muffa come "Vieni spesso qui?" oppure "Cosa ci fa una ragazza carina come te in un posto come questo?" potrebbe farvi sembrare più vecchi di un episodio di *Colombo* oppure eccessivamente cinici. Purtroppo, non sarete voi a decidere come andrà a finire. Questo significa che state assumendo un certo rischio, a meno che non siate felicemente anziani e ironici, nel qual caso, prego, fate pure.

Usare dei luoghi comuni può implicare problemi di comunicazione ancora più complessi. Il miglior modo di rispondere a un luogo comune è un altro luogo comune, quindi ogni donna a cui è chiesto «Vieni spesso qui?» si sentirà in dovere di rispondere secondo copione: «No, solo durante la stagione dell'accoppiamento». Ma questo la farebbe sembrare una vecchia sgualdrina, quindi il vostro commento è compromettente sia per la sua età che per la sua integrità. Oppure a lei non resta altro che fare una risatina, nel qual caso avrete compromesso il suo status di donna emancipata.

Evitate i luoghi comuni a meno che non abbiate la sicurezza e la capacità di portarli fino in fondo.

Diretti e dritti al punto

Se le vostre frasi preferite sono del tipo "Prendi il cappotto che ti sei tolta" oppure "Credo che una scopata sia fuori discussione?" oppure "Secondo te, sono vere?" (nel caso di una donna che ci prova con un uomo), state facendo sfoggio del vostro lato di cacciatore-killer alfa, optando per una terapia d'urto breve, ma intensa per atterrare la preda. Dopo queste mosse iniziali, non c'è modo di tornare indietro, perché state offrendo sesso su un piatto d'argento. Questo significa che la vostra sicurezza sessuale è alta, ma la moralità molto bassa.

Certamente potrete nascondervi dietro la maschera dell'ironia. State sondando le acque in un modo più o meno sottile, dando l'impressione di essere seduttori seriali che considerano il corteggiamento una colossale perdita di tempo.

Sentimentali

Se siete bravi a incantare con frasi del tipo "Questa notte nel cielo manca una stella" e altre stupidaggini romantiche da romanzo d'amore, i vostri sforzi per sembrare dolci seduttori potrebbero in realtà farvi apparire volgari. C'è una differenza tra il dire semplicemente a una ragazza che è bella e comporre una poesia e paragonarla al cielo stellato. La prima si chiama lusinga, mentre la seconda rischia di sembrare una battuta sarcastica. Frasi di questo tipo dovrebbero farvi apparire premurosi e sensibili, ma riuscire a pronunciarle sembrando davvero sinceri è così difficile che finirete per sembrare inguaribili solitari.

Garbati

Dire a una ragazza che il suo vestito starebbe bene sul tappeto della vostra camera da letto vi farà apparire come uno che cerca la quantità invece della qualità quando si parla di sesso. Tra le varie battute questa è la più simile alla vendita telefonica: sfacciata, ostinata, ma inesorabilmente ottimista di fronte alla sconfitta e capace di passare alla vittima successiva senza troppi convenevoli, limitandosi a un'alzata di spalle e un sospiro. Frasi come questa suggeriscono che per voi l'unica cosa che conta è la caccia e che siete più portati per i piccoli sprint che per la maratona. Suggerisce lo stesso sulla qualità delle vostre relazioni, indicando che un rapporto duraturo forse è quello che resiste alla seconda bottiglia di vino.

Intraprendenti

Dire a una ragazza che i suoi occhi sono dello stesso colore della vostra Porsche vi qualifica come persone sicure, ottimiste e spietate quando si tratta di raggiungere gli obiettivi che si è prefissata nella vita. Sfortunatamente, implica anche che credete che la ragazza in questione sia attaccata ai soldi e anche una che si può portare a letto semplicemente facendo tintinnare le chiavi della macchina. Implica anche che sarà eccessivamente impressionata dal modello di automobile che avete scelto e che non ha alcuna possibilità di avere niente di simile o di meglio. Quindi la ritenete tirchia. Se rimane impressionata dalla vostra frase, almeno saprete che *è* tirchia, il che costituirebbe almeno un successo.

Semplici

«Posso offrirti qualcosa da bere?» oppure «Ci siamo già visti?»: ecco queste e simili frasi potrebbero sembrare palesemente ovvie, ma vi faranno sembrare sicuro, ma non volgare se la conversazione segue questa traccia:

«Posso offrirti qualcosa da bere?»

«No, grazie. Ho già bevuto un cocktail.»

«Be', allora perché non me lo offri tu?»

Sono frasi non intenzionalmente sessuali, nel senso che non state mettendo la vostra vittima alle strette, pretendendo una risposta istantanea. Inoltre dovrete ripensarci se la vostra vittima è scoppiata a ridere come una matta. Le ragazze che usano la frase «Posso offrirti qualcosa da bere?» faranno cadere in ginocchio gli uomini, perché il sogno di molti è una donna che offre il primo giro.

Cosa evitare

Se volete usare la vostra personalità per disincentivare il possibile partner, fate i maleducati con il cameriere. Un sondaggio svolto su un campione di tremila persone, ha evidenziato che il 63% degli intervistati afferma che questa è la prima cosa che più hanno odiato nel partner durante una cenetta romantica. La seconda è stata ricoprire la portata di sale prima ancora di averla assaggiata.

Sicuramente ci saranno molte più persone su cui vorrete fare una buona impressione nella vostra vita ma quella con cui uscite potrebbe anche rimanere più a lungo, se si rivela un partner con cui condividere una vita intera, quindi tutto il tempo che trascorrete in analisi e presentazione di voi stessi è un investimento valido.

Ricordate che niente in questa sezione del libro ha lo scopo di negare o mascherare la vostra natura. Anche se abbiamo sostenuto l'importanza di presentare la vostra immagine ideale alle persone che contano nella vostra vita, i nostri consigli dovrebbero servire a valorizzare i vostri lati migliori, piuttosto che a nascondere i peggiori.

E quando scegliete la persona con cui trascorrere l'esistenza, perché limitarsi a un processo di selezione che molto probabilmente è meno accurato di quello che usate per scegliere un cucciolo in un negozio di animali: se è tenero e scodinzola, allora va bene? La conoscenza è sempre potere. Anche se non possiamo garantirvi che troverete l'amore eterno interpretando i tratti, le scelte e i comportamenti del potenziale partner oppure migliorando il modo in cui proiettate i vostri, crediamo che aumenterete le vostre chance. E, anche se deciderete di non apportare nessun cambiamento, conoscerete almeno il modo in cui queste scelte si ripercuotono su quello che le persone nella vostra vita vedono quando vi valutano, vi osservano e vi giudicano.

Ditemi perché avete letto questo libro e vi dirò chi siete

Forse pensate che questo libro sia stato un esercizio di narcisismo condito con una buona dose di paranoia. E non avete tutti i torti. Ma nel nostro intimo sappiamo tutti che pensare e parlare di noi è il nostro passatempo preferito.

Leggendo questo libro dovreste avere scoperto qualcosa di voi che prima non sapevate.

Ebbene?

1. Non sempre sono le decisioni importanti a rivelare la nostra tempra e il nostro carattere.
2. Le nostre scelte non parlano solo del nostro stile, ma anche di quello che si muove nella nostra mente.
3. Non si analizzano solo scelte evidenti come il modo di vestire, ma piccole cose come i quadri appesi alle pareti o come tenete la scrivania in ufficio.
4. Studiando tutto questo potete capire meglio voi stessi e, soprattutto, come vi vedono gli altri
5. Dovete cambiare immediatamente le password del computer e rifare il letto.

Con questo libro come guida, comincerete a capire meglio anche gli altri, siano essi potenziali partner o colleghi di lavoro. E una volta scoperte le regole, sarà uno spasso notare le piccole abitudini quotidiane e cogliere senza essere notati le involontarie "rivelazioni" altrui.

Avete infatti scoperto che:

1. conoscere le abitudini del capo può essere utile sul lavoro;
2. gli amici si scelgono per motivi ben precisi;
3. è possibile analizzare come si veste, quali oggetti possiede e persino quali battute usa un potenziale partner, per stabilire se è la persona giusta per voi.

L'obiettivo di questo libro non era solo spingervi a essere onesti con voi stessi o sconvolgervi al punto da volervi cambiare a tutti i costi. Perché quando imparate a conoscervi, potete capire le decisioni che prendete e, con un piccolo sforzo, ritoccarle per trasformarvi nella persona che volete essere – o che dovete essere.

Quando avrete imparato a conoscere questo codice e comincerete a usarlo, risparmiarete moltissimo tempo. Infatti eviterete di frequentare la persona sbagliata, lavorerete in modo più efficace o anche solo vi renderete conto che il vostro lavoro non è adatto alla vostra personalità.

Le mode cambiano, ma i valori di fondo e le interazioni tra persone non mutano molto nel tempo. Anche i nostri antenati traevano conclusioni gli uni sugli altri basandosi sulla forma del loro perizoma. E quello che avete imparato con questo libro si può applicare a situazioni analoghe in futuro.

Quindi spiegatelo anche agli altri. Forse penseranno che siete un po' egocentrici, ma in fondo in fondo... non lo siamo tutti?

Indice degli argomenti

abbigliamento per appuntamento 250-52
acqua, 22-23
  del rubinetto, 22-23
  gassata, 23
  griffata, 24
  naturale, 23
amici, 147-150
  amici di letto, 149
  amici in cerca di fan, 147
  amici narcisisti, 150
  amici nemici, 148
  amici per osmosi, 150
  amici piagnoni, 149
  amici tossici, 148
armadietto del bagno, 177-82
  accaparratori del sesso, 179
  accaparratori di medicine, 179
  amanti delle marche, 181
  barriera contro le inondazioni, 178
  fanatico oustico, 178
  maniaco salutisti, 178
  naturalisti, 181
  opportunisti, 180
  pessimisti del sesso, 180
  tirchi parsimoniosi, 182
attaccare bottone, 264-67
  diretti e dritti al punto, 265
  garbati, 265-6
  intraprendenti, 266
  luoghi comuni, 264-5
  semplici, 266-7
  sentimentali, 265
biglietti da visita, 237-39
  a buon mercato, 239
  disegni, 238
  fotografie, 238
  fronte/retro, 238
  fuori misura, 239
  in rilievo, 238
biscotti in ufficio, 242-3
  alla crema, 243
  alla marmellata, 242
  cioccolatini incartati, 243
  farciti, 243
  integrali, 243
  secchi, 243
  tutto cioccolato, 242
borse (lei), 24-28
  borsa di stoffa, 27
  borsa multitasche, 27
  borsone firmato, 26

clutch, 26
modello Birkin, 25
niente borsa, 28
postino, 25
tracolla, 27
borse (lui), 28-30
cartella da ufficio, 29
postino da uomo, 29
zaino, 29-30

caffè, 15-21
cappuccino, 18
decaffeinato con latte di soia, 19
espresso, 16
ginseng, 19
latte macchiato, 17
marocchino, 19
mokaccino, 19
niente caffè, 20
ristretto, 16
tazza preferita, 21
camicia, 235-7
a manica corta, 237
a quadretti, 237
a righe, 236
chambray azzurro, 236
hawaiana, 237
rosa, 236
capelli, colore dei, 30-32
bionda, 30
bruna, 31
color topo, 32
"pel di carota", 32
rossa, 31
capelli, taglio di lei, 33-34
capelli lunghi, 33
caschetto, 33
frangia e frangetta, 33
ricci vs lisci, 34
taglio fatto in casa, 34
capelli, taglio di lui, 34-7
ciuffo in avanti, 37
coda di cavallo, 36
cresta, 35
dritti come un istrice, 35
lunghi, 36
riportino, 37
scontro frontale, 36
taglio squadrato, 37
testa rasata, 37
capo, 126-33
capo amico, 130
capo assenteista, 129
capo territoriale, 131
come interpretare e come comportarsi con, 127-31
potere del gergo professionale, 129
potere per osmosi, 127
potere per qualifica, 128
carattere tipografico, 226-9
cibi da asporto preferiti, 168-70
cibi esotici speziati170
cucina cinese/thai, 170
cucina messicana, 170
hamburger, 169
kebab, 169
pizza, 168
comportamenti a tavola, 143-5
cibo da asporto, 144
grigliata, 145
ingozzo in solitudine, 145
mangiare fuori, 143
tavolo della cucina, 143
comportamento a tavola (lui), 164-7
buongustaio, 166
conta calorie, 167
estimatore della gratificazione istantanea, 165
ghiottone, 166
intrattenitore, 167
maniaco delle allergie, 165

pianificatore, 166
samaritano, 167
selettore, 165
colori preferiti, 233-35
beige, 234
blu, 234
blu navy, 234
giallo, 234
grigio, 233
marrone, 234
nero, 233
rosso, 233
viola, 235
cravatta, 229-32
cashmere, 231
fiori, 232
fumetti, 231
pois, 232
raso, 232
regimental, 230
sottile, tinta unita, scura, 230
cuccioli degli amici, 150-53
cani, 152
cavalli, 153
conigli, 150
gatti, 151
serpenti e rettili, 153
uccelli, 153

dimostrazioni di affetto, 139-42
abbracci telefonici, 142
abbracci veri, 142
amore di cartoncino, 142
amore testuale, 142
discussioni, 139-41
bomba a orologeria, 139
lungo silenzio, 141
rissa continua, 140
rissa delle feste, 140
dolce preferito, 171-73
carrello dei formaggi, 173
cheesecake, 172
frutta fresca, 172
gelato o sorbetto, 172
mousse al cioccolato, 172
tiramisù, 171

email, stile e contenuti, 115-17
allusivi, 116
battute via email, 117
logorroici, 115-16
punti esclamativi, 116
sintetici, 116
urlatori, 115

farsi apprezzare, 211-18
inventario, 219
prime impressioni, 211
ritoccare l'immagine, in pratica, 212
vera identità, 212
fattori di attrazione base, 252-63
anima, 262-63
corpo, 262
fattori mentali, 259
messaggi sullo stato di salute, 258-9
segnali di ricchezza, 252-56
segnali inviati da gioielli uomo, 256-58
festa di compleanno, 74-76
anti-festa, 75
bugiardi, 74
cacciatori, 75
invito a cena, 76
re e reginette della festa, 75
film preferiti, 259-60
funerale, scelta della musica , 77

gabinetto, descrizioni, 98-101
"I servizi", 99
"Il bagno", 100

"Il cesso", 99
"Il gabinetto", 101
"Il pisciatoio", 102
"Il WC", 100
"La latrina", 99
"La toilette", 100
"Mi scappa la pipì", 101
"Quel posticino", 101
"Vado a fare un goccio", 102
genitori, 136-38
amorevoli, 137
discussione con, 137
eterni bambini, 138
guardie, 136-37
maniaci del confronto/
gesti involontari, 56-60
gamba che non sta mai ferma, 57
giocherellare con l'anello, 57
giocherellare con i capelli, 59
giocherellare con la collana, 57
giocherellare con la cravatta, 57
giocherellare con gli occhiali, 60
giocherellare con i polsini, 60
mordicchiare la penna, 58
origami, 59
penna baionetta, 58
penna elicottero, 58
piede metronomo, 59
pulire gli occhiali, 60
scarabocchiare, 57
strappare la carta, 59
toccare le tasche, 60
gesti romantici, 199-202
cena a casa, 201
cena al ristorante, 200
diamanti, 201
fiori a domicilio, 199
fiori in autogrill, 200
gesto grandioso, 202
poesie, 202
weekend fuori porta, 202
gestualità di coppia, 206-8
a distanza, 208
braccia intorno alla vita, 207
braccio o mano intorno alla nuca, 207
braccio sulle spalle, 207
stretta del bicipite, 208
tenersi per mano, 207
giornale, 11-12, 119
guardaroba, 182-87
amanti delle etichette, 184
donna stile Imelda Marcos, 187
fan delle scarpe, 185
guardaroba militare, 183
maniaci del cambio di stagione, 183
mucchi di roba sul letto, 184
sacchetti appesi, 187
scarpe "sull'attenti", 186
scarpe in disordine, 186

immagine, 8, 15, 24, 49-51, 76, 213-21
ingresso, 82-86
stile ambizioso, 86
stile anti-ingresso, 85
stile classico, 86
stile Hobbit, 82
stile "Siamo una famiglia", 84
stile soft, 83
stile trofeo, 83
intercalari, 52-56
Internet, rapporto con, 69-71
blog, 70
eBay, 69
Facebook, 69
Twitter, 69
Second Life, 70
YouTube, 70
iPod, ascolto sui mezzi pubblici, 120
iPod, playlist, 1737-7
classica, 174

disco, 176
heavy metal, 175
indie, 175
jazz, 176
opera, 177
pop, 174
rap, 176
rock 'n' roll, 175
musical, 177
soul, 176

jeans, stile, 162-64
a gamba larga, 163
classici, 163
senza forma, 164
slim fit, 162
zampa d'elefante, 163

letto, 91-96
cuccia del cane, 95
futon, 96
lettino, 94
letto da esposizione, 92
letto da favola, 93
letto del playboy, 94
letto schizoide, 92
libri, rapporto con, 61-65
angolisti, 65
bibliotecari, 64
chi presta i libri, 64
chi scarabocchia i libri, 63
chi si lecca il dito, 62
curatori, 64
distruttori, 62
impazienti, 63
rispettosi, 61
libri preferiti, 260-61
libri, lettura sui mezzi pubblici, 119
luoghi comuni, 239-42, 264-65

mensole, 96-98
conti e fatture, 97
foto di parenti, 97
inviti alle feste, 96
souvenir, 98
trofei di viaggio, 98
musica, 72-73, 77-80, 120, 173-77
mutande di lei, 196-98
buffe, 198
comode, 197
coulotte, 198
ornate di fiocchi e pizzi, 197
perizoma sexy, 197
intimo rosso da femme fatale, 196
mutande di lui, 194-96
bianche con apertura davanti, 194
boxer, 104
calzoncini aderenti, 195
mutande anni Settanta, 196
perizoma, 195

pantofole di lei, 45-47
calze antiscivolo, 46
ciabattine con pompon o piume di struzzo, 46
classiche, 47
pantofole con animali di peluche, 46
pantofole di lui, 47-48
buffe, 48
con loghi, 48
mocassini indiani, 48
montone rovesciato, 47
password, 112-14
animali domestici, 114
codice, 114
fantasiose, 114
nome dell'amato/amata, 113
nome o nickname, 113

numeri, 113
passioni sportive o musicali, 114
password legate al lavoro, 113
PC o Mac, 87-91
penna, 222-6
penna mordicchiata, 224
buffa, 225
colorata, 225
dell'albergo, 224
firmata, 224
penna biro, 223
stilografica, 226
perfezionismo, mania di, 110
posizioni del sonno, 203-4
fetale, 203
sul fianco, con le braccia tese in avanti, 204
supini, con le braccia lungo i fianchi, 204
viso piegato con braccia sopra la testa, 204
posizioni del sonno in coppia, 205-6
a cucchiaio, 206
a stella, 205
faccia a faccia, 206
schiena contro schiena, 205
schiena contro schiena ma distanti, 205
testa di lei sul petto di lui, 205
testa di lui sul petto di lei, 205
postazione di lavoro casalinga, 87-90
cuculo, 90
familiare, 89
tana, 89
tempio, 89

ragni, emozioni provocate dai, 13
riunioni di lavoro, 132
riunione aperta, 134
riunione creativa, 134
riunione infinita, 132
riunione tiranna, 133
riunione-pranzo, 133
teleconferenza, 134
videoconferenza, 135

scarpe di lei, 38-41
ballerine, 41
sandali a listini, 41
scarpe comode, 40
stivali piatti di montone rovesciato, 38
tacchi a spillo, 39
tacco alto con plateau, 40
scarpe di lui, 41-4
Converse, 43
mocassini, 43
polacchini di camoscio marrone, 45
sandali ortopedici, 44
scarpe classiche stringate, 42
scarponcini, 44
sneaker, 42
stivali da cowboy, 45
scrivania, 105
cacciatore di trofei, 107
caos negato, 106
eccentrica, 108
non va bene niente: il cilicio, 109
ossessivo-compulsiva, 110
questa sarebbe una scrivania?, 111
rischio biologico, 111
spazio alla famiglia, 108
voglia di tenerezza, 107
seduzione, armi di, 245
senso dell'umorismo, 156-61
battute di spirito, 160
burlone prolisso, 158
burlone sarcastico, 157

pagliacci, 160
scherzi da prete, 161
spacciatore di doppisensi, 160
umorista autodenigratorio, 159
umorista di cattivo gusto, 158
stili genitoriali, 136-38
suoneria, 71-73
musica ambient, 73
musica classica, 73
semplice squillo, 73
suoneria antiquata, 72
suoneria presente nel cellulare, 71
temi di film, 72
tormentoni, 73
trendy, 72
voci buffe, 72

tatuaggi di lei, 192-93
da marinaio, 193
ibridi, 192
messaggi sessuali, 193
nomi di uomini, 193
preziosi, 192
sopra il sedere, 192
tatuaggi di lui, 189-91
enormi simboli etnici, 190
mamma, 190
nome, 191
nome dei figli, 191
piccoli tatuaggi classici, 190
sul viso, 189
sulle mani, 190
tè, 13, 20-21, 242
Earl Grey, 21
miscele rare, 21
tè forte, 21
tè speziato, 21
tragitto casa-lavoro, 118-20
ascoltare l'iPod, 120
leggere il giornale, 119
leggere riviste di "cronaca vera", 119
leggere un libro, 119
mangiare, 120
TV, programmi preferiti, 259
TV, rapporto con la, 66-68
a letto, 66
criticoni, 68
evidenziare i programmi, 66
multitasker, 67
pistoleri, 67
sempre accesa, 66

Indice

5 *Introduzione*

Parte prima
9 LE VOSTRE ABITUDINI PARLANO DI VOI

11 1 Cosa traspare dalle vostre scelte e dai vostri gusti

15 2 Cosa traspare dalla vostra immagine
Cosa dice di voi il vostro caffè, 15 - Il tè, 20 - L'acqua, 22 - Le borse di lei, 24 - Le borse di lui, 28 - Il colore dei capelli, 30 - Il taglio di capelli di lei, 33 - Il taglio di capelli di lui, 34 - Le scarpe di lei, 38 - Le scarpe di lui, 41 - Le pantofole di lei, 45 Le pantofole di lui, 47

51 3 I messaggi nascosti dietro al comportamento e alle scelte
Gli intercalari, 52 - I gesti involontari, 56 - Il rapporto con i libri, 61 - Il rapporto con la televisione, 66 - Il rapporto con Internet, 69 - La suoneria del cellulare, 71 - La festa di compleanno, 74 - Il funerale, 77

81 4 Cosa traspare dalla vostra casa
L'ingresso, 82 - La postazione di lavoro casalinga, 87 - Il letto, 91 - Tutto quello che disponete sulle mensole, 96 - "Quel posticino", 98

105 5 Cosa traspare dalla vostra vita lavorativa
La vostra seconda casa: la scrivania, 105 - La password, 112 Le email, 115 - Il tragitto casa-lavoro, 118

Parte seconda
123 LEGGERE GLI ALTRI

125 1 Lavoro, famiglia e amici
Come interpretare il proprio capo, 126 - Le riunioni di lavoro, 132 - Amici e familiari, 135 - Genitori, 136 - Le discussioni, 139 - Dimostrazioni di affetto in pubblico, 142 - Comportamenti a tavola, 143 - Tipo di amici, 147 - I cuccioli degli amici, 150

155 2 Il gioco delle coppie
Il senso dell'umorismo, 156 - I jeans, 162 - Il comportamento a tavola (lui), 164 - Il cibo da asporto preferito, 168 - Il dolce preferito, 171 - L'armadietto del bagno, 177 - Il guardaroba, 182 - I tatuaggi di lui, 189 - I tatuaggi di lei, 192 - Le mutande di lui, 194 - Le mutande di lei, 196 - I suoi gesti romantici, 199 - Le posizioni del sonno, 203 - Le posizioni del sonno in coppia, 205 - La gestualità della coppia, 206

Parte terza
209 COME RITOCCARE LE VOSTRE ABITUDINI PER OTTENERE CIÒ CHE VOLETE

211 1 Farsi apprezzare
La vera identità, 212 - Passare alla pratica, 212 - L'inventario, 219

221 2 Come cambiare il modo in cui vi vedono gli altri
Ritratti a penna, 222 - Ci vuole carattere, 226 - La cravatta, 229 - I colori preferiti, 233 - La camicia, 235 - I biglietti da visita, 237 - I luoghi comuni, 239 - Biscotti e altre dolcezze in ufficio, 242

245 3 Armi di seduzione
Il gioco delle coppie, 246 - Avete le carte giuste per ottenere un secondo appuntamento?, 247 - L'abbigliamento scel-

to per l'appuntamento, 250 - Fattori di attrazione base, 252 - Come attaccare bottone in modo efficace, 263

Conclusione
269 Ditemi perché avete letto questo libro e vi dirò chi siete

271 *Indice degli argomenti*